오늘 바로 되는 입문서

된다!

포토샵 &
일러스트레이터

유튜브 섬네일 ~ 스티커 제작까지!

기초부터 중급까지 실무 예제 총망라!

명함 로고 유튜브 섬네일

배너 카드 뉴스 이벤트 페이지

캐릭터 포스터 스티커

박길현, 이현화 지음

이지스 퍼블리싱

능력과 가치를 높이고 싶다면
된다! 시리즈를 만나 보세요.
성장하려는 당신을 돕겠습니다.

된다!
포토샵 & 일러스트레이터
— 오늘 바로 되는 입문서

Gotcha! Photoshop & Illustrator — 2nd edition

초판 발행 • 2020년 10월 30일
초판 5쇄 • 2024년 2월 1일

지은이 • 박길현, 이현화
펴낸이 • 이지연
펴낸곳 • 이지스퍼블리싱(주)
출판사 등록번호 • 제313-2010-123호
주소 • 서울특별시 마포구 잔다리로 109 이지스빌딩 4층(우편번호 04003)
대표전화 • 02-325-1722 | **팩스** • 02-326-1723
홈페이지 • www.easyspub.co.kr | **페이스북** • www.facebook.com/easyspub
Do it! 스터디룸 카페 • cafe.naver.com/doitstudyroom | **인스타그램** • instagram.com/easyspub_it

기획 및 책임 편집 • 이수진, 최윤미, 강민철, 지수민 | **IT 1팀** • 임승빈, 이수경, 지수민
교정교열 • 안종군 | **영상 제작** • 유은아 | **표지 및 본문 디자인** • 정우영, 트인글터 | **인쇄** • 보광문화사
마케팅 • 박정현, 한송이, 이나리 | **독자지원** • 오경신 | **영업 및 교재 문의** • 이주동, 김요한(support@easyspub.co.kr)

- 잘못된 책은 구입한 서점에서 바꿔 드립니다.
- 이 책에 실린 모든 내용, 디자인, 이미지, 편집 구성의 저작권은 이지스퍼블리싱(주)와 지은이에게 있습니다.

- 이 책은 2018년 12월에 출간된 도서 〈된다! 포토샵 & 일러스트레이터 CC 2019〉의 전면 개정판입니다.

ISBN 979-11-6303-188-8 13000
가격 22,000원

Ps 포토샵 단축키

> 다 몰라도
> 이것만은 꼭!

필수 단축키

* ★ Ctrl + T 자유 변형
* ★ Shift + F5 색상 채우기
* ★ Ctrl + D 선택 해제
* ★ Ctrl + Shift + I 선택 영역 반전
* ★ [,] 브러시 크기 조절
* ★ Ctrl + J 선택 영역, 레이어 복사하기
* ★ ✛ + Ctrl + [객체 클릭] 화면에서 레이어 선택
* ★ ✛ + Alt + [객체 드래그] 객체 복사

공통 단축키

* ★ Ctrl + N 새 파일 만들기
* ★ Ctrl + O 파일 불러오기
* ★ Ctrl + S 파일 저장하기
* Ctrl + P 인쇄하기
* Ctrl + + 화면 확대
* Ctrl + − 화면 축소
* ★ Ctrl + Z 실행 취소
* ★ Ctrl + Shift + Z 다시 실행

편집 단축키

* Ctrl + C 복사하기
* Ctrl + X 잘라내기
* Ctrl + V 붙여넣기
* Ctrl + Shift + V 같은 위치에 붙여넣기
* ★ Ctrl + T 자유 변형
* ★ Shift + F5 색상 채우기
* Ctrl + Delete 배경색으로 채우기
* Alt + Delete 전경색으로 채우기
* ★ [,] 브러시 크기 조절
* ★ ✛ + Ctrl + [객체 클릭] 화면에서 레이어 선택
* ★ ✛ + Alt + [객체 드래그] 객체 복사

레이어 단축키

* Ctrl + Shift + N 새 레이어 만들기
* ★ Ctrl + J 선택 영역, 레이어 복사하기
* Ctrl + Shift + J 선택 영역 잘라서 복사하기
* Ctrl + E 레이어 합치기
* Ctrl + Shift + E 보이는 대로 전체 레이어 합치기
* Ctrl + G 레이어 그룹 짓기
* Ctrl + Shift + G 레이어 그룹 해제

이미지 단축키

* Ctrl + L 명도 조절(Levels)
* Ctrl + M 명도 조절(Curves)
* Ctrl + U 색도, 채도 조절(Hue/Saturation)
* Ctrl + Shift + U 채도 없애기
* Ctrl + B 색상 밸런스

선택 단축키

* Ctrl + A 전체 선택
* ★ Ctrl + D 선택 해제
* Ctrl + Shift + D 다시 선택하기
* ★ Ctrl + Shift + I 선택 영역 반전

보기 단축키

* Ctrl + R 눈금자 나타내기/숨기기
* Ctrl + H 안내선 나타내기/숨기기

• 맥 사용자 Ctrl → command / Alt → option

Ai 일러스트레이터 단축키

**다 몰라도
이것만은 꼭!**

필수 단축키

★ Ctrl + F   제자리 앞에 붙여넣기
★ Ctrl + B   제자리 뒤에 붙여넣기
★ Ctrl + G   객체 그룹 짓기
★ Ctrl + 2   객체 잠금

★ Ctrl + 3   객체 숨기기
★ Ctrl + 7   클리핑 마스크
★ Ctrl + Shift + O   글자 이미지화하기
★ ▶ + Alt + [객체 드래그] 객체 복사

편집 단축키

★ Ctrl + C   복사하기
Ctrl + X   잘라내기
Ctrl + V   붙여넣기
★ Ctrl + Z   실행 취소
★ Ctrl + Shift + Z   다시 실행
★ Ctrl + F   제자리 앞에 붙여넣기
★ Ctrl + B   제자리 뒤에 붙여넣기
Ctrl + D   연속 복사

객체 단축키

Ctrl +]   객체를 앞으로 이동
Ctrl + Shift +]   객체를 맨 앞으로 이동
Ctrl + [객체를 뒤로 이동
Ctrl + Shift + [객체를 맨 뒤로 이동
★ Ctrl + G   객체 그룹 짓기
Ctrl + Shift + G   객체 그룹 해제
★ Ctrl + 2   객체 잠금
Ctrl + Alt + 2   모든 객체 잠금 해제
★ Ctrl + 3   객체 숨기기
Ctrl + Alt + 3   객체 숨기기 해제
★ Ctrl + 7   클리핑 마스크
Ctrl + Alt + 7   클리핑 마스크 해제
★ ▶ + Alt + [객체 드래그] 객체 복사

글자 단축키

Ctrl + →   커서를 글자 끝부분으로 이동
Ctrl + ←   커서를 글자 첫 부분으로 이동
Ctrl + Shift + J   정렬 초기화
★ Ctrl + Shift + O   글자 이미지화하기

선택 단축키

Ctrl + A   전체 선택
Ctrl + Shift + A   전체 선택 취소

보기 단축키

★ Ctrl + +   화면 확대
★ Ctrl + −   화면 축소
Ctrl + 1   실제 크기로 보기
Ctrl + 0   화면에 꽉 차게 보기
Ctrl + R   눈금자 나타내기/숨기기
Ctrl + ;   안내선 나타내기/숨기기
Ctrl + Alt + ;   안내선 잠금/잠금 해제
Ctrl + '   그리드 나타내기/숨기기
Ctrl + Y   아웃라인으로 보기

• 맥 사용자 Ctrl → command / Alt → option

우리를 조금 크게 만드는 데 걸리는 시간은
단 하루면 충분하다

A single day is enough to make us a little larger.

▼

파울 클레
Paul Klee

이론 ➕ 실무 ➕ 동영상

우리나라 디자이너들이 매일 만드는
실무 예제로 실습하며 배운다!

여러분은 왜 포토샵과 일러스트레이터를 배우려고 하나요? 당장 유튜브, 블로그 등 SNS에서 사용할 디자인을 만들어야 한다고요? 그렇다면 실무부터 동영상까지 한번에 해결되는 이 책으로 시작하세요. 오늘 쓸 수 있는 디자인을 만드는 것은 물론, 10년 경력 실무자가 엄선한 자주 쓰는 기능 80가지도 배울 수 있으니까요!

🖋 실무

유튜브 섬네일부터 명함·스티커 제작까지!
'완성 프로젝트' 22가지를 만들며 배운다!

이 책은 오늘 당장 사용할 수 있는 22가지 완성 프로젝트를 만들면서 포토샵과 일러스트레이터를 배우는 책입니다. 유튜브 섬네일, 채널 아트, 카드 뉴스, 배너 등 SNS에 바로 사용할 수 있는 결과물을 내 손으로 직접 만들므로 공부하는 내내 동기부여도 되고 뿌듯함과 자신감도 배가됩니다.

완성 프로젝트를 만들면서 자주 쓰는 기능 80가지를 자연스럽게 배웁니다. 손가락으로 버튼을 클릭하면서 공부하니 억지로 외우지 않아도 손이 저절로 기억하고 사용하게 되죠. [기능 사전] 코너를 따로 두어 옵션 항목별 뜻은 물론, 실무에서 어떻게 사용하는지도 자세히 소개합니다. 입문자뿐만 아니라 실무자에게도 매우 유용합니다.

📖 이론

디자인 이론부터 실무 노하우까지!
'2년 차 디자이너' 같은 실력을 갖추세요

이 책에서는 이론 따로 기능 따로 설명하지 않습니다. 이론과 기능을 연결해 설명하죠. 예를 들어 포토샵의 보정 기능을 배우면서 명도와 채도를 이해하고 일러스트레이터의 [펜 툴]을 배우면서 비트맵과 벡터 개념을 이해합니다. 이론과 기능을 유기적으로 연결하니 주입식으로 외우지 않아도 쉽게 익힐 수 있습니다. 웹용 이미지를 만들 때 주의할 점부터 인쇄소에 넘기기 전에 확인해야 하는 체크리스트까지 경험에서 우러나온 실무 노하우도 놓치지 마세요.

▶ 동영상

**'실습 가이드' 동영상 52강,
디자인 템플릿 제공!**

"오늘 유튜브 섬네일이 필요한데 어떡하지?" 당장 디자인 작업물을 만들어야 하는 작은 회사 평사원, 1인 기업, SNS 담당자를 위해 디자인 템플릿도 준비했습니다. 파일을 열어 글자 내용을 수정하고 색상을 바꿔 사용해 보세요. 급한 업무도 해결하고 기본 기능도 배울 수 있어 일거양득이죠.
동영상으로 배우는 게 익숙하다면 책 속 QR코드를 스마트폰으로 스캔해 보세요. 디자이너의 작업 화면을 그대로 녹화한 '실습 가이드' 동영상을 볼 수 있습니다. 글과 그림만으로 이해하기 어려운 패스를 그리는 과정이나 3D 효과를 넣는 과정 등을 쉽게 이해할 수 있습니다.

? 커뮤니티

독자 커뮤니티에서 만나요!

Do it! 스터디룸(cafe.naver.com/doitstudy room)에 방문해 보세요. 공부 계획을 세우고 완주하면 책 선물을 드립니다.

이지스퍼블리싱 공식 인스타그램(instagram.com/easyspub_it)을 팔로우하고 다양한 소식과 이벤트를 만나 보세요!

• 질문 답변 [된다! 시리즈 → 포토샵&일러스트레이터] 게시판

**수업 교재로도 적합해요!
16주 맞춤 구성에 연습 문제 제공!**

이 책은 준비 운동 1일, 포토샵 7일, 일러스트레이터 7일, 포토샵 & 일러스트레이터 1일로 구성되어 있습니다. 16일 완성으로 구성해서 혼자 공부해도 지치지 않고 학교나 학원 교재로도 좋습니다. 비대면 수업을 준비한다면 중간중간 과제로 내기 좋은 [복습] 문제와 최종 정리 문제인 [디자인 능력자 인증 시험]을 활용해 보세요.

박길현, 이현화 드림

차례

포토샵
실무 편

SNS·웹에서 잘 보이고 잘 먹히는 디자인

차례

일러스트 레이터 기본기 편

하루 1시간, 자주 쓰는 기능부터 끝내는 기초

차례

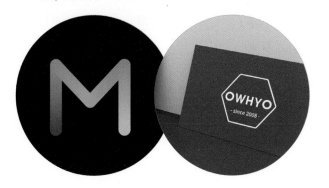

포토샵 & 일러스트 레이터

디자인 실무, 여기까지 알면 프로처럼 보인다

포토샵 & 일러스트레이터 기능 사전 80

기능별 설명이 궁금한가요? 이 책에서 다룬 기능을 모두 모았습니다. 궁금한 툴 이름 또는 기능 이름을 찾아서 해당하는 쪽수를 펼쳐 보세요. 자세한 옵션 설명은 물론, 어떻게 활용하면 좋은지도 자세히 소개했습니다.

Ai 일러스트레이터 기능 빨리 찾기

★ 10년 차 디자이너 선정!
일러스트레이터 필수 기능

예제 파일 안내

이 책에서 제공하는 예제 파일은 모두 이지스퍼블리싱 홈페이지(www.easyspub.co.kr)에 있습니다. [자료실] 메뉴를 클릭하고 '포토샵&일러스트레이터'를 검색해 보세요. 다음 링크를 직접 입력해도 내려받을 수 있습니다.

예제 파일 링크 bit.ly/gotcha_photoillust

동영상 강의

책 속 QR코드를 스캔하면 녹화한 '실습 가이드' 동영상을 시청할 수 있습니다. 글과 그림만으로 이해하기 어렵다면 함께 활용해 보세요. 다음 링크로 유튜브 재생 목록을 열 수 있습니다.

재생 목록 링크 bit.ly/gotcha_photoillust_youtube

Do it! 스터디룸

함께 공부하는 지적인 독자들을 만나 보세요! 네이버 카페 'Do it! 스터디룸'(cafe.naver.com/doitstudyroom)에 가입하면 책 완독 시 다른 책 1권을 선물로 드리는 '두잇 공부단', 함께 공부하며 미션을 수행하는 '된다스!' 등 출판사에서 진행하는 여러 이벤트에 참여할 수 있습니다.

16주 완성 진도표

16주 완성 진도표로 마음 편히 수업 준비를 하세요.
혼자 공부한다면 목표 날짜를 적고 실천해 보세요!

주	주제	학습 목표	쪽수	날짜
1주 차	프로그램 설치하기	• 어도비 프로그램, 무료 글꼴 설치 • 프로그램 화면 구성 살펴보기	16~39쪽	/
2주 차	포토샵 기본기	• 새 파일 만들기, 열기, 저장하기 • 레이어 이해하기	40~80쪽	/
3주 차		• 사진 명도, 채도 조절하기	81~98쪽	/
4주 차		• 인물 사진 보정하기 • 사진 합성 기초 배우기	99~117쪽	/
5주 차	포토샵 실무 프로젝트	• 유튜브 채널 아트 만들기 • 도형으로 말풍선 만들기	118~158쪽	/
6주 차		• 유튜브 섬네일 만들기 • 블로그 메인 타이틀 만들기	159~218쪽	/
7주 차		• 네온사인 이미지 만들기 • 카드 뉴스 만들기	219~238쪽	/
8주 차		• 이벤트 페이지 만들기 • 포토샵 디자인 능력자 인증 시험	239~275쪽	/
9주 차	일러스트레이터 기본기	• 새 파일 만들기, 열기, 저장하기 • 벡터와 패스 이해하기	276~300쪽	/
10주 차		• 객체 확대/축소/회전하기 • 직선, 사선, 수직선 패스 그리기	301~324쪽	/
11주 차		• 곡선 패스 그리기 • 패스파인더 이해하기	325~347쪽	/
12주 차	일러스트레이터 실무 프로젝트	• 증정 스티커 만들기 • 소이 캔들 라벨 만들기	348~378쪽	/
13주 차		• 캐릭터 만들기 • 상품 태그 만들기	379~417쪽	/
14주 차		• 로고 만들기 • 명함 만들기	418~434쪽	/
15주 차		• 3D 문자 만들기 • 일러스트레이터 디자인 능력자 인증 시험	435~453쪽	/
16주 차	포토샵 & 일러스트레이터	• 포토샵 & 일러스트레이터 함께 쓰는 방법 배우기 • 인쇄 넘기기 전 체크리스트	454~501쪽	/

준비 운동

포토샵
기본기 편

포토샵
실무 편

일러스트레이터
기본기 편

일러스트레이터
실무 편

포토샵 &
일러스트레이터 편

준비 운동

하나

프로그램
설치하기

먼저 포토샵과 일러스트레이터를 최신 버전인 크리에이티브 클라우드(CC)로 설치해 보겠습니다. 어도비 사의 웹사이트에 접속하면 무료 체험판을 설치해서 7일 동안 사용할 수 있습니다. 단, 이 과정에서 카드 결제 정보를 입력해야 하는데, 무료 체험 기간 7일이 지나면 바로 유료 결제로 전환되므로 주의하세요.

💧 이 책은 CC 2021 영문 버전을 기준으로 설명합니다. 이미 프로그램을 설치한 사람은 25쪽으로 넘어가세요.

하면 된다!♪

포토샵/일러스트레이터 영문 버전 설치하기

작업 과정을 유튜브 영상으로 살펴보세요~

01 어도비 사의 웹사이트(https://www.adobe.com/kr)에서 [크리에이티비티 및 디자인 → Creative Cloud 소개]를 선택하고 [무료 체험판]을 클릭합니다.

💧 어도비 크리에이티브 클라우드란, 어도비 프로그램을 다운로드해 사용할 수 있는 클라우드 공간을 말합니다. 장소와 컴퓨터의 제약을 넘어, 어떤 컴퓨터에서든 로그인만 하면 자신이 결제한 어도비 프로그램을 바로 사용할 수 있습니다.

02 [무료 체험판]을 클릭해 팝업 창이 뜨면 [무료로 체험하기]를 클릭합니다.

03 이메일 주소를 입력하고 필수 동의 항목에 체크한 후 [계속]을 클릭합니다. 크리에이 티브 클라우드에 로그인하고 [계속]을 클릭합니다.

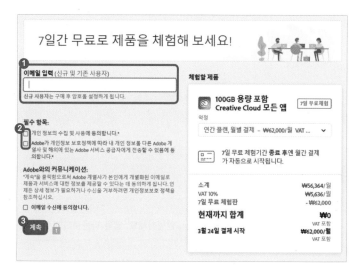 

04 무료 체험판을 사용하더라도 먼저 신용카드나 체크카드 등의 결제 정보를 입력해야 합니다. 카드 정보를 입력하고 [무료 체험기간 시작]을 클릭합니다.

05 다음 화면에서 [시작하기]를 클릭합니다. 포토샵의 [다운로드]를 클릭한 후 화면 아래쪽의 크리에이티브 클라우드 설치 파일을 실행합니다.

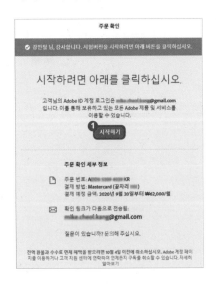

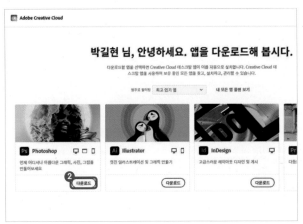

06 설치 프로그램에서 로그인하고 [설치 시작]을 클릭합니다.

💧 2단계 인증을 요구하는 경우 일단 [나중에]를 클릭해 넘어가세요.

07 크리에이티브 클라우드가 설치되면 먼저 [설정⚙]을 클릭한 후 기본 설치 언어를 [English(International)]로 선택하고 [완료]를 클릭합니다. 그런 다음 앱 목록에서 포토샵과 일러스트레이터 등의 [설치]를 클릭해 필요한 프로그램을 설치합니다.

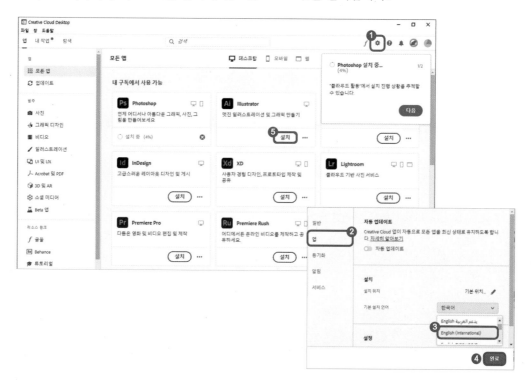

하면 된다! ♪
크리에이티브 클라우드
유료 플랜 취소하기

01 크리에이티브 클라우드에서는 무료 체험 기간 7일이
지나면 자동으로 유료 결제가 됩니다. 유료 결제를 막으려면
그 전에 크리에이티브 클라우드 유료 플랜을 취소해야 합니
다. 어도비 웹사이트에 로그인한 후 [Adobe 계정]을 클릭합
니다.

02 개요 화면에서 [플랜 관리]를 클릭합니다.

03 [플랜 취소]를 클릭하고 다시 로그인한 후 플랜 취소 과정을 거칩니다.

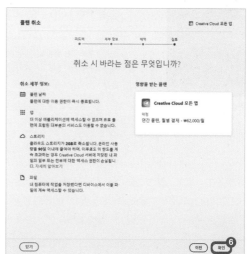

04

내 플랜 화면에서 유료 플랜 정보가 없어졌음을
확인하고, 취소 확인 이메일이 왔는지 확인합니다.

💧 플랜 취소 여부를 제대로 확인하지 않는 경우 무료
체험판 가입 당시 입력한 카드 정보로 크리에이티브
클라우드 사용료가 결제될 수 있으니 주의하세요!

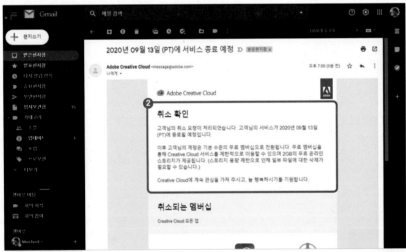

취소 확인 이메일 화면

둘

무료 글꼴
설치하기

이 책의 예제를 따라 하려면 나눔 글꼴과 배달의민족 글꼴, 본고딕 글꼴, 티몬 몬소리체 등을 설치해야 합니다. 저작권 걱정 없이 상업적인 용도로 쓸 수 있는 글꼴이라 한 번 설치해 두면 두고 두고 활용하기 좋습니다. 설치 방법이 매우 간단하므로 지금 바로 설치하세요.

하면 된다! 〉

자주 쓰는 무료
글꼴 설치하기

01 나눔 글꼴

나눔 글꼴은 네이버에서 무료로 배포하는 글꼴입니다. 상업적으로 사용할 수 있고, 종류도 다양하며, 어떤 디자인에서든 무난하게 사용할 수 있습니다.

다음 링크에 접속해 윈도우(Windows)와 맥(Mac) 중 자신에게 알맞은 사양을 선택해 다운로드합니다.

> 다운로드 링크 ▶ https://hangeul.naver.com/font

💧 이 책에서는 [윈도우용]을 사용합니다.

설치 파일이 생성되면 더블클릭해 실행하고, 모든 글꼴을 설치합니다.

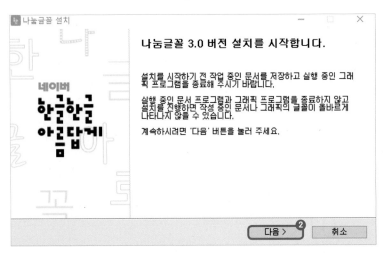

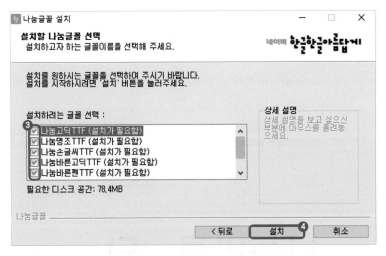

02 배달의민족 글꼴

나눔 글꼴은 자동으로 설치되지만, 다른 글꼴은 수동으로 설치해야 합니다. 다음 링크에 접속하면 배달의민족에서 제공하는 여러 글꼴을 볼 수 있습니다. 우선 윈도우용 [한나체 Pro]를 설치하겠습니다.

다운로드 링크 ▶ https://www.woowahan.com/#/fonts

다운로드한 글꼴 파일을 [C 드라이브 → Windows → Fonts] 폴더로 드래그하면 설치가 진행되고, 해당 글꼴을 사용할 수 있습니다.

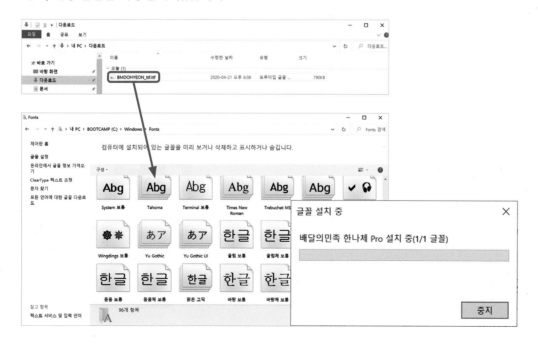

이와 같은 방법으로 [도현체], [주아체] 등 다른 배달의민족 글꼴들도 모두 설치하세요.

03 본고딕(Noto Sans) 글꼴

본고딕 글꼴로 여러 나라의 언어(중국어, 일본어 등)를 입력할 수 있습니다. 다음 링크에서 'Korean'을 검색한 후 [Noto Sans CJK KR]을 다운로드해 설치하세요.

다운로드 링크 ▶ https://www.google.com/get/noto

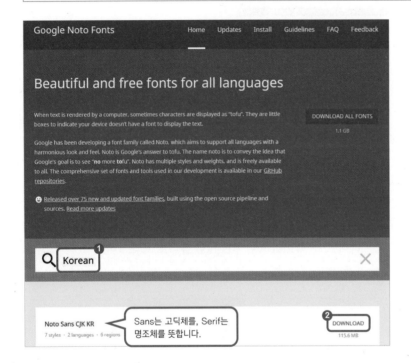

Sans는 고딕체를, Serif는 명조체를 뜻합니다.

04 티몬 몬소리체 글꼴

티몬에서 배포한 상업용 무료 글꼴이며 제목으로 사용하기 좋습니다. 다운로드해 설치하세요.

다운로드 링크 ▶ https://brunch.co.kr/@creative/32

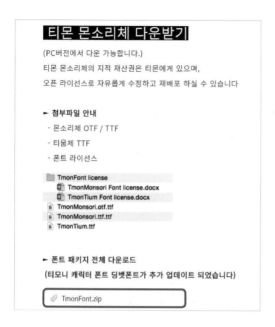

05 다폰트 글꼴

많은 디자이너가 다폰트에서 영문 글꼴을 찾아서 사용합니다. 이곳에서 무료 및 유료 글꼴을
다운로드할 수 있습니다. 다음 링크에서 [Neothic], [A Auto Signature], [Subway] 글꼴을
다운로드해 설치하세요.

다운로드 링크 ▶ https://www.dafont.com

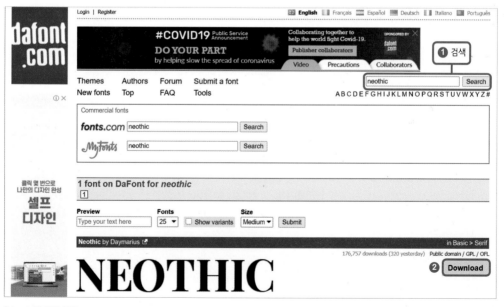

[Neothic] 글꼴 설치

[A Auto Signature] 글꼴 설치

[Subway] 글꼴 설치

TTF와 OTF 글꼴 차이 알아보기

글꼴을 설치할 때 윈도우용과 맥용을 구분해서 설치했지요? 윈도우용을 선택하면 TTF 글꼴이 설치되고, 맥용을 설치하면 OTF 글꼴이 설치됩니다. 두 글꼴은 어떻게 다르고, 어떤 경우에 사용할까요?

TTF 글꼴(True Type Font)은 애플(Apple) 사에서 만든 가장 일반적인 글꼴 저장 형식입니다. OTF 글꼴보다 처리 속도가 빠르지만, 자유롭고 섬세한 곡선을 표현하기는 어렵습니다. 워드나 문서 작업 전용으로 사용하는 것을 권장하지만, 웹용 이미지나 저해상도 웹 작업용으로도 사용할 수 있습니다.

OTF 글꼴(Open Type Font)은 마이크로소프트(Microsoft) 사와 어도비(Adobe) 사에서 공동으로 만든 글꼴 저장 형식입니다. TTF 글꼴보다 실행 속도는 느리지만 섬세한 작업이 가능하고 모든 운영체제에서 사용할 수 있습니다. 고해상도 출력물이나 그래픽 디자인 출력에 적합해 일러스트레이터, 인디자인 등에서 사용하기를 권장합니다. 한편 모니터의 해상도가 너무 낮거나 크기가 작은 글자를 사용하면 어그러져 보일 수도 있습니다.

TTF와 OTF 글꼴은 언뜻 봐서는 구분하기 힘들 정도로 비슷합니다. 따라서 고해상도로 출력하지 않는 이상, 일반적인 웹사이트나 이미지를 작업할 때는 어느 것을 사용해도 큰 문제는 없습니다.

셋

화면 구경하며
확대·축소·이동하기

포토샵과 일러스트레이터 화면은 거의 똑같습니다. 다만, 작업하는 메인 화면을 포토샵에서는 작업 화면, 일러스트레이터에서는 아트보드라고 불러요. 이름을 간단히 기억한 후 직접 포토샵을 실행해 메뉴를 눌러 보겠습니다.

❶ **툴 패널:** 자주 쓰는 기능이 아이콘으로 들어 있습니다. 아이콘을 누르면 바로 기능을 실행할 수 있어요.
❷ **기능 패널:** 색상을 지정하거나 그레이디언트를 설정하거나 레이어를 정리하는 등 더 복잡한 작업을 할 수 있습니다. 자주 쓰는 기능의 패널이 기본 설정으로 들어 있고 메뉴 바의 [Window]를 누르면 다른 패널도 꺼낼 수 있습니다.

하면 된다!♪

포토샵 메뉴 구경하기

준비 파일 00/flora.jpg

01
포토샵을 실행하면 나타나는 화면에서 [Open]을 누르세요.

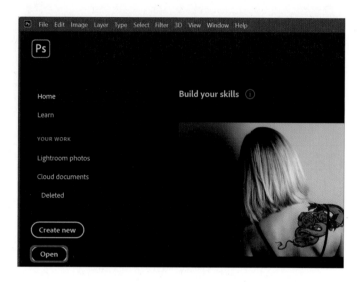

02
팝업 창이 뜨면 예제 파일 'flora.jpg' 파일을 찾아 엽니다.

🔵 예제 파일은 이지스퍼블리싱 홈페이지의 [자료실]에서 다운로드할 수 있습니다.

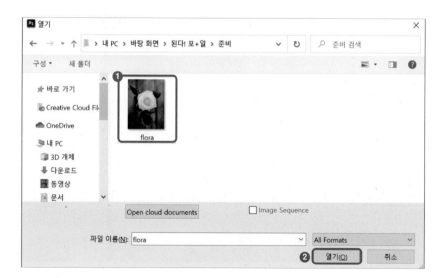

03 작업 화면 오른쪽에 나타나는 Learn 패널과 Libraries 패널은 자주 사용하지 않으니 접어서 숨기겠습니다. ▶▶ 을 클릭하면 패널이 접힙니다.

04 작업 화면이 넓어졌네요! 색상을 지정하는 Color 패널, 레이어를 정리하는 Layers 패널은 자주 사용하니 그대로 두겠습니다.

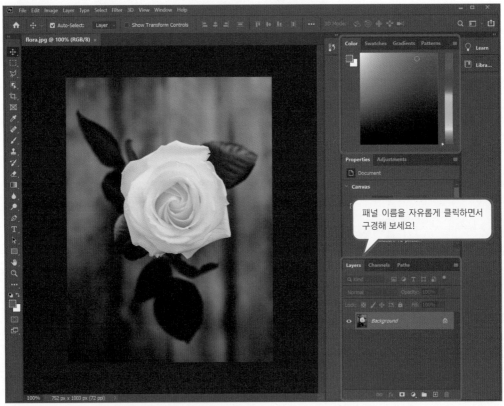

패널 이름을 자유롭게 클릭하면서 구경해 보세요!

💧 다른 패널을 꺼내고 싶다면 메뉴 바의 [Window]에서 선택하면 나타납니다.

05 이번엔 왼쪽 툴 패널을 살펴볼까요? 아이콘을 마우스 왼쪽 버튼으로 길게 꾹 누르면 숨겨진 아이콘이 나타나서 다른 툴도 선택할 수 있습니다.

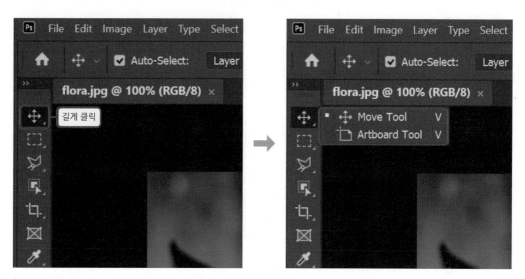

하면 된다!♪

화면 확대/축소/
이동하기

01 한 번에 화면 확대/축소하기

먼저 Ctrl 을 누른 채 키보드의 + 를 눌러 보세요. 화면이 확대됩니다. 계속해서 + 를 누르면 계속 확대됩니다. 반대로 Ctrl 을 누른 채 키보드의 − 를 누르면 화면이 축소됩니다.

02 미세하게 확대/축소하기

화면 크기를 미세하게 조절하려면 [Alt]를 누른 채 마우스 휠을 위아래로 굴리면 됩니다. 확대/축소하고 싶은 지점에 마우스 커서를 올리고 [Alt]를 누른 채 마우스 휠을 굴리면 더 섬세하게 작업할 수 있습니다.

03 화면 100%로 보기

꽉 찬 화면으로 보고 싶다면 [Ctrl]을 누른 채 숫자 [1]을 누르면 됩니다. 완성된 모습을 한번에 살펴볼 때 유용하겠죠?

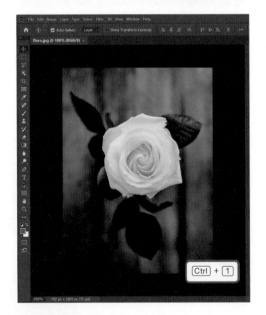

04 화면 이동하기

화면 이동도 키보드와 마우스로 할 수 있습니다. [Spacebar]를 누른 채 마우스로 작업 화면을 드래그해 보세요. 마우스가 향하는 방향으로 화면이 이동합니다.

하면 된다!

실행 취소/다시 실행하기

01 포토샵, 일러스트레이터에서 작업을 하다 보면 실행을 취소하거나 다시 실행하고 싶을 때도 많습니다. 이를 대비해 연습해 보겠습니다. 먼저 임의로 명령을 실행해 볼까요? 툴 패널에서 [자르기 툴 ⬚]을 눌러 보세요. 이미지를 자를 사각형 영역이 나타납니다.

02 [Enter]를 누르면 이미지가 잘립니다.

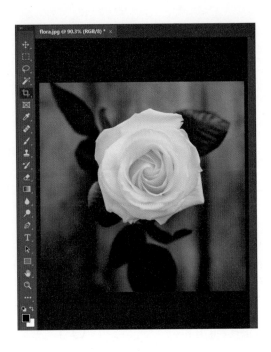

03 실행 취소하기

이미지 크기를 원래대로 되돌리려면 [Ctrl] + [Z]를 눌러 실행을 취소하면 됩니다.

[Ctrl] + [Z]

연이어서 누르면 전전 단계로도
되돌릴 수 있습니다.

04 다시 실행하기

다시 실행하려면 $\boxed{\text{Ctrl}}$ + $\boxed{\text{Shift}}$ + $\boxed{\text{Z}}$를 누르세요.

어떤가요? 포토샵 화면에 적응하니 그리 어렵지 않지요? 이제 준비 운동을 마쳤으니 본격적으로 새 파일을 만들면서 포토샵, 일러스트레이터로 나만의 작업물을 만들어 보겠습니다!

화면 확대	한 번에 확대: $\boxed{\text{Ctrl}}$ + $\boxed{+}$ / 미세하게 확대: $\boxed{\text{Alt}}$ + 마우스 휠 위로 드래그
화면 축소	한 번에 축소: $\boxed{\text{Ctrl}}$ + $\boxed{-}$ / 미세하게 축소: $\boxed{\text{Alt}}$ + 마우스 휠 아래로 드래그
화면 100%로 보기	$\boxed{\text{Ctrl}}$ + $\boxed{1}$
화면 이동	$\boxed{\text{Spacebar}}$ + 작업 화면 드래그
실행 취소	$\boxed{\text{Ctrl}}$ + $\boxed{\text{Z}}$
다시 실행	$\boxed{\text{Ctrl}}$ + $\boxed{\text{Shift}}$ + $\boxed{\text{Z}}$

#명도

#채도

#흑백 사진

#인물 보정

포토샵 \ 기본기 편

하루 1시간, 자주 쓰는 기능부터 끝내는 기초

💧 1일차 · 실무자의 작업 방식대로 배우는 기본기

💧 2일차 · 명도, 채도에 기초한 사진 보정

💧 3일차 · 콘텐츠의 완성도를 높이는 보정 & 합성

1일차

실무자의 작업 방식대로
배우는 기본기

01-1

새 파일 만들기,
열기, 저장하기

그래픽 작업을 할 때 알아야 하는 기본적인 개념은 사실 새 파일 만들기(New Document) 창 안에 거의 다 있습니다. 포토샵에서 새 파일을 만들고 저장하며 기초 개념을 배워 보겠습니다.

하면 된다!〉

포토샵 새 파일
만들기

작업 과정을 유튜브
영상으로 살펴보세요~

01 새 파일 만들기

포토샵에서 새 파일을 만드는 방법부터 차근차근 배워 보 겠습니다. 먼저 포토샵 실행 화면에서 [New file]을 클릭합니다.

💧 메뉴 바: [File → New]
💧 단축키: Ctrl + N

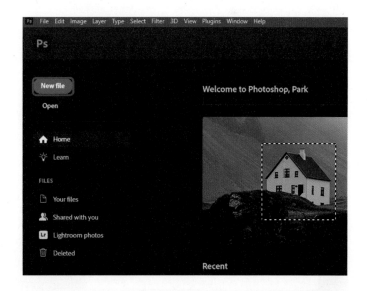

02 다음과 같이 작업할 파일의 정보를 입력하세요. 그런 다음 [Create]를 누릅니다.

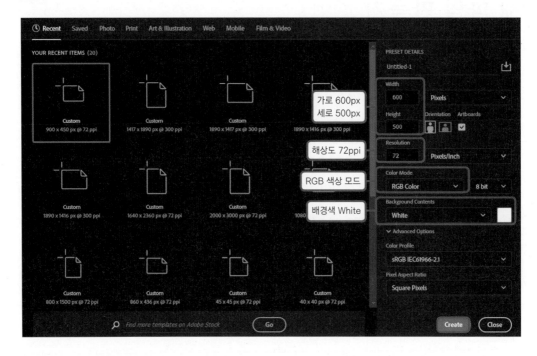

03 가로 600px, 세로 500px의 새 파일이 만들어졌습니다.

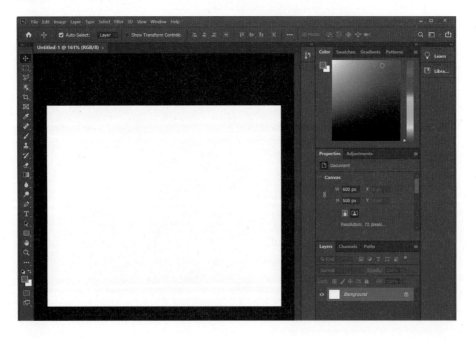

새 파일 만들기 창에서 그래픽 분야에서 아주 중요한 3가지 개념이 나왔습니다! 픽셀, 해상도, RGB와 CMYK예요. 자세히 살펴볼까요?

디자인 이론 ## 이미지의 최소 단위, 픽셀

포토샵에서 다루는 사진 이미지는 사실 수많은 작은 사각형들로 이루어져 있습니다. 크기가 엄청나게 작아 우리 눈에 보이지 않을 뿐이죠. 이 사각형을 픽셀(Pixel)이라고 부릅니다. 사진을 많이 확대하면 아래 그림과 같이 픽셀의 모습을 확인할 수 있습니다.

원본 사진

> 사진을 확대했을 때 보이는 작은 사각형이 픽셀입니다.

원본 사진을 3,200배 확대한 모습

포토샵에서 [Pixels] 단위로 새 파일을 만들면 해당하는 가로·세로 크기의 새 파일이 만들어집니다. 가로·세로 픽셀의 크기를 크게 설정하고 만들수록 더 고화질의 작업물을 얻을 수 있죠. 만약 포토샵에서 만든 작업물을 인쇄해야 한다면 픽셀이 깨져 보이는 '계단 현상'이 나타나지 않도록 큰 크기의 파일에서 작업을 시작해야 합니다.

💧 픽셀이 모여 이뤄진 이미지를 **비트맵(Bitmap)** 이미지라고 합니다.

💧 일러스트레이터로 만든 이미지는 **벡터(Vector)** 이미지라서 계단 현상이 발생하지 않습니다. 자세한 내용은 일러스트레이터 기본기 편을 참고하세요.

인쇄물/웹용 이미지에 적정한 해상도

새 파일 만들기 창의 Resolution에서 설정한 항목이 해상도입니다. 해상도는 이미지의 '선명한 정도'를 뜻해요. 해상도의 단위인 [Pixels/Inch]를 봐도 알 수 있듯이 1인치당 픽셀의 개수로 해상도를 설정합니다. 당연히 해상도가 높을수록 이미지가 더 선명하겠죠?

	인쇄물	웹
단위	'dots per inch'의 약자인 dpi 단위를 사용합니다.	'pixels per inch'의 약자인 ppi 단위를 사용합니다.
적정 해상도	300dpi	72~96ppi

인쇄물을 작업할 때는 사진이 깨져 보이지 않도록 해상도를 300dpi로 설정해 작업해야 합니다. 반면, 웹에 올릴 이미지를 작업할 때는 해상도를 높게 설정하면 용량이 너무 커서 웹사이트의 로딩 속도가 느려질 수 있기 때문에 72~96ppi 정도로 설정해야 합니다.

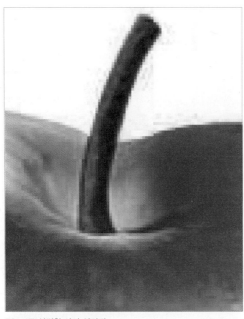

72ppi로 설정한 사과 이미지

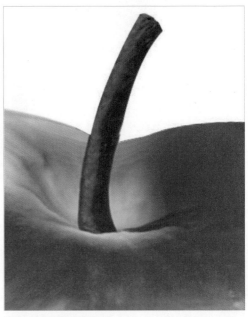

300dpi로 설정한 사과 이미지

RGB와 CMYK

물감을 섞어서 색상을 만들 듯이 포토샵과 일러스트레이터에서도 여러 색상을 혼합해서 색상을 만듭니다. 색상의 종류에는 크게 2가지가 있는데요. 바로 RGB 모드와 CMYK 모드입니다.

RGB 모드 — 웹용 이미지

RGB 모드란 빛의 삼원색인 Red(빨간색), Green(초록색), Blue(파란색)로 이루어진 색상 체계를 말합니다. 빛은 색을 더할수록 흰색에 가까워지기 때문에 RGB 모드의 색상 표현 방식을 '가산 혼합'이라고 합니다. 모니터나 웹 화면에서 볼 수 있는 색상은 모두 RGB 모드라고 할 수 있습니다. 웹사이트에서 사용할 이미지는 색상 모드를 RGB 모드로 설정하고 작업해야 합니다.

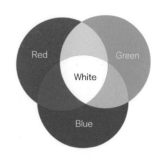

CMYK 모드 — 인쇄물

CMYK 모드는 잉크의 사원색인 Cyan(밝은 파란색), Magenta(심홍색), Yellow(노란색), Black(검은색)으로 이루어진 색상 체계를 말합니다. 인쇄물의 잉크가 밝은 파란색, 심홍색, 노란색, 검은색(먹) 4가지 색상으로 이루어지기 때문에 '잉크의 사원색'이라고 하지요. 물감을 섞을수록 색이 어두워지는 것처럼 잉크는 색을 더할수록 탁해지기 때문에 CMYK 모드의 색상 표현 방식을 '감산 혼합'이라고 합니다. 인쇄물 이미지는 색상 모드를 CMYK 모드로 설정하고 작업해야 합니다.

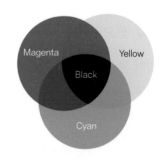

하면 된다!♪

유용한 3가지
환경 설정하기

01 단위 설정하기

기본 단위를 설정해 놓으면 매번 수정하지 않아도 되어 편리합니다. 포토샵 편에서는 웹용 이미지를 만들 예정이니 [Pixels]를 기본 단위로 설정하겠습니다.

Ctrl + K 를 누르면 환경 설정 창이 나타납니다. 왼쪽 메뉴에서 [Units & Rulers]를 선택하고 Rulers(눈금자)는 [Pixels], Type(글자 크기)는 [Points]로 설정합니다.

💧 상황에 따라 모두 [Pixels]로 설정해도 됩니다.

02 탭으로 파일 열기 해제

파일이 탭으로 열리면 여러 문서 사이에 이미지나 객체를 이동하기 어렵습니다. [Workspace]에서 [Open Documents as Taps](탭으로 문서 열기)를 체크 해제하세요.

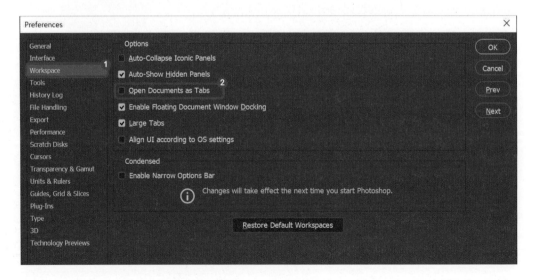

03 이제 파일을 열면 탭이 아닌 개별 창으로 열립니다.

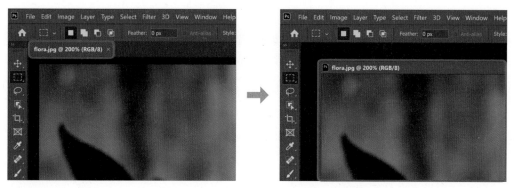

파일이 탭으로 열린 모습　　　　　　　　　　　　　　　　파일이 개별 창으로 열린 모습

04 글꼴 이름이 한글로 보이게 설정하기

글꼴 이름이 영어로 표시되면 한글 글꼴을 찾기 불편하겠죠? 한글로 보이도록 [Type]에서 [Show Font Names in English](글꼴 이름을 영어로 표시)를 체크 해제하세요.

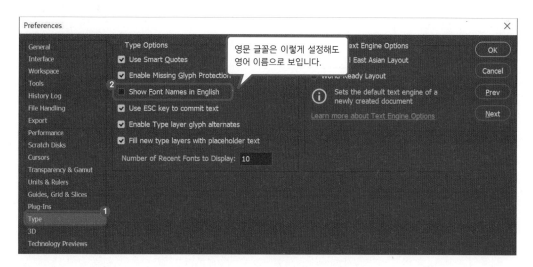

05 이제 글자를 입력할 때 컨트롤 패널이나 기능 패널에서 글꼴 이름이 한글로 나타납니다.

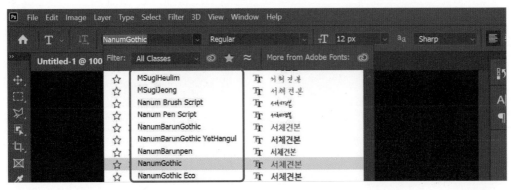

글꼴 이름이 영어로 나타난 모습

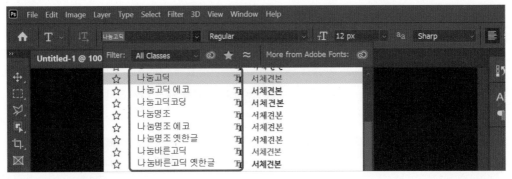

글꼴 이름이 한글로 나타난 모습

06 모든 설정을 마쳤으니 환경 설정 창에서 [OK]를 누르세요.

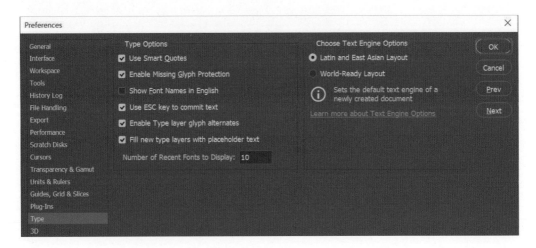

포토샵 파일 확장자

새 파일을 만들어 봤으니 저장하는 방법을 알아보겠습니다. 그 전에 포토샵에서 많이 사용하는 파일 확장자를 먼저 살펴볼까요?

PSD	포토샵에서 작업한 내용을 그대로 불러와 수정할 수 있습니다. '원본 파일'이라고도 부릅니다. 나중에 수정할 일이 생길 것 같다면 PSD 파일로 저장하세요.	Ps
JPEG	포토샵에서 가장 많이 사용하는 사진 파일 형식입니다. 'JPG'라고 줄여서 부르기도 합니다. 저장할 때 압축 정도를 설정할 수 있는데, 많이 압축할수록 화질은 떨어지지만 용량은 작아집니다.	
PNG	용량이 가볍고 배경이 투명한 파일로 저장할 때 사용합니다. 색상과 투명, 반투명을 지원하며 휴대용 기기 및 네트워크 환경에 최적화된 그림 파일이기 때문에 웹에서 사용할 이미지로 저장할 때 주로 선택합니다.	
GIF	움직이는 짧은 애니메이션 이미지를 만들 때 사용합니다. 색상과 투명을 지원하지만, 반투명은 지원하지 않습니다. 256가지의 색만 사용할 수 있기 때문에 화질에 한계가 있습니다.	

일반적으로 PSD 파일로 작업을 하다가 완성된 이미지는 JPEG 혹은 PNG 파일로 저장해서 사용합니다. 직접 파일을 열고 PSD 파일과 JPEG 파일로 저장해 보겠습니다.

하면 된다! ⟩

파일 열고 PSD 파일로
저장하기

준비 파일 01-1/green.jpg

01 파일 열기

포토샵을 실행하면 나타나는 화면에서 [Open]을 누르세요.

💧 메뉴 바: [File → Open]
💧 단축키: Ctrl + O

02
팝업 창이 뜨면 예제 파일 'green.jpg' 파일을 찾아 엽니다.

03 다른 이름으로 저장하기

파일을 보존하기 위해서는 바로 다른 이름으로 저장해야 합니다. 먼저 [File → Save As]를 선택합니다. 팝업 창에서 [Don't show again](경고 창을 다시 띄우지 않기)에 체크하고 [Save on your computer]를 클릭해서 내 컴퓨터에 저장합니다.

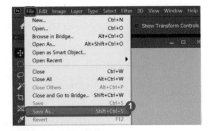

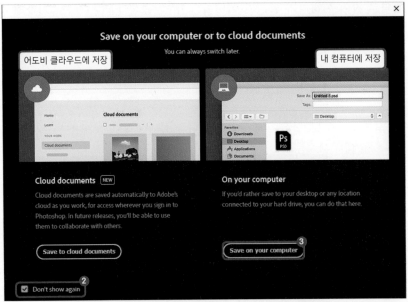

● 포토샵에서 작업한 파일은 어도비에서 제공하는 클라우드에 저장할 수도 있고, 개인 컴퓨터에 저장할 수도 있습니다. 이 책에서는 개인 컴퓨터에 저장하겠습니다.

04 PSD 파일로 저장하기

파일 이름을 입력하고 파일 확장자는 [PSD]를 선택한 후 [저장]을 누릅니다.

05 그러면 팝업 창이 나타날 거예요. [Maximize Compatibility](호환성 최대화)에 체크 하면 파일 용량이 커지는 대신 하위 버전의 포토샵에서도 파일이 잘 열립니다. 체크하고 [OK] 를 누릅니다.

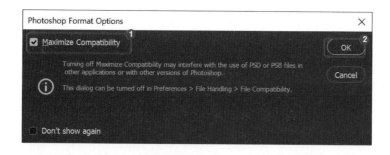

06 이렇게 저장한 PSD 파일은 언제든 열어서 수정할 수 있습니다.

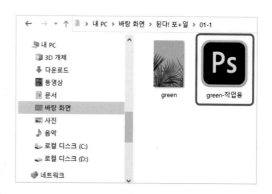

하면 된다!

웹용 JPEG 이미지로 저장하기

01 포토샵에는 웹용 이미지로 저장하는 메뉴가 따로 있습니다. [File → Export → Save for Web(Legacy)]을 선택합니다.

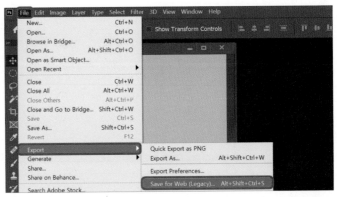

🔵 CC 이전 버전에서는 [File → Save for Web(Legacy)]을 선택합니다.

02 파일 확장자는 색상 정보를 많이 저장할 수 있고, 용량도 가벼워 많이 사용하는 [JPEG]를 선택합니다. 파일의 품질은 [Maximum]으로 선택한 후 [Save]를 눌러 저장합니다.

🔵 파일의 품질은 [Maximum]이 가장 좋지만, 용량이 그만큼 커지므로 개인 쇼핑몰에서 사용하는 이미지는 [High]로 설정합니다.

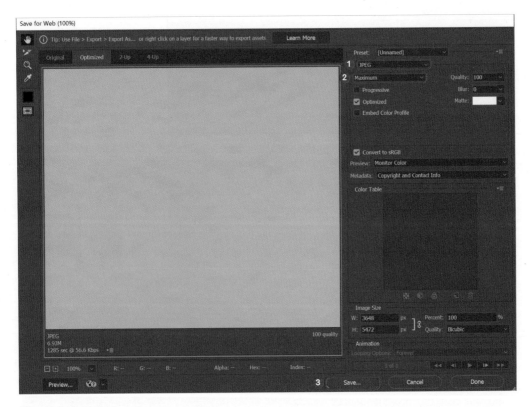

03 파일 이름을 지정한 후 저장할 폴더를 찾고 [저장]을 누릅니다.

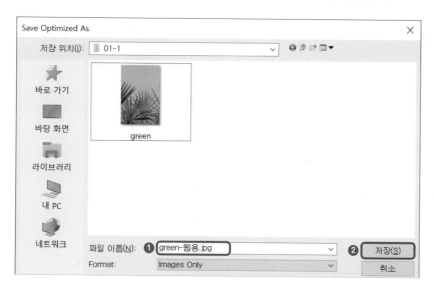

04 경고 창이 나타납니다. 이 경고 창이 나타나지 않게 하려면 PSD 파일 이름과 모든 레이어의 이름을 영문으로 지정해야 합니다. 하지만 웹에 올릴 용도가 아니라면 한글을 사용해도 문제가 되지 않습니다. [Don't show again](경고 창을 다시 띄우지 않기)에 체크하고 [OK]를 누릅니다.

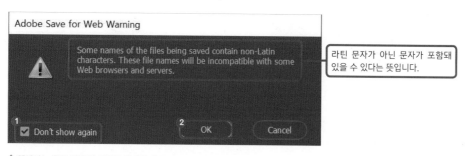

라틴 문자가 아닌 문자가 포함돼 있을 수 있다는 뜻입니다.

◐ 웹에서는 한글 이름의 파일을 인식하지 못해 이미지가 보이지 않을 수 있습니다. 따라서 웹에서 사용할 이미지라면 파일 이름을 영문 또는 영문+숫자의 조합으로 저장하세요.

05 JPEG 형식의 웹용 파일이 생성됐습니다.

레이어
이해하기

레이어는 쉽게 말해 '투명한 종이'입니다. 겹겹이 쌓인 투명한 종이에 여러 효과를 적용해서 놀라운 결과물을 만들죠! 레이어를 살펴보고 이해해 볼까요?

레이어란?

포토샵으로 작업하려면 먼저 레이어(Layer)를 알아야 합니다. 아래 그림은 하나의 그림처럼 보이지만 사실은 여러 겹의 레이어로 이루어져 있습니다.

완성된 한 장의 이미지

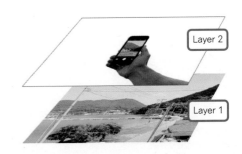

레이어로 구성된 모습

위와 같이 레이어에는 이미지가 들어갈 수도 있고 글자나 도형을 넣을 수도 있습니다. 여러 장의 투명한 종이에 각각 작업하기 때문에 [Layer 1] 레이어만 흑백으로 바꾸는 등 다른 레이어에는 영향을 주지 않으면서 자유롭게 작업할 수 있습니다.

01 파일 열기

[File → Open]을 선택하고 '바다촬영.psd' 파일을 여세요. 오른쪽 아래에 Layers 패널이 보이나요? 여기서 레이어를 조절합니다.

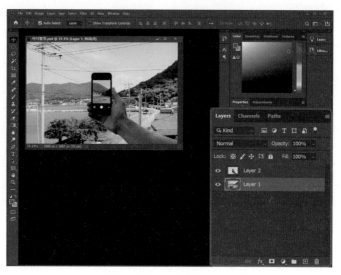

🔹 Layers 패널이 보이지 않는다면 메뉴 바에서 [Window → Layers]를 눌러 패널을 열어보세요.

02 이 파일은 2개의 레이어로 구성되어 있습니다. 배경 이미지인 [Layer 1] 위에 핸드폰을 든 손 이미지인 [Layer 2]가 있죠.

[Layer 1] 배경 이미지

흰색과 회색 격자 무늬는 포토샵에서 '아무 것도 없는 투명한 상태'를 의미해요.

[Layer 2] 핸드폰을 든 손 이미지

03 레이어 순서 바꾸기

만약 두 레이어의 순서가 바뀌면 어떻게 달라질까요? [Layer 1]을 클릭하고 드래그해 [Layer 2] 위로 올려 보세요.

 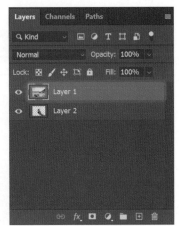

04 핸드폰을 든 손 이미지가 배경 이미지 아래에 깔려서 보이지 않네요! 레이어에서 순서가 중요하다는 게 이해가 되지요?

05 Ctrl + Z 를 눌러 실행을 취소하세요.

06 레이어 눈 감기/켜기

이번엔 [Layer 1]의 [눈 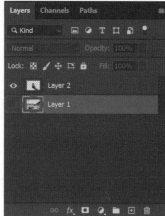] 아이콘을 눌러 보세요. 배경 이미지가 사라집니다.

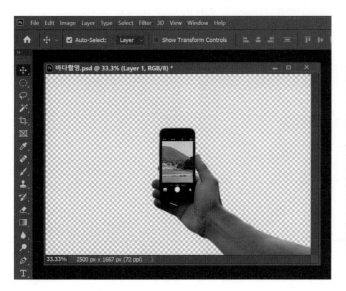

07 다시 [Layer 1]의 [눈 ] 아이콘을 클릭하면 배경 이미지가 나타납니다.

08 레이어 잠그기/풀기

레이어는 수정되거나 움직이지 않도록 잠글 수도 있습니다. 먼저 잠그지 않은 상태에서 작업해 볼까요? [Layer 2]를 선택하고 툴 패널에서 [이동 툴✣]을 누르고 핸드폰 든 손을 드래그해 움직여 보세요. 잘 움직입니다.

09 Ctrl + Z 를 눌러 실행을 취소하세요.

10 이번엔 [Layer 2]를 선택하고 [자물쇠🔒] 아이콘을 눌러 보세요. 그리고 다시 [이동 툴✣]로 핸드폰 든 손을 드래그합니다. 이번엔 움직이지 않습니다. [Layer 2]가 잠겨 있기 때문이에요.

11 새 레이어 만들기

Layers 패널에서 아래쪽 [새 레이어 ▣] 아이콘을 클릭하면 새 레이어가 만들어집니다.

12 레이어 복사하기

기존에 있던 레이어를 [새 레이어 ▣] 아이콘으로 드래그하면 레이어가 복사됩니다. [Layer 1]을 복사해 보세요.

🌢 보통 기존에 작업하던 레이어를 백업해 두고 싶을 때 기존 레이어를 복사하고 [눈 ◉] 아이콘을 눌러서 숨겨 둡니다.

13 레이어 삭제하기

삭제할 레이어를 클릭하고 [휴지통🗑] 아이콘을 누르면 레이어가 삭제됩니다. [Layer 3]과 [Layer 1 copy] 레이어를 삭제해 보세요.

💧 레이어 하나를 클릭하고 Ctrl 을 누른 채 다른 레이어를 클릭하면 떨어진 두 레이어를 동시에 선택할 수 있습니다.

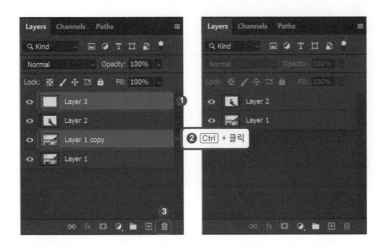

●●●
기능 사전

포토샵 확장자와 레이어의 관계

앞서 PSD, JPEG, PNG, GIF 등 포토샵 확장자의 특징을 살펴봤습니다. 이미지를 PSD 파일로 저장하면 이미지 안의 레이어가 모두 살아 있지만, JPEG, PNG, GIF 파일로 저장하면 모든 레이어가 하나로 합쳐져 하나의 이미지가 됩니다. 따라서 나중에 레이어를 수정하고 싶다면 PSD 파일로 저장해 두어야 합니다.

레이어가 살아서 저장되는 PSD 파일

레이어가 합쳐져 저장되는 JPEG, PNG, GIF 파일

01-3

선택 영역을 지정하는
4가지 방법

포토샵으로 하는 디자인 작업은 보통 특정 영역을 선택하고 효과를 넣는 식으로 이루어집니다. 그래서 영역을 선택할 일이 많죠. 영역을 선택하는 툴은 여러 가지가 있는데 상황에 따라 적절한 툴을 사용해야 작업 속도도 빨라집니다. 주로 사용하는 4가지 툴을 알아보고 직접 영역을 선택해 보겠습니다.

영역을 선택하는 4가지 툴

영역을 선택하는 툴은 왼쪽 툴 패널에 모여 있습니다. [사각 선택 툴]부터 [빠른 선택 툴] 까지 각각 어떤 경우에 사용하면 좋은지 살펴볼까요?

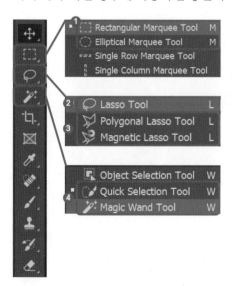 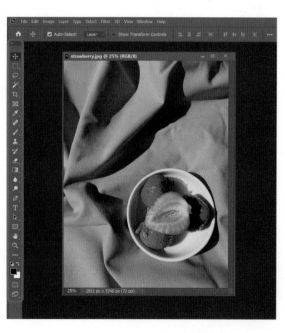

[사각 선택 툴■]

툴 패널에서 아이콘을 길게 클릭하면 숨은 아이콘 목록이 나타납니다. [사각 선택 툴■]과 [원형 선택 툴●]을 자주 사용해요. [사각 선택 툴■]은 사각형 영역, [원형 선택 툴●]은 원형 영역을 선택할 때 주로 사용합니다.

[사각 선택 툴■]을 누르고 대각선 방향으로 드래그하면 사각형 영역이 선택됩니다. 반드시 한 번에 영역을 선택할 필요는 없어요. 컨트롤 패널에서 [영역 추가■] 아이콘을 누르고 드래그하면 영역이 추가되고, [영역 제외■] 아이콘을 누르고 드래그하면 그 영역만큼 선택 해제됩니다.

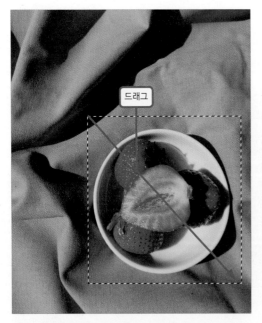

[사각 선택 툴■]로 선택한 모습

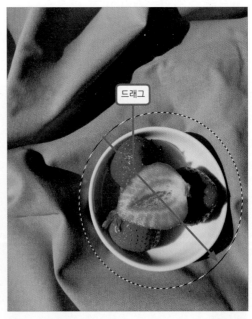

[원형 선택 툴●]로 선택한 모습

[올가미 툴]

종이에 연필로 자유롭게 그리듯이 영역을 선택할 수 있어요. [올가미 툴]을 누르고 작업 화면에서 원하는 영역의 테두리를 드래그하며 그리면 영역이 올가미처럼 선택됩니다. 정확하지 않은 대강의 영역을 선택할 때 주로 사용해요.

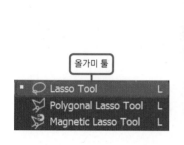
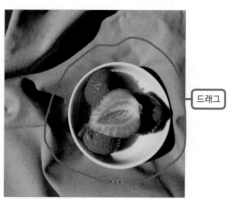

[올가미 툴]로 선택한 모습

[다각형 올가미 툴] / [자석 올가미 툴]

각진 지점을 선택하면서 자유롭게 영역을 선택할 때 [다각형 올가미 툴]을 사용합니다. [다각형 올가미 툴]을 누르고 작업 영역에서 꼭지점을 연이어서 클릭하면 직선으로 연결되며 영역이 선택됩니다.

[자석 올가미 툴]은 시작점을 클릭하고 마우스를 움직이면 비슷한 특성을 따라서 자동으로 올가미를 만들어 영역을 선택하는 툴입니다. 마우스로 방향만 잘 조절하면 쉽게 영역을 선택할 수 있죠.

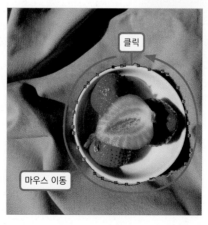

[다각형 올가미 툴]로 선택한 모습   [자석 올가미 툴]로 선택한 모습

[마술봉 툴] / [빠른 선택 툴]

색상이나 명도가 비슷한 부분을 자동으로 선택해 주는 툴입니다. [마술봉 툴]을 누르고 선택하고 싶은 색상을 클릭하면 비슷한 색상이 한 번에 선택됩니다. 컨트롤 패널에서 [Contiguous]에 체크하면 이어진 영역만 선택되고 체크를 해제하면 이어지지 않은 영역도 선택됩니다. [Tolerance]에 숫자를 입력하면 '얼마나 비슷한 색상까지 선택할지'를 조절할 수 있습니다.

[빠른 선택 툴]은 여러 색상의 넓은 영역을 선택할 때 유용합니다. [빠른 선택 툴]을 누른 후 [올가미 툴]을 사용할 때처럼 영역을 그리듯이 드래그하면 주변에 비슷한 색상들이 선택됩니다.

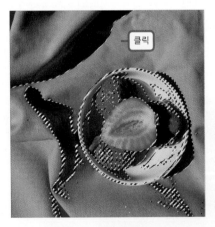

[마술봉 툴]로 선택한 모습

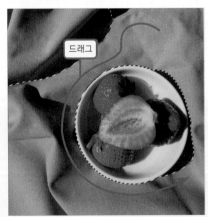

[빠른 선택 툴]로 선택한 모습

01 [File → Open]으로 'building.jpg' 파일을 열어 주세요.

02 [사각 선택 툴 ▦]로 영역 선택하기

툴 패널에서 [사각 선택 툴 ▦]을 클릭하고 창문 2줄을 드래그해 선택해 보세요.

03 선택 추가하기

컨트롤 패널에서 [영역 추가 ◨] 아이콘을 클릭하고 맨 아래 줄 창문도 드래그해 선택하세요.

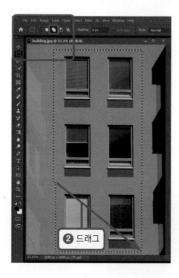

04 선택에서 제외하기

이번엔 [영역 제외 ▣] 아이콘을 클릭하고 세로 줄 창문을 드래그해 선택하세요.

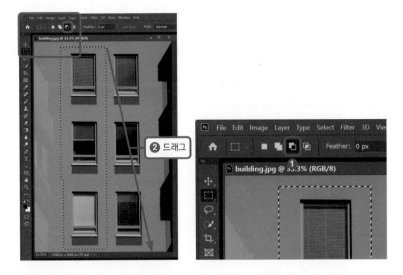

05 선택 반전하기

선택한 영역을 제외한 부분을 선택해 볼까요? 메뉴 바에서 [Select → Inverse]를 클릭하세요. 선택한 영역을 제외한 모든 부분이 선택됩니다. 🔹 단축키: Shift + Ctrl + I

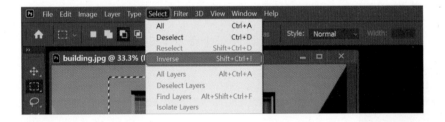

06 선택 해제하기

메뉴 바에서 [Select → Deselect]를 클릭하면 선택이 해제되면서 깜박이 🔹 단축키: Ctrl + D
는 선이 사라집니다.

하면 된다!⫟

[펜 툴 🖋]로
이미지 속 일부분
선택하기(누끼 따기)

준비 파일 01-3/coffee.jpg
완성 파일 01-3/coffee완성.psd

01 [File → Open]으로 'coffee.jpg' 파일을 열어 주세요. Layers 패널을 보면 이미지가 [Background] 레이어에 있고 자물쇠로 잠겨 있습니다. 이미지를 작업할 땐 이 잠금을 풀어 줘야 해요. [Background] 레이어를 더블클릭하세요.

02 [Background] 레이어를 [Layer 0]으로 만들기

옵션 창이 뜨면 [OK]를 눌러 [Layer 0]으로 만들어 주세요.

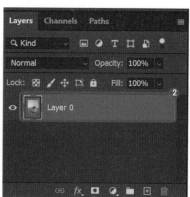

03 [펜 툴] 사용하기

이제 이미지를 추출할 수 있습니다. Ctrl + + 를 눌러서 화면을 적당히 키우고 툴 패널에서
[펜 툴]을 클릭하세요.

04 직선 구간의 모서리부터 시작하겠습니다. 시작점을 클릭하세요.

외곽선보다 살짝 안쪽을 클릭해야
나중에 이미지를 추출했을 때 배
경색이 묻어나지 않습니다.

시작점 클릭

05 다음 지점을 클릭하면 직선으로 선이 그려집니다. 이어서 클릭하세요.

💧 Shift 를 누른 채 클릭하면 정확하게 수평, 수직, 45도 사선으로 경계를 선택할 수 있습니다.

06 이번엔 곡선 부분을 선택해야 하네요. 지점을 클릭하면서 드래그해 보세요. 양쪽으로 방향 선이 나타나며 곡선으로 선이 그려집니다.

마우스 왼쪽 버튼을 누른 상태에서 마우스를 상하좌우로 자유롭게 움직이며 원하는 형태로 맞춰질 때까지 조절하세요.

07 이어서 다음 지점을 클릭하며 드래그해서 곡선을 그리세요.

① 드래그

② 드래그

Ctrl + Z 를 누르면 한 단계 전으로 되돌릴 수 있습니다.

08 다시 직선 구간입니다. 지점을 드래그하지 않고 클릭만 하면 다시 직선이 그려집니다.

● 화면 미세하기 확대/축소: Alt + 마우스 휠 위아래로 굴리기
● 화면 이동하기: Spacebar + 화면 드래그

09 다시 곡선을 그리고 마지막 지점으로 시작점을 정확하게 클릭하세요.

① 드래그

② 끝점 클릭

마우스 커서 옆에 동그라미가 그려져 있을 때 클릭하면 정확하게 선택됩니다.

10 [펜 툴]로 선택한 영역은 선택 영역으로 변경해야 이미지를 추출할 수 있습니다. 마우스 오른쪽 버튼을 클릭한 후 [Make Selection]을 클릭합니다.

11 옵션 창이 나타나면 Feather Radius(경계가 뿌연 정도) 값을 [0]으로 설정하고 [OK]를 누릅니다.

12 선택한 영역이 점선으로 바뀌며 이미지가 추출됩니다.

13 선택 반전해 삭제하기

선택을 반전하면 배경이 선택되겠죠? Shift + Ctrl + I 를 눌러 선택 영역을 반전하고 Delete 를 눌러 삭제하세요.

🔵 메뉴 바: [Select → Inverse]

14 Ctrl + D 를 눌러 선택을 해제하세요. 배경이 삭제되고 커피 잔만 남았습니다.

··· 기능 사전 Make Selection의 Feather Radius에 수치 넣기

Feather Radius는 선택 영역을 만들 때 테두리가 부드러워지는 정도를 말합니다. 입력한 수치만큼 픽셀 경계를 불투명하게 만들죠. Feather Radius의 값에 따라 다음과 같이 결과가 달라집니다.

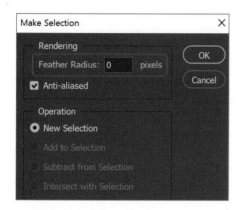

1. Feather Radius: 0pixels
객체의 경계를 따라 정확하게 선택하려면 값을 [0]으로 설정하세요.

2. Feather Radius: 10pixels
추출한 이미지와 배경이 어우러져야 한다면 값을 [0.1] ~ [10] 사이로 설정하세요.

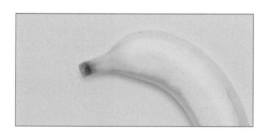

3. Feather Radius: 30pixels
부드럽게 만든 테두리의 반경이 너무 커서 객체가 뿌옇게 되기 때문에 이렇게 큰 값으로 설정하지 않습니다.

복습 | 10분 만에 만들어야 한다!

'red_tea.jpg' 파일에서 음료수 컵만 추출해 보세요!

준비 파일 01-3/red_tea.jpg
완성 파일 01-3/red_tea완성.psd

01-4

색상 선택하기,
색상 채우기

전경색과 배경색 이해하기

포토샵에서 색상은 기본적으로 툴 패널 아래쪽 아이콘을 눌러 설정합니다. 크게 두 개의 색상을 설정해 두고 자유롭게 사용할 수 있는데, 왼쪽 사각형에서 설정하는 색상은 전경색, 오른쪽 사각형에서 설정하는 색상은 배경색이라고 부릅니다.

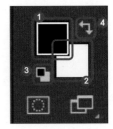

❶ **전경색**: 색상을 칠하거나 채울 때 사용하는 색상입니다. [브러시 툴 ✔], [펜 툴 ✍], [페인트 툴 ⬤] 등으로 그리거나 채울 때 이 색상으로 표현됩니다.

❷ **배경색**: 빈 곳을 채울 때 사용하는 색상입니다. 지우거나 오려 냈을 때 이 색상으로 표현됩니다.

❸ 검은색 전경색에 흰색 배경색이 기본 설정입니다. 단축키는 ⒟입니다.

❹ 전경색과 배경색이 바뀝니다. 단축키는 ⓍＸ입니다.

Color Picker 창에서 색상 지정하기

[전경색] 또는 [배경색]을 클릭하면 Color Picker 창이 열립니다. 여기서 색상을 선택하는 방법은 크게 3가지입니다.

방법 1: 색 막대와 넓은 창에서 색상을 직접 클릭해 선택합니다.
방법 2: 작업 화면에서 선택하고 싶은 색상을 클릭해 선택합니다.

방법 3: 색상 코드(Color Code)를 직접 입력해 색상을 선택합니다. Red(빨간색), Green(초록색), Blue(파란색)의 조합 비율을 입력할 수도 있고, # 옆에 여섯 자리 코드를 입력할 수도 있습니다.

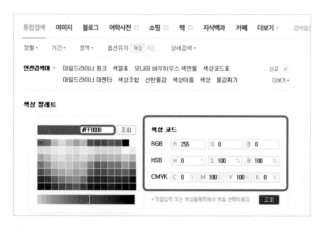

💧 네이버에서 '색상 팔레트'를 검색하면 다양한 색상 코드를 볼 수 있습니다.

01 [File → Open]으로 'baby.psd' 파일을 열어 주세요. 섬네일 배경색으로 아기가 쓰고 있는 모자의 색상인 주황색을 넣어 볼까요?

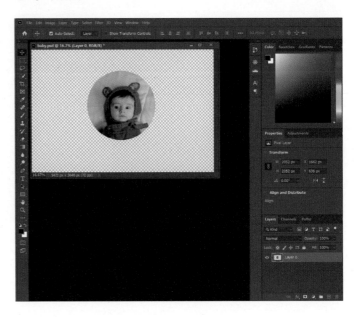

02 레이어 추가하기

우선 원본 이미지를 해치지 않으면서 작업하기 위해 새 레이어를 추가하고 아래로 이동해 주세요.

03 툴 패널의 [전경색]을 클릭하면 Color Picker 창이 열립니다. 마우스를 Color Picker 창 밖으로 옮겨 보세요. 마우스 커서가 [스포이트 툴 🖊️] 모양으로 바뀝니다. 아기가 쓰고 있는 모자 색상을 클릭하고 [OK]를 누르세요.

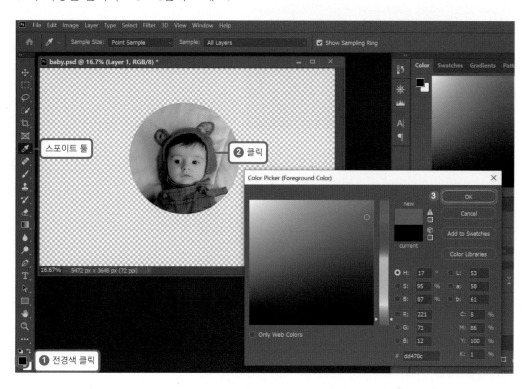

04 이제 색상을 채우면 끝입니다. 메뉴 바에서 [Edit → Fill]을 누르세요. 💧 단축키: [Shift] + [F5]

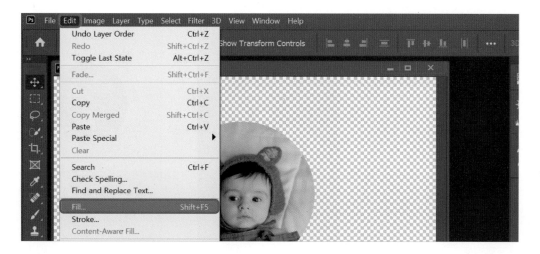

05 옵션 창에서 [Foreground Color](전경색)를 선택하고 [OK]를 누르세요.

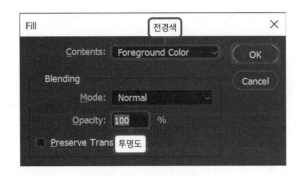

🔵 Foreground Color: 전경색
🔵 Background Color: 배경색

06 섬네일 이미지에 배경색이 들어갔습니다.

복습 | 10분 만에 만들어야 한다!

'월E.jpg' 파일을 열어 얼굴 부분만
남기고 노란색 색상을 채워 보세요.

준비 파일 01-4/월E.jpg
완성 파일 01-4/월E완성.psd

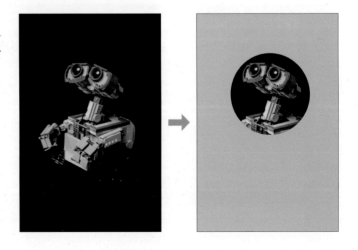

2일차

명도, 채도에 기초한
사진 보정

어둡게 나온 사진
밝게 보정하기

준비 파일 02-1/iphone.jpg 완성 파일 02-1/제품보정완성.psd

▼ 사진의 명도가 높아졌어요!

오늘
배울
기능

하나, 원본 레이어 복사하기

둘, 이미지 명도 조절하기

· Layers 패널

· [Image → Adjustments → Levels]

명도

색의 밝은 정도를 명도라고 부릅니다. 흰색에 가깝게 밝을수록 명도가 높다고 말하며, 검은색에 가깝게 어두울수록 명도가 낮다고 말합니다. 포토샵에서는 명도를 숫자로 나타내는데요. 다음 그림처럼 검은색은 0, 흰색은 255로 약속합니다.

0 ◀──────── 명도가 낮다   명도가 높다 ────────▶ 255

사진의 명도는 Levels 창에서 조절합니다. Levels 창의 중앙에는 사진을 이루는 픽셀들의 분포도가 있는데요. 사진을 이루는 모든 픽셀을 일일이 추출해서 명도에 따라 줄을 세운 모습이라고 이해하면 됩니다. 정확하게 말하자면 가로축은 명도, 세로축은 픽셀 수입니다. 해당하는 픽셀 수가 많을수록 그래프가 높게, 픽셀 수가 적을수록 그래프가 낮게 나타납니다.

우리가 알고 싶은 사진의 명도 조절은 분포도 아래에 있는 삼각형 슬라이드로 합니다. 삼각형 슬라이드는 '명도의 기준'이라고 할 수 있는데요. 흰색 슬라이드를 왼쪽으로 드래그해 이동하면 '흰색의 기준'이 왼쪽으로 이동해서 그보다 오른쪽에 있는 픽셀이 모두 '흰색'으로 보정됩니다.

원본 이미지

반대로 검은색 슬라이드를 오른쪽으로 드래그해 이동하면 '검은색의 기준'이 오른쪽으로 이동해서 그보다 왼쪽에 있는 픽셀이 모두 '검은색'으로 보정됩니다.

명도를 높인 모습

글로는 이해하기 힘든가요? 직접 실습해 보면 쉽게 이해가 될 거예요! 어둡게 나온 사진을 보정하며 연습해 보겠습니다.

하면 된다!♪

Levels로 이미지
밝게 보정하기

01 앞에서 배운 명도 개념을 적용해 이미지를 밝게 보정해 보겠습니다. [File → Open]을 선택해 [02-1] 폴더에서 준비 파일 'iphone.jpg'를 여세요.

02 이미지를 보정할 때 가장 먼저 해야 하는 작업은 원본 사진을 복사하는 것입니다. 화면 오른쪽의 Layers 패널에서 [Background] 레이어의 빈 곳을 클릭한 후 [새 레이어🔲] 위로 드래그하세요. 같은 사진이 한 장 더 복사된 게 보이나요?

🔹 [Background]: 새 파일을 만들거나 새 이미지를 열었을 때 생기는 기본 레이어

03 Levels로 이미지 명도 조절하기

이제 복사된 [Background copy] 레이어에서 이미지를 보정하겠습니다. [Background copy] 레이어가 선택된 상태에서 명도를 조절하기 위해 [Image → Adjustments → Levels]를 선택하세요.

🔹 Levels 단축키: Ctrl + L

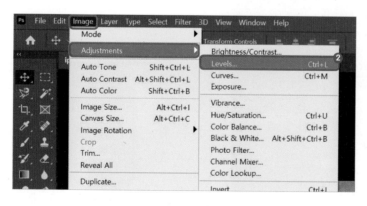

04 Levels 창에서 흰색 슬라이드를 왼쪽으로 드래그하세요. 사진 속의 밝은 부분이 더 밝아집니다.

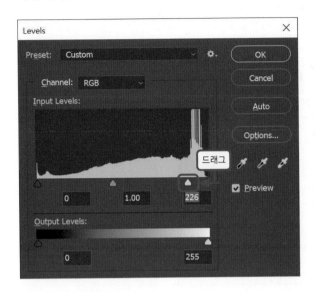

05 흰색 슬라이드를 맨 오른쪽으로 드래그해 원래 상태로 만드세요. 그런 다음 검은색 슬라이드를 오른쪽으로 드래그해 보세요. 사진 속의 어두운 부분이 더 어두워집니다.

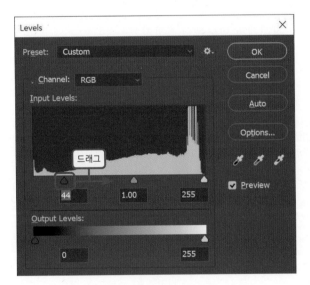

06
검은색 슬라이드를 맨 왼쪽으로 드래그해 원래 상태로 만드세요. 마지막으로 가운데 회색 슬라이드를 양쪽으로 드래그해 보세요. 이미지의 중간 명도가 조절됩니다.

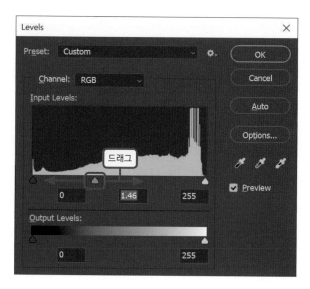

07
이와 같은 방식으로 이미지의 명도를 자유롭게 조절해 보세요.

기능 사전　　Levels 창 알아보기

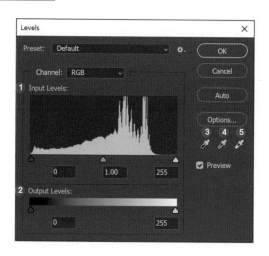

❶ **Input Levels:** 가로축은 검은색(0)에서 흰색(255)까지의 명도, 세로축은 명도에 해당하는 픽셀 수입니다. 검은색, 회색, 흰색 삼각형 슬라이드를 드래그하면 픽셀들의 명도가 바뀝니다.

❷ **Output Levels:** 검은색, 흰색 삼각형 슬라이드를 드래그하면 전체적으로 어두워지거나 밝아집니다. 픽셀 배치와 수에 영향을 받지 않고 일괄적으로 변경할 수 있습니다.

❸ **검은색 스포이트:** 스포이트 아이콘으로 클릭한 픽셀보다 어두운 픽셀들을 더 어둡게 만듭니다.

❹ **회색 스포이트:** 스포이트 아이콘으로 클릭한 픽셀의 명도를 전체적으로 적용합니다.

❺ **흰색 스포이트:** 스포이트 아이콘으로 클릭한 픽셀보다 밝은 픽셀들을 더 밝게 만듭니다.

02-2

선명한 색감으로
사진 보정하기

준비 파일 02-2/travel.jpg 완성 파일 02-2/여행보정완성.psd

▼ 사진의 채도가 높아졌어요!

오늘 배울 기능	하나, 이미지 명도 조절하기	둘, 이미지 채도 조절하기	셋, 레이어를 부드럽게 합치기
	·[Image → Adjustments → Curves]	·[Image → Adjustments → Hue/Saturation]	·블렌딩 모드

88 포토샵 기본기 편

채도

색상의 선명한 정도를 채도라고 부릅니다. 원색에 가깝게 선명할수록 채도가 높다고 말하고, 탁할수록 선명하지 않으니 채도가 낮다고 말합니다. 흰색과 검은색, 회색을 '무채색'이라고 부르지요? 채도가 없는 색이라는 뜻입니다.

포토샵에서 채도는 Hue/Saturation 창에서 조절합니다. Hue/Saturation 창에서는 색상, 채도, 명도를 모두 조절할 수 있는데 특히 두 번째 항목인 채도를 조절하기 위해 주로 사용합니다. 가운데 슬라이드를 왼쪽으로 움직이면 채도가 낮아지고 오른쪽으로 움직이면 채도가 높아집니다.

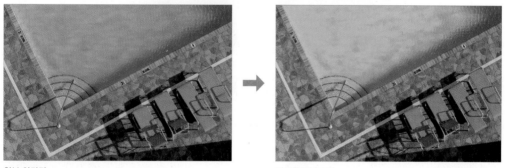

원본 이미지   채도를 높인 모습

사진에서는 채도를 높일수록 분위기가 강렬해지고, 낮출수록 차분해집니다. 채도를 높이면 시선을 사로잡는 반면, 채도를 낮추면 주변과 잘 어우러집니다.

하면 된다!〉

Curves로 이미지
대비 주기

01 [File → Open]을 눌러 준비 파일 'travel.jpg'를 열어
보세요. 흔한 여행 사진에 생기를 불어넣어 보겠습니다. 먼저
앞서 배웠던 것과 동일한 방법으로 원본 레이어를 복사합니다.

드래그

레이어가 복사되었습니다.

02 Curves 적용하기

이미지의 명도를 조절하기 위해 이번에는 [Levels]가 아
닌 [Image → Adjustments → Curves]를 선택합니다.

● Curves 단축키: Ctrl + M
● Levels와 Curves의 차이점은 97쪽을 참고하세요.

03 직선의 가운데 조절점을 위로 드래그해 보세요. 그래프가 위쪽 포물선으로 변하면서 이미지가 밝아집니다.

💧 포물선이 변할 때 y값이 조금씩 위로 움직였죠? y 값이 높아지면 명도가 높아지면서 이미지가 밝아집 니다.

04 Curves 조절점 삭제하기

이번엔 이미지를 다르게 보정하기 위해 앞서 만들었던 조절점을 없애 보겠습니다. 조절점을 바깥쪽으로 드래그하면 그래프가 처음 상태로 되돌아갑니다.

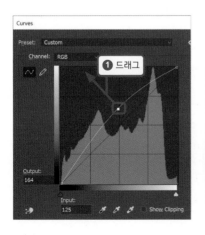 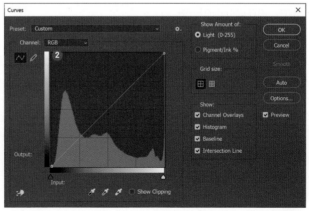

05 밝은 부분은 더 밝게, 어두운 부분은 더 어둡게 조절하면서 대비를 줘 보겠습니다. 어두운 영역 그래프는 아래로, 밝은 영역 그래프는 위로 드래그합니다.

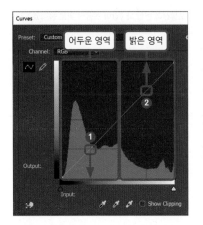
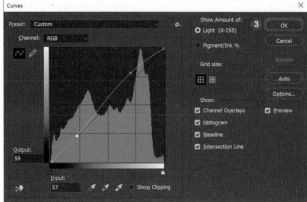

💧 x축을 보면 왼쪽은 검은색에 가까운 어두운 영역, 오른쪽은 흰색에 가까운 밝은 영역임을 알 수 있습니다.

06 이미지에 밝고 어둠이 강해지면서 대비가 생겼습니다.

하면 된다! ▶

Hue/Saturation으로
채도 올리기

01 사진의 색감이 더 뚜렷해지면 좋겠네요. 이번엔 색감을 조절해 보겠습니다. 다음을 차례대로 클릭해 Hue/Saturation 창을 엽니다.

💧 Hue/Saturation 단축키: [Ctrl] + [U]

💧 Hue는 '색상', Saturation은 '채도'입니다.

02

이미지의 색감을 조절하려면 두 번째 Saturation(채도) 막대를 조절하면 됩니다. 삼
각형 슬라이드를 오른쪽으로 드래그해 수치를 높여 보세요. 이미지의 색상이 선명해집니다.

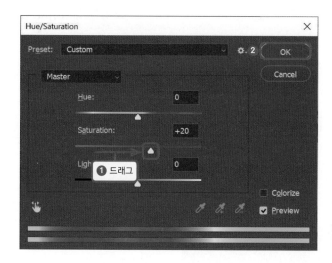

복습 | 10분 만에 만들어야 한다!

사진의 색감을 하나로 만들 수도 있습니다. [Colorize]에 체크하고 [Hue]와 [Saturation]을 조절해 한 가지 톤
의 사진으로 만들어 보세요.

완성 파일 02-2/복습완성.psd

💧 [Saturation]을 [-100]으로 설정하면 흑백 사진으로 바뀝니다.

자연스럽게 레이어 합치기 — 블렌딩 모드

지금까지 사진의 명도, 채도를 조절했습니다. 그런데 사진을 보정한 티가 너무 나면 어색해 보이겠죠? 레이어끼리 합성하는 블렌딩 모드(Blending Mode)를 사용하면 보정한 레이어와 원본 레이어를 자연스럽게 합칠 수 있습니다. 이 기능을 이용해 사진을 더 밝고 부드럽게 만들어 보겠습니다.

하면 된다!

블렌딩 모드로
레이어 합성하기

01 블렌딩 모드를 레이어에 적용하면 해당 레이어 아래의 모든 레이어가 합성됩니다. 보정한 레이어와 원본 레이어를 합치기 전에 [Background copy] 레이어가 선택돼 있는지 확인하세요.

02 블렌딩 모드는 Layers 패널에서 실행합니다. 블렌딩 모드에서 무엇을 선택하느냐에 따라 분위기가 바뀌는데, 여기서는 강렬한 이미지를 부드럽게 만들기 위해 [Screen]을 선택하세요.

03

마지막으로 [Background copy] 레이어의 투명도(Opacity)를 [80%]로 조절하면 원본 사진과 자연스럽게 합쳐집니다.

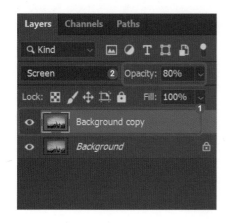

복습 | 10분 만에 만들어야 한다!

'jeju.jpg' 파일을 열어 명도와 채도를 높여서 사진을 보정해 보세요.

준비 파일 02-2/jeju.jpg
완성 파일 02-2/jeju_fin.psd

사진 보정에서
사용하는 4가지 기능

Curves 창 살펴보기

이미지 보정 전 상황을 x축과 분포도에서 살펴보고, y축을 따라 직선 그래프를 조절하면 됩니다. 예를 들어, 이미지의 어두운 부분을 보정하고 싶다면 x축에서 어두운 영역인 ❸을 조절합니다. 이 영역을 어둡게 만들려면 조절점을 아래로 드래그하고, 밝게 만들려면 위로 드래그합니다.

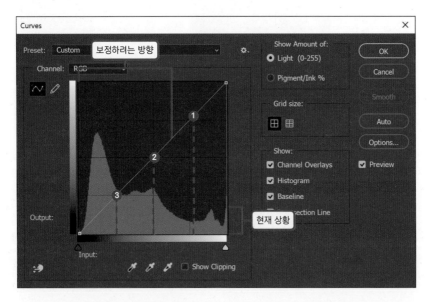

❶ **Highlights 영역**: 이미지의 밝은 부분을 대상으로 명도에 변화를 줍니다. 직선 그래프 조절점을 위로 드래그하면 밝아지고, 아래로 드래그하면 어두워집니다.
❷ **Midtones 영역**: 이미지의 중간 명도 부분을 대상으로 명도에 변화를 줍니다.
❸ **Shadow 영역**: 이미지의 어두운 부분을 대상으로 명도에 변화를 줍니다.

Levels와 Curves의 차이점

Levels 창에서 명도별 픽셀 분포도는 Curves 창에서 x축에 나타난 분포도와 같습니다. 또한 Levels 창에서 일괄적으로 명도를 조절할 수 있던 부분은 Curves 창에서 y축으로 반영됐습니다.

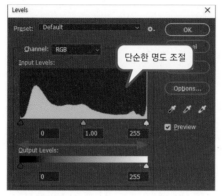

Levels 창

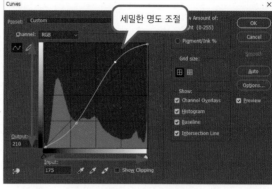

Curves 창

Levels 창에서는 좌우로만 명도를 움직일 수 있지만, Curves 창에서는 좌우를 기준으로 상하 또는 부분 이동할 수 있으므로 명도를 더욱 세밀하게 보정할 수 있습니다. 예를 들어, 특정 명도의 영역만 밝게 또는 어둡게 조절할 수 있죠. 따라서 단순한 조절일 경우에는 Levels, 세밀한 조절일 경우에는 Curves를 사용합니다.

Hue/Saturation 창 살펴보기

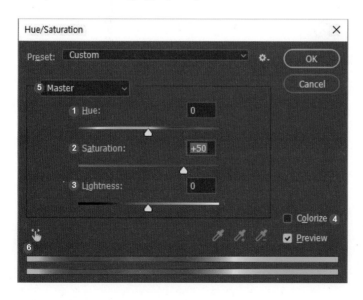

❶ **Hue:** 색상을 조절합니다. 이미지에 색상을 더하거나 빼서 색상을 변경합니다. 무채색은 색상이 바뀌지 않습니다.

❷ **Saturation:** 채도를 조절합니다. [-]로 이동하면 채도가 낮아지고, [+]로 이동하면 높아집니다.

❸ **Lightness:** 명도를 조절합니다. [Edit]가 [Master]일 경우에는 뿌옇게 되므로 자주 사용하지 않습니다.

❹ **Colorize:** 체크하면 이미지 전체가 한 가지 톤으로 적용됩니다. 이 기능을 이용하면 색감이 도는 흑백 사진을 만들 수 있습니다.

❺ [Master]로 돼 있는 부분을 색상 채널로 선택하면 ❻ 부분이 활성화되는데, 화면에서 스포이트로 선택한 부분의 색상, 채도 등을 조절할 수 있습니다.

블렌딩 모드 살펴보기

블렌딩 모드는 상위 레이어와 하위 레이어를 합성하는 기능입니다. 종류가 다양하기 때문에 여러 가지 효과를 낼 수 있습니다. 크게 어두운 합성, 밝은 합성, 대비 합성, 그 외로 나눌 수 있습니다. 어두운 합성에서는 [Multiply], 밝은 합성에서는 [Screen]을 많이 사용합니다.

3일차

콘텐츠의 완성도를 높이는 보정 & 합성

03-1

흑백 사진으로
보정하기

준비 파일 03-1/with.jpg 완성 파일 03-1/흑백사진완성.psd

▼ 얼굴 부분을 제외하고 흑백 효과를 넣었어요!

오늘 배울 기능	하나, 이미지 선명하게 만들기	둘, 흑백 사진으로 만들기	셋, 특정 부분만 흑백 효과 지우기
	·[Filter → Sharpen → Unsharp Mask]	·[Image → Adjustments → Desaturate]	·[지우개 툴]

하면 된다!⟩

사진을 선명하게 만들고
흑백 효과 주기

01 [File → Open]을 눌러 준비 파일 'with.jpg'를 엽니
다. 부드러운 색감의 사진이네요. 흑백 사진으로 바꿔 보겠습
니다. 먼저 원본 레이어를 복사합니다.

02 선명 효과 주기

우선 이미지를 더 선명하게 만들기 위해 [Filter → Sharpen → Unsharp Mask]를 선택합니다.

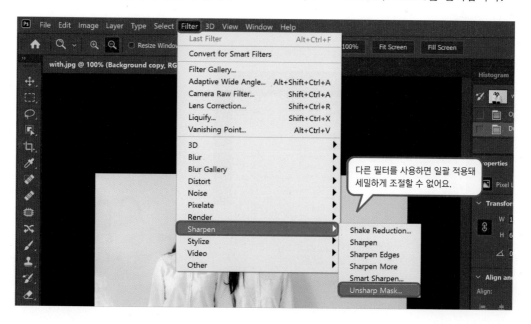

다른 필터를 사용하면 일괄 적용돼
세밀하게 조절할 수 없어요.

03 팝업 창이 나타나면 다음과 같이 선명함의 강도와 범위를 조절합니다.

[Preview] 체크를 껐다 켜 보면 이미지가 얼마나 선명해졌는지 알 수 있습니다.

① 강도: 40%

② 범위: 2px

04 흑백 효과 적용하기

이미지가 선명해졌으니 이제 흑백으로 바꿔 보겠습니다. 앞에서 배웠던 Hue/Saturation 기능으로 채도를 조절해도 되지만, 단번에 흑백 사진으로 바꾸는 기능을 사용하겠습니다. [Image → Adjustments → Desaturate]를 선택하세요. 💧 Desaturate는 '채도를 감소시킨다'는 뜻입니다. 바로 흑백 사진이 됩니다.

05 특정 부분만 흑백 효과 지우기

특정 부분에만 색감이 나타나게 하고 싶다면 어떻게 해야 할까요? 흑백 사진으로 만든 [Background copy] 레이어를 선택한 후 [지우개 툴 🖌]로 지우면 됩니다.

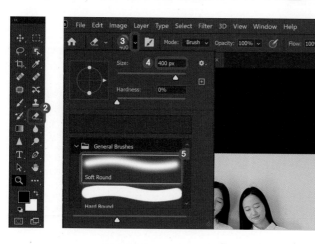

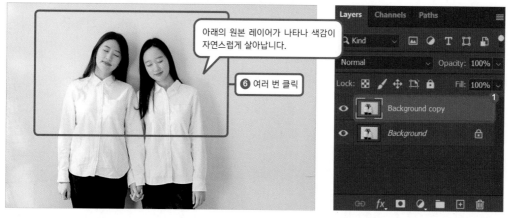

아래의 원본 레이어가 나타나 색감이 자연스럽게 살아납니다.

❻ 여러 번 클릭

Hue/Saturation으로 흑백 사진을 만드는 방법

Hue/Saturation 기능으로도 흑백 효과를 낼 수 있습니다. Saturation 막대의 삼각형 슬라이드를 왼쪽 끝으로 드래그해 이동한 후 수치에 [-100]을 입력하면 됩니다.

💧 Hue/Saturation 단축키: Ctrl + U

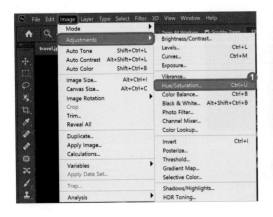 

Desaturate 기능은 이미지를 완전히 흑백으로 만들지만, Hue/Saturation 기능을 사용하면 살짝 색감이 도는 흑백 사진을 만들 수 있습니다.

Desaturate로 만든 흑백 사진

Hue/Saturation에서 [Saturation] 값을 [-80]으로 만든 색감이 도는 흑백 사진

❶ **Amount:** 선명하게 할 강도를 설정합니다. 큰 숫자를 입력할수록 선명해집니다.

❷ **Radius:** 효과의 적용 범위를 설정합니다. 수치를 높일수록 넓은 범위에 효과가 들어가고, 사진의 정밀도가 떨어집니다. [1]~[2] 정도로 설정하는 게 적당하며, 정밀을 요하는 이미지 작업일 경우에는 값을 낮추고, 정밀하지 않아도 되는 이미지 작업일 경우에는 높입니다.

❸ **Threshold:** 경계 부분의 색상 차이를 이용한 설정입니다. [0]을 입력하면 사진의 모든 픽셀이 선명해지고, 수치를 입력하면 픽셀 간의 색상 대비가 강한 곳에만 선명한 효과가 적용됩니다. 수치를 넣지 않거나 넣더라도 [3]~[4] 정도로 설정하는 게 적당합니다.

복습 | 10분 만에 만들어야 한다!

'cat.jpg' 파일을 열어 털의 질감이 살아나도록 선명하게 만들어 보세요.

준비 파일 03-1/cat.jpg
완성 파일 03-1/cat_fin.psd

인물 사진
보정하기

준비 파일 03-2/profile.jpg 완성 파일 03-2/인물사진완성.psd

▼ 피부가 보정되고 얼굴이 갸름해졌어요!

오늘 배울 기능	하나, 이미지 밝게 보정하기	둘, 피부 잡티 제거하기	셋, 얼굴형 갸름하게 보정하기
	·[Image → Adjustments → Curves]	·[스팟 힐링 브러시 툴 🩹]	·[Filter → Liquify]

하면 된다!

[스팟 힐링 브러시 툴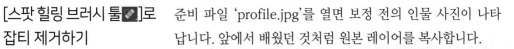]로
잡티 제거하기

01 레이어 복사하기

준비 파일 'profile.jpg'를 열면 보정 전의 인물 사진이 나타
납니다. 앞에서 배웠던 것처럼 원본 레이어를 복사합니다.

02 Curves 적용하기

먼저 명도부터 조절해 볼게요. [Image → Adjustments → Curves]를 선택합니다. Curves 그
래프의 조절점을 위로 올려 이미지를 밝게 조절합니다.

03 [스팟 힐링 브러시 툴 🖌]로 잡티 제거하기

이번엔 [스팟 힐링 브러시 툴 🖌]로 얼굴의 잡티를 제거해 보겠습니다. 기능을 실행하기에 앞서 옵션을 설정해야 합니다. 이때 브러시의 크기를 너무 크게 설정하면 이미지가 뭉개집니다. [8px]~[12px] 정도가 적당해요. 여기서는 [8px]로 설정합니다.

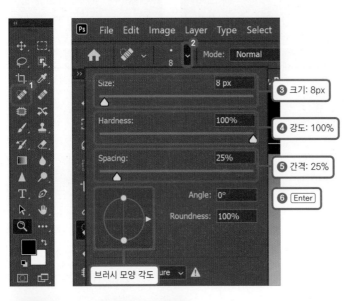

❸ 크기: 8px

❹ 강도: 100%

❺ 간격: 25%

❻ [Enter]

브러시 모양 각도

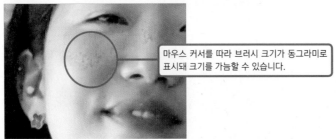

마우스 커서를 따라 브러시 크기가 동그라미로 표시돼 크기를 가늠할 수 있습니다.

04 작업하기 편하도록 얼굴 부분을 확대한 후 잡티 부분을 클릭하면 잡티가 사라집니다.

💧 [Alt]를 누른 채 마우스 휠을 위로 올리면 화면이 세밀하게 확대됩니다.

❶ [Ctrl] + [+]로 화면 확대

❺ [Ctrl] + [0]으로 전체 화면 보기

[]], [[]를 눌러 보세요. 브러시 크기를 자유자재로 조절할 수 있습니다.

하면 된다! ♪

Liquify로
얼굴형 보정하기

01 피부 보정을 마쳤으니 이번엔 얼굴을 갸름하게 만들어 보겠습니다. [Filter → Liquify]를 선택합니다.

💧 Liquify는 '픽셀 유동화'라고도 부릅니다.

02 Liquify 창이 열리면 얼굴 윤곽을 수정하기 위해 [Forward warp Tool 💆]을 클릭하고 크기와 압력을 설정합니다.

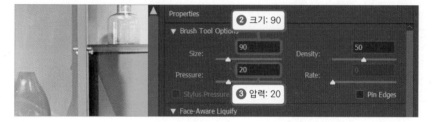

03 볼 살을 안으로 집어넣는다는 느낌으로 바깥쪽에서 안쪽으로 드래그합니다.

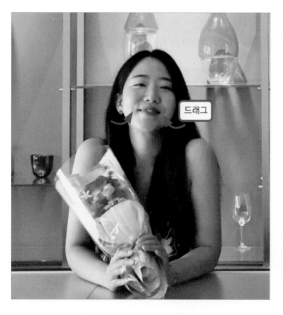

드래그

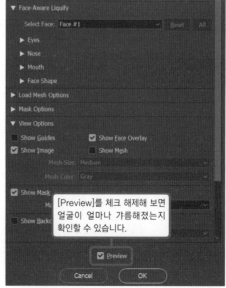

[Preview]를 체크 해제해 보면 얼굴이 얼마나 갸름해졌는지 확인할 수 있습니다.

04 얼굴이 원하는 만큼 갸름해졌나요? [Face-Aware Liquify]를 사용하면 얼굴을 자동으로 인식해 얼굴형뿐 아니라 눈, 코, 입 등도 부분적으로 조절할 수 있습니다.

인물 보정 기능을 다른 곳에서 활용하는 방법

응용 1 | [스팟 힐링 브러시 툴 🖌]은 주변의 색상 정보를 추출해 현재 색상과 어우러지게 하는 툴입니다. 피부를 보정할 때도 사용하지만, 먼지나 금이 간 부분을 보정할 수도 있습니다.

원본   벽에 간 금을 보정

응용 2 | Liquify는 얼굴형 외에도 팔이나 다리 등의 굵기를 보정하거나 물건의 왜곡된 형태를 보정할 때 사용합니다.

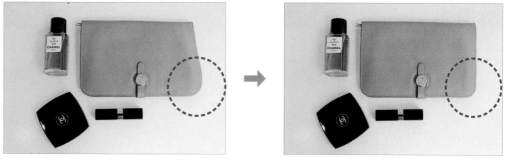

원본   사진 각도 때문에 기울어진 물건의 형태가 정리됨

기능 사전   포토샵 CC 2021 신기능 ─ Neural Filters

인물 사진을 열고 [Filter → Neural Filters]를 선택하면 얼굴을 자동으로 인식해 피부, 나이, 표정, 얼굴 각도 등을 쉽게 바꿀 수 있습니다.

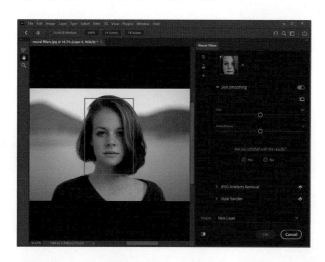

나이 항목을 높인 모습

얼굴 각도를 돌린 모습

03-3

배경 장소
합성하기

준비 파일 03-3/women.jpg, sky.jpg 완성 파일 03-3/하늘합성완성.psd

▼ 맑은 하늘로 바뀌었어요!

오늘 배울 기능	하나, 이미지 두 개를 하나의 파일로 합치기	둘, 이미지 크기 조절하기	셋, 필요 없는 배경 지우기
	· [이동 툴 ⊕]	· [Edit → Free Transform]	· [지우개 툴 ✦]

[지우개 툴]]로
구름 배경 합성하기

01 이미지 이동하기

먼저 합성에 사용할 두 이미지 파일이 필요합니다. 하늘 부분을 지워 둔 'women.jpg' 이미지와 맑은 하늘 이미지인 'sky.jpg'를 열고, 두 이미지를 나란히 배치합니다. [이동 툴]을 클릭하고 'sky.jpg' 이미지를 'women.jpg' 이미지로 드래그해 두 이미지를 하나의 파일로 합치세요.

● 만약 이미지가 창이 아닌 탭으로 열린다면 48쪽을 따라 설정하세요.

02 이미지가 이동되면 'sky.jpg' 이미지 창의 █를 클릭해 닫습니다.

03 이미지 투명도 조절하기

이미지를 합성하려면 두 이미지가 모두 보이는 상태에서
위치를 조절해야 합니다. 그런데 기존 이미지가 구름 이
미지에 가려 보이지 않네요. 구름이 놓일 부분을 확인하
며 위치를 조절하기 위해 Layers 패널에서 [Layer 1] 레
이어의 투명도를 [75%]로 조절합니다.

04 이미지 크기 조절하기

이미지 속 구름이 산보다 커서 비례가 맞지 않네요. 다음
과 같이 구름 이미지의 크기를 조절하세요.

🔹 모서리 부분이 보이지 않으면 Ctrl + - 를 눌러 화면을 축소하세요.

🔹 자유 변형 단축키: Ctrl + T

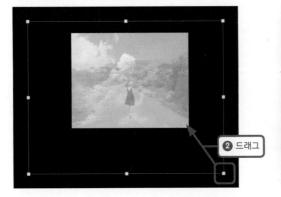

05 구름 이미지의 크기가 적당히 줄어들었으면 [이동 툴 ✛]로 드래그해 위치를 조절합니다.

산 위에 구름이 어떻게 들어갈지 살펴보면서 위치를 정하세요.

06 [지우개 툴 ✐]로 영역 지우기

구름 이미지에서 하늘만 남겨야겠네요. [지우개 툴 ✐]에 투명도를 넣어 하늘을 뺀 나머지를 지워 보겠습니다.

💧 투명도를 [100%]로 설정하면 너무 강하게 지워지므로 투명도를 약하게 설정한 후 화면을 여러 번 클릭해 지우겠습니다.

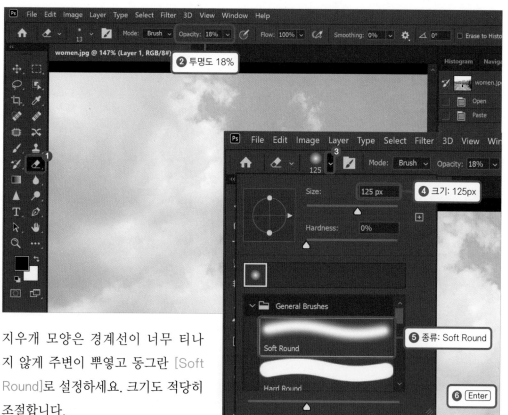

지우개 모양은 경계선이 너무 티나지 않게 주변이 뿌옇고 동그란 [Soft Round]로 설정하세요. 크기도 적당히 조절합니다.

07 구름 이미지에서 필요 없는 부분을 드래그하면서 조심스럽게 지웁니다.

🔵 지우개 크기 조절 단축키: [,]

🔵 다시 원본으로 되돌리고 싶다면 [Window → History]를 선택해 History 패널에서 되돌리면 됩니다.

08 Layers 패널에서 [Layer 1] 레이어의 투명도를 [100%]로 설정해 완성된 모습을 확인
합니다.

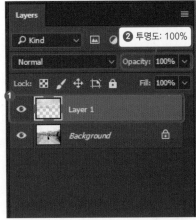

포토샵 CC 2021 신기능 ― 하늘 대체

하늘을 바꿀 이미지 파일을 열고 [Edit → Sky Replacement]를 선택하면 여러 가지 하늘 옵션 중에서 선택할 수 있습니다.

복습 | 10분 만에 만들어야 한다!

'한옥.jpg' 파일에 'sky.jpg' 파일의 하늘을 합성해 보세요.

준비 파일 03-3/한옥.jpg, sky.jpg
완성 파일 03-3/한옥합성.psd

#유튜브 채널 아트

#말풍선

WE ARE
TRAVELERS

#블로그 타이틀

오와이오의
세계여행
시즌2

국내 가성비 끝판
호캉스 여행지

#유튜브 섬네일

포토샵 ╲ 실무 편

SNS·웹에서 잘 보이고 잘 먹히는 디자인

🔵 4일차 · 저작권, 최적화 크기까지 고려하는 SNS 디자인

🔵 5일차 · 클릭을 부르는 블로그&유튜브 디자인

🔵 6일차 · 문구가 돋보이는 페이스북&인스타그램 홍보 디자인

🔵 7일차 · 구매 포인트를 강조하는 마케팅&쇼핑몰 광고 디자인

🔵 포토샵 디자인 능력자 인증 시험

4일차

저작권, 최적화 크기까지
고려하는 SNS 디자인

04-1

무료 이미지
사이트 소개

디자인 작업할 때 직접 찍은 사진을 사용하면 좋지만, 매번 사진을 찍어 사용하기엔 너무 번거롭겠죠? 이럴 때 이미지 사이트를 이용하면 편리합니다.

저작권 걱정 없는 무료 이미지 사이트

디자이너들이 애용하는 무료 이미지 사이트를 소개합니다. 사이트마다 구성이 조금씩 다르지만, 검색 창에 원하는 이미지의 핵심 단어를 검색하면 쉽게 찾을 수 있습니다.

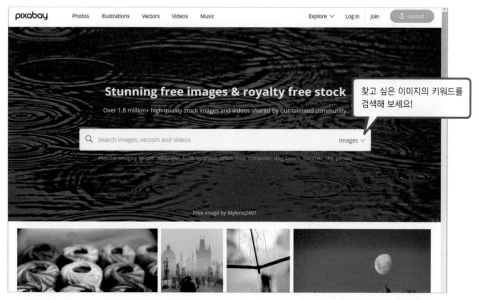

픽사베이 pixabay.com

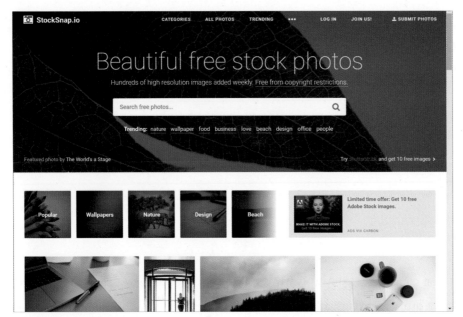

스톡스냅 stocksnap.io

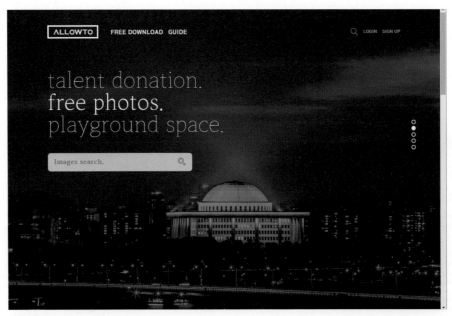

얼라우투 www.allowto.com

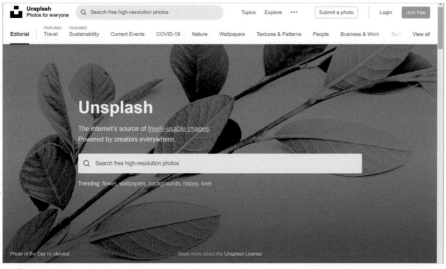

언스플래시 unsplash.com

크리에이티브 커먼즈 라이선스

이미지를 찾았다고 해서 무조건 사용하면 안 됩니다. 이미지별로 허용되는 저작권 범위를 반드시 확인해야 합니다. 만약 저작권을 고민할 필요 없이 안전한 이미지를 사용하고 싶다면 다음 그림과 같이 'CC0' 마크가 표시된 이미지를 사용하세요. 이 마크는 **크리에이티브 커먼즈**(Creative Commons, CC) 라이선스 중 하나로, 저작물에 대한 모든 권리를 포기했다는 뜻입니다.

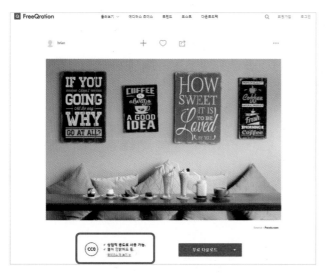

주의! CC0가 아닌 CC로 되어 있다면 세부 규정을 확인하세요.

CC0 마크가 아닌 다른 종류의 CC 라이선스라면 영리 목적, 변경 등이 금지될 수도 있습니다. CC 라이선스 홈페이지(ccl.cckorea.org)에서 어디까지 허용되는지 반드시 확인하세요.

CC 라이선스 홈페이지

CC 콘텐츠 이용 가이드

04-2

SNS 최적화
이미지 크기

포토샵으로 SNS 속 이미지를 만들기 전에 먼저 만들려고 하는 부분의 크기를 알아야 합니다. 그래야만 보기에 가장 적당한 모양으로 만들 수 있기 때문입니다. 여러분은 어떤 SNS를 운영하고 있나요? 그리고 어떤 용도의 이미지를 만들고 싶나요?

 유튜브

유튜브 채널 아트(대문 이미지)는 PC, 모바일, TV 등에서 다르게 표시되며, 큰 이미지는 잘릴 수 있습니다. 모든 기기에서 이미지가 보이려면 2560px×1440px의 큰 이미지를 준비해야 합니다. 이 이미지 중에서도 가운데 1546px×423px은 어느 기기에서든 보이는 '안전 영역'입니다. 따라서 채널의 이름과 로고를 이 부분에 넣어서 제작해야 합니다.

💧 업로드 최소 크기: 2048px×1152px
💧 파일 크기: 6MB 이하

'스튜디오 샤' 유튜브 채널

blog 블로그

블로그의 인상을 좌우하는 타이틀 이미지는 가로가 966px로 고정돼 있지만, 세로는 50~300px 사이에서 자유롭게 조절할 수 있습니다. 타이틀 이미지가 너무 길면 콘텐츠가 아래에 노출되기 때문에 세로를 300px 정도로 제작하는 게 좋습니다.

🔹 500KB 미만의 JPG, GIF 파일만 올릴 수 있습니다.

'민음사' 공식 네이버 블로그

프로필은 블로그 주인의 프로필 사진이 들어가는 영역입니다. 보통 블로그 화면 왼쪽에 위치하지요. 이미지 크기는 가로가 161px로 정해져 있지만, 세로는 블로그 스킨에 따라 축소·확대돼 적용됩니다. 따라서 프로필 이미지를 만드는 중간에 어떻게 적용되는지 테스트해 보는 게 좋습니다.

🔹 확장자는 GIF, PNG를 권장합니다. JPG 파일로 올리면 화질이 떨어질 수 있습니다.

 **페이스북**

페이스북 상단의 대문 이미지는 1250px × 480px, 프로필 이미지는 500px × 500px로 제작합니다. 주의할 점은 모바일에서는 대문 이미지의 좌우가 잘려 보인다는 것입니다. 따라서 좌우가 잘려도 무관한 이미지를 사용하거나, 말하고자 하는 내용이 중앙에 위치해야 합니다.

'대학내일' 공식 페이스북 페이지

페이스북은 게시글에 들어간 이미지 크기에 따라 알아서 배치해 보여 줍니다. 따라서 카드 뉴스를 만들 때는 어떤 크기의 이미지가 어떤 모습으로 보이는지 확인한 후 이미지를 만들어야 해요. 카드 뉴스의 스타일에는 크게 4가지가 있으며 각각의 크기는 다음과 같습니다.

정사각형 카드 뉴스

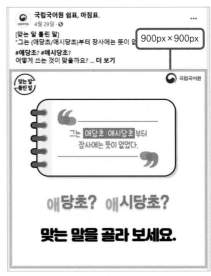

정사각형 이미지

정사각형 링크 이미지

가로형 카드 뉴스

출처: 대학내일 / 국립국어원 쉼표, 마침표. / 오늘의집 / 클래스101

 인스타그램

프로필 이미지는 110px × 110px, 포스팅용 이미지는 1080px × 1080px로 만들면 됩니다.

'대학내일' 인스타그램

하면 된다!》

[Image Size]로
프로필 이미지
크기 맞추기

준비 파일 04-2/프로필.png
완성 파일 04-2/프로필완성.psd

01
[File → Open]을 선택하고 '프로필.png' 파일을 여세요. 페이스북 프로필 이미지 크기인 500px × 500px에 맞춰 이미지 크기를 조절해 보겠습니다.

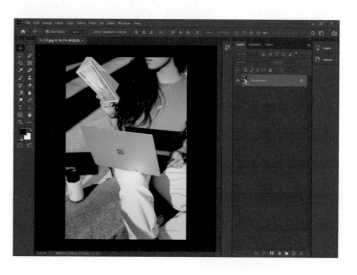

02 [Image → Image Size]를 누르면 이미지의 크기를 알 수 있습니다.

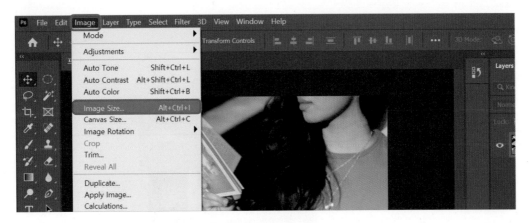

03 가로 길이를 페이스북 프로필 이미지 크기인 [500px]로 입력합니다. 세로 길이는 임의로 바꾸면 픽셀이 깨질 수 있으니 자동으로 바뀌는 수치로 두고 [OK]를 누르세요.

04 가로 길이 500px에 맞춰 세로 길이도 500px로 만들어 보겠습니다. 툴 패널에서 [자르기 툴 🔲]을 클릭하세요. 컨트롤 패널에서 [1:1] 비율로 설정하고 작업 화면을 움직이면서 이미지를 어느 부분에서 자를지 정하세요.

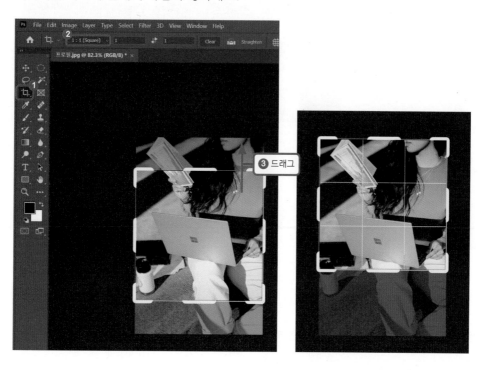

05 위치를 잡고 Enter 를 누르면 그 크기대로 잘립니다. [Image → Image Size]로 확인해 보면 가로 세로 모두 500px인 것을 확인할 수 있습니다.

 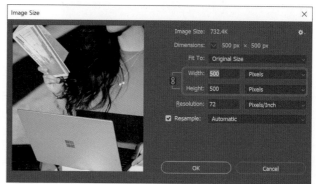

하면 된다! ›

[Canvas Size]로 유튜브 채널 아트 크기에 맞추기

준비 파일 04-2/ocean.png
완성 파일 04-2/ocean완성.psd

01 이번엔 유튜브 채널 아트 크기인 2560px×1440px 에 맞춰 이미지 크기를 조절해 보겠습니다. [File → Open]을 선택하고 'ocean.png' 파일을 여세요. 캔버스 크기를 조절하기 위해 [Image → Canvas Size]를 누릅니다.

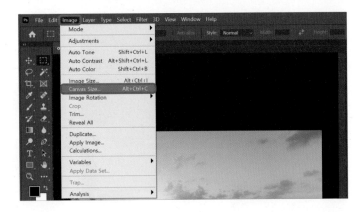

02 팝업 창이 나타나면 가로 [2560px], 세로 [1440px]을 입력하고 [OK]를 누릅니다.

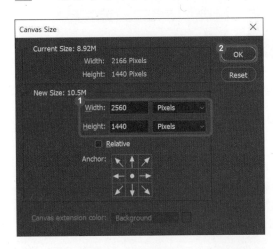

캔버스의 크기보다 이미지의 크기가 작아서 좌우로 여백이 발생합니다.

03 캔버스 크기를 늘렸더니 이미지의 좌우가 모자라네요! 이럴 땐 이미지를 자동으로 인식해 키워 주는 Content-Aware Scale 기능을 사용하면 됩니다. 우선 [사각 선택 툴 ⬚]을 클릭하고 이미지를 늘릴 영역을 드래그해 선택합니다.

04 [Edit → Content-Aware Scale]을 누르면 선택한 영역의 경계선이 파란색 선으로 바뀝니다. 크기를 자유롭게 변형하기 위해 Shift 를 누른 채 왼쪽 사각형을 왼쪽으로 드래그하세요.

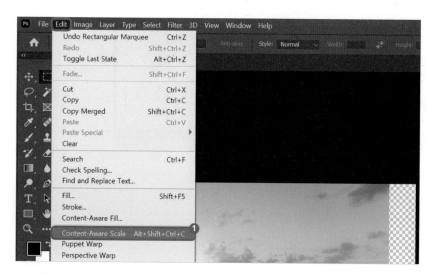

05 오른쪽도 같은 방법으로 늘려줍니다.

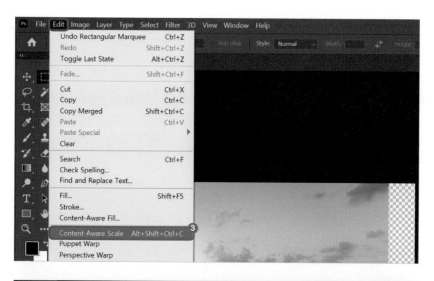

06 유튜브 채널 아트 크기에 맞게 이미지가 변경되었습니다.

04-3 오늘 써먹는 디자인

유튜브 채널 아트
만들기

준비 파일 04-3/sea.jpg 완성 파일 04-3/유튜브대문완성.psd 글꼴 Bodoni, 나눔고딕

오늘 배울 기능	하나, 새 파일 만들기 이미지 파일 불러오기	둘, 원 그리기 색상, 투명도 설정법	셋, 글자 입력하기 글꼴 모양 설정하기
	·[File → New], [File → Open]	·[원형 툴 ◉]	·[글자 툴 T], Character 패널

새 파일 만들고
이미지 준비하기

01 [File → New]를 선택하고 가로 2560px, 세로 1440px 의 빈 파일을 만듭니다.

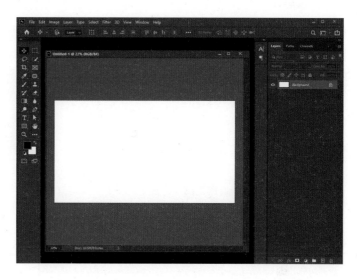

02 이미지 파일 열기

[File → Open]을 누르고 대문에 사용할 이미지 'sea.jpg'를 엽니다.

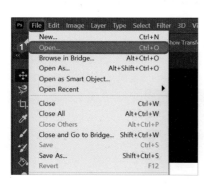

03 이미지 이동하기

[이동 툴 ]을 사용해 이미지를 빈 파일 안으로 가져옵니다.

04 원본 이미지는 닫고 이미지를 원하는 위치로 이동합니다.

01 레이어 추가하기

Layers 패널에서 [새 레이어⊞] 버튼을 눌러 레이어를 추가하고 알아보기 쉽게 이름을 [원]으로 변경합니다.

🔵 레이어를 추가하지 않고 [Layer 1] 레이어에서 작업하면 이미지와 타이틀이 합체돼 나중에 객체를 따로 수정하기 어려워집니다.

02 글자를 입력할 배경 원 그리기

[원] 레이어에 글자를 입력할 배경 원을 그리겠습니다. [원형 툴◉]을 클릭하고 컨트롤 패널에서 [Shape]를 선택합니다. 이 설정으로 도형을 그리면 윤곽선이 생기지 않습니다.

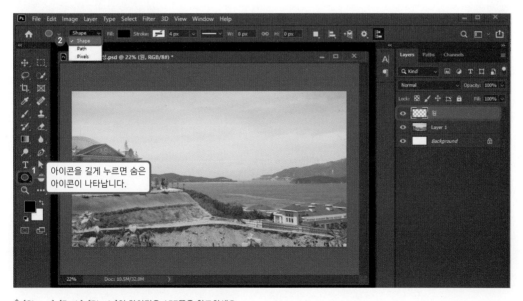

🔵 [Shape], [Path], [Pixels]의 차이점은 157쪽을 참고하세요.

03

원의 색상도 설정해야겠죠? 도형의 색상을 선택하기 위해 [전경색]을 클릭합니다. Color Picker 창이 열리면 # 부분에 색상 코드인 [#952c79]를 입력하거나 원하는 색상을 자유롭게 클릭하세요. 마쳤다면 [OK] 버튼을 누릅니다.

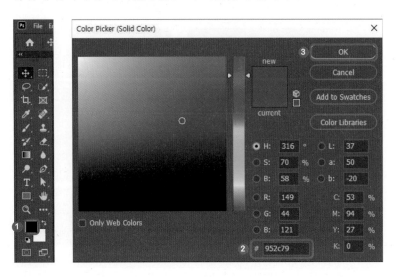

04

작업 문서에서 원하는 위치에 드래그하면 원이 그려집니다. 도형을 [Shape]로 그렸기 때문에 테두리(path)가 생깁니다. [Enter]를 누르면 테두리가 사라집니다.

05 투명도 설정하기

이미지 위에 원이 색으로 가득차서 조금 답답해 보이죠? 원을 투명하게 해서 배경이 보이게 해 보겠습니다. Layers 패널에서 [원] 레이어의 투명도를 [40%]로 설정합니다. [이동 툴 ⊕]을 클릭하고 원을 가운데로 이동합니다.

06 글자 입력하기

유튜브 채널 아트의 핵심인 제목을 입력하기에 앞서 글꼴, 크기, 색상 등을 설정해 보겠습니다. [글자 툴 T]을 클릭한 후 컨트롤 패널에서 ▣를 클릭해 Character 패널을 엽니다.

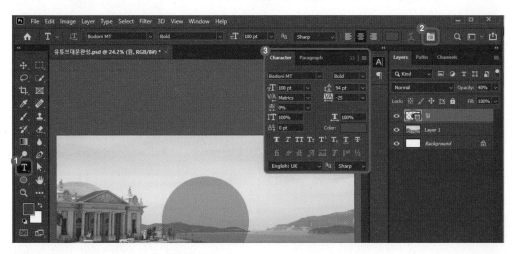

⬤ 메뉴 바에서 [Window → Character]를 선택해도 됩니다.

07
Character 패널에서 글꼴, 글자 크기, 글자 두께, 줄 간격, 자간, 글자색, 외곽선을 설정합니다.

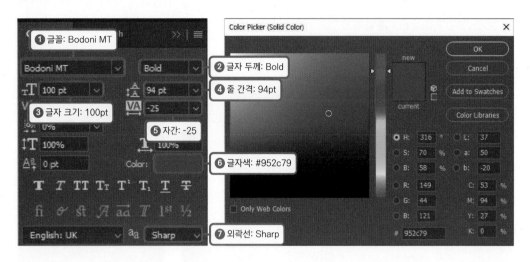

08
작업 화면을 클릭한 후 원하는 글자를 입력합니다. 글자 레이어를 클릭해 입력을 마무리합니다.

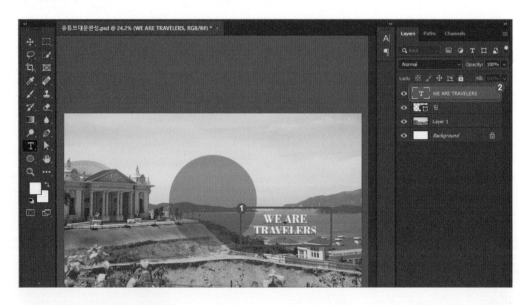

기능 사전

글자 입력을 마치는 4가지 방법

방법 1 글자 레이어 클릭하기

방법 2 컨트롤 패널의 ✔ 버튼 클릭하기

방법 3 키보드 숫자판 옆의 [Enter] 누르기

방법 4 단축키 [Ctrl] + [Enter] 누르기

09 [이동 툴 ⊕]로 글자를 드래그해 원하는 위치에 놓습니다.

10 같은 방법으로 [글자 툴 T]로 부제목을 입력하세요. [이동 툴 ⊕]로 글자를 원하는 위치로 이동하면 유튜브 채널 아트가 완성됩니다.

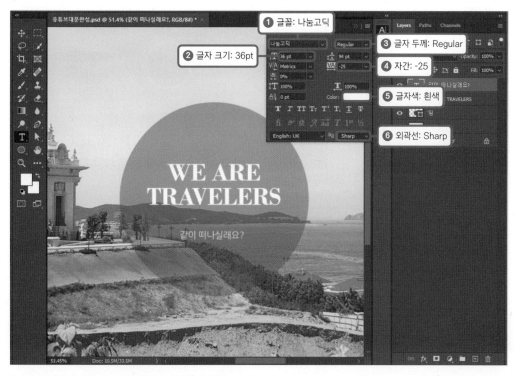

💧 '나눔고딕' 글꼴이 없다면 25쪽을 참고해 글꼴을 설치하세요.

온라인에 올릴 이미지 속 글자 크기에 대한 조언

유튜브 채널 아트 속 제목 등 온라인에 올릴 이미지에 글자를 넣을 때 크기가 너무 작거나 배경색에 묻혀 글자가 보이지 않도록 주의해야 합니다. 메인 제목은 80~120pt 사이, 부제목은 최소 18pt 이상의 글자 크기를 권장합니다. 또한 유튜브 제목을 사진 위에 넣을 경우 앞에 예제처럼 배경색을 뒤에 넣는 것도 좋은 방법입니다. 완성한 후에는 온라인에 올려 이미지나 아이콘 등 다른 요소와 조화롭게 어울리는지 글자 크기가 적당한지 검토해 보길 권장합니다.

'피피티 프로젝트' 유튜브 채널 아트 이미지

복습 | 10분 만에 만들어야 한다!

'요리블로그.jpg' 파일에 다음과 같이 글자를 넣어 보세요!

준비 파일 04-3/요리블로그.jpg
완성 파일 04-3/요리블로그완성.psd

04-4 오늘 써먹는 디자인

강아지 사진에
말풍선 넣기

준비 파일 04-4/dog.jpg 완성 파일 04-4/말풍선완성.psd

오늘
배울
기능

하나, 레이어 추가하기

둘, 사각형, 삼각형 넣기
특수 문자 넣기

셋, 객체 크기 조절하기
회전, 좌우 반전하기

· Layers 패널

· [사각형 툴 ▦], [다각형 툴 ◉]
· [사용자 정의 모양 툴 ✿]

· [Edit → Free Transform]

01 레이어 추가하기

[File → Open]을 선택하고 준비 파일 'dog.jpg'를 열면 귀여운 강아지 네 마리가 보입니다. 먼저 사각형 말풍선을 그리겠습니다.

02 레이어를 추가하고 이름을 [네모]로 변경합니다.

03 사각형 그리기

말풍선을 그리기 위해 [사각형 툴▣]을 클릭하고 다음과 같이 설정합니다.

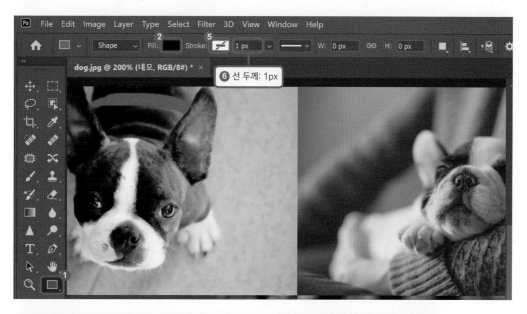

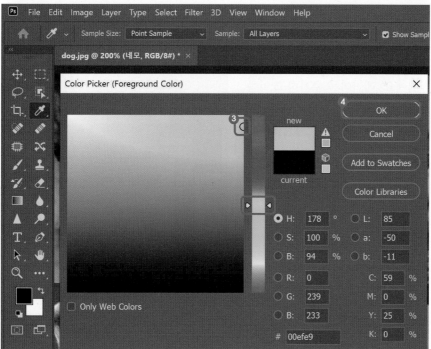

04 작업 문서에서 Shift 를 누른 채 드래그하면 정사각형이 그려집니다.

05 레이어 추가하기

사각형 옆에 붙여 말풍선 모양을 만들기 위해
삼각형을 그릴 거예요. 레이어를 추가하고 이름
을 [삼각형]으로 변경합니다.

06 삼각형 그리기

그런데 툴 패널의 아이콘 중에 삼각형이 보이지 않네요! 삼각형은 [다각형 툴◉]의 Sides(꼭짓점 개수)에 [3]을 입력하면 그릴 수 있습니다.

07 삼각형의 위치를 맞추기 편하도록 화면을 확대하고 Shift를 누른 채 드래그해 역삼각형을 그립니다.

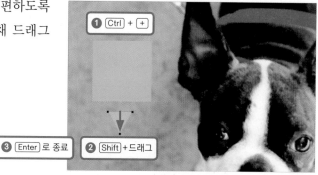

08 [이동 툴✛]을 이용해 삼각형을 사각형에 붙이면 말풍선 모양이 완성됩니다.

09 말풍선 속 아이콘 추가하기

말풍선 속에 하트, 별과 같은 아이콘을 추가해 보겠습니다. [하트]라는 이름으로 레이어를 추가하고 [사용자 정의 모양 툴 ▨]을 클릭합니다.

10 [Window → Shapes]를 선택해 Shapes 패널을 엽니다.

11

Shapes 패널에서 다음 경로를 선택합니다. 컨
트롤 패널에서 [하트] 모양을 더블클릭해 선택합니다.

💧 [Legacy Shapes and More → All Legacy
Default Shapes → Shapes] 경로로 들어가면 하
트 모양을 찾을 수 있습니다.

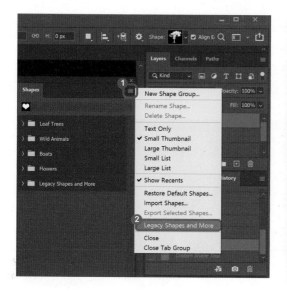

12

색상을 [흰색]으로 설정하고, 화면에 드래그해 하트를 그립니다.

하면 된다!♪

크기 조절 및
회전하기

01 객체 크기 조절하기

포토샵에서 작업하다 보면 객체의 크기를 조절하고 회전하는 경우가 많습니다. 앞에서 만든 말풍선을 알맞은 형태로 변형해 보겠습니다. 먼저 하트의 크기를 자유 변형 기능으로 조절해 볼까요? [하트] 레이어를 선택한 채로 [Edit → Free Transform]을 선택합니다.

💧 자유 변형 단축키: Ctrl + T

02

바운딩 박스가 나타나면 모서리 점을 안쪽 혹은 바깥쪽으로 드래그해 크기를 동일한 비율로 조절합니다. 크기를 조절했다면 [이동 툴 🔌]로 드래그해 원하는 위치로 이동한 후 Enter 를 누릅니다.

바운딩 박스

❶ Shift +드래그

❷ 드래그해 위치 선정　❸ Enter 로 완료

💧 바운딩 박스는 객체가 선택됐음을 뜻해요.

💧 Shift + 드래그: 자유로운 비율로 객체의 크기를 확대/축소(CC 2020 기준)

💧 Alt + 드래그: 객체의 중앙을 기준으로 확대/축소

03 객체 회전하기

이번에는 Layers 패널에서 회전하고 싶은 객체의 레이어를 모두 클릭하고 이번엔 단축키 Ctrl + T 를 눌러 선택합니다.

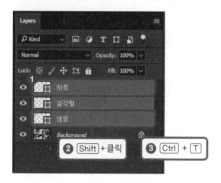

04
바운딩 박스 모서리의 바깥쪽에 마우스 커서를 올려놓으면 마우스 커서가 회전 모양으로 바뀝니다. 이때 회전하고 싶은 방향으로 드래그하고 Enter 를 누르면 완성입니다.

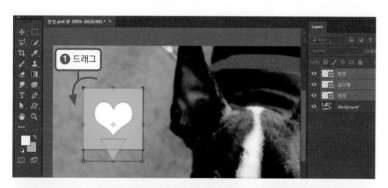

05 [원형 툴 ◯]과 [둥근 사각형 툴 ▢]로도 말풍선을 만들어 보세요!

기능 사전 둥근 사각형을 쉽게 만드는 법

포토샵 CC 2021 버전부터는 [사각형 툴 ▢]로 둥근 사각형을 만들 수 있습니다. [사각형 툴 ▢]로 사각형을 그리면 모서리 쪽에 동그란 표시가 나타나는데, 이 부분을 안쪽으로 드래그하면 모서리가 둥글어지고, 바깥쪽으로 드래그하면 뾰족해집니다.

하면 된다! ↘

구름 모양 말풍선
그리고 반전시키기

01 구름 모양의 말풍선 만들기

구름 모양의 말풍선을 그리겠습니다. [구름] 레이어를 추가합니다.

02

하트를 그렸던 [사용자 정의 모양 툴 🐾]을 클릭하고 다음과 같이 모양을 선택하면 구름 모양 말풍선을 찾을 수 있습니다.

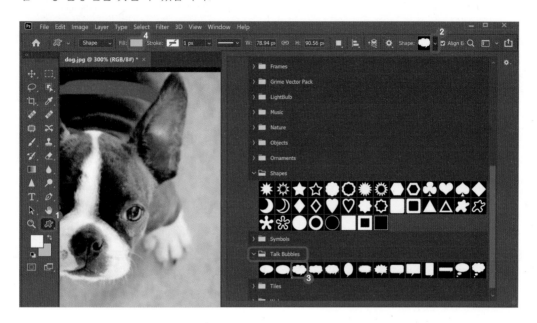

03

원하는 색으로 설정하고 작업 화면에 드래그해 구름 모양 말풍선을 그립니다. 하트를 그리면 완성입니다.

💧 하트를 넣는 방법은 150쪽을 참고하세요.

04 객체 반전하기

그런데 구름 모양 말풍선이 강아지 얼굴 반대편을 향하고 있네요. 좌우 반전해 보겠습니다. 반전할 [구름] 레이어를 클릭합니다.

05 객체 반전하기

Ctrl + T를 눌러 바운딩 박스가 나타나면, 마우스 오른쪽 버튼을 누르고 [Flip Horizontal]을 선택해 말풍선을 좌우 반전시킵니다. 끝으로 Enter를 누르면 완성입니다.

💧 [Flip Horizontal]은 좌우 반전, [Flip Vertical]은 상하 반전입니다.

주의해야 할 [Shape]/[Pixels] 설정

도형 툴을 사용할 때 무심코 그릴 수 있지만, 컨트롤 패널의 설정에 주의해야 합니다. [Shape]로 설정하고 그린 경우와 [Pixels]로 설정하고 그린 경우가 다르기 때문이에요. [Shape]로 설정하면 벡터 방식으로 그려져 확대해도 깨지지 않지만, [Pixels]로 설정하면 비트맵 방식으로 그려져 확대하거나 축소했을 때 이미지가 깨질 수도 있습니다. 따라서 깨지지 않는 객체를 만들고 싶다면 [Shape]로 설정하고 만들어야 합니다.

[Shape]로 만든 물방울 객체

[Pixels]로 만든 물방울 객체

> 섬네일 모양이
> 조금 달라요!

[Shape]로 만든 객체와 [Pixels]로 만든 객체는 색상을 변경하는 방법도 다릅니다.

경우 1 | 객체를 [Shape]로 그렸다면 색상을 변경하는 방법은 다음과 같습니다.

경우 2 | 객체를 [Pixels]로 그렸다면 색상을 변경하는 방법은 다음과 같습니다.

5일차

클릭을 부르는
블로그 & 유튜브 디자인

잡지 느낌의
상품 소개 페이지 만들기

준비 파일 05-1/furniture.jpg, 잡지본문.txt 완성 파일 05-1/잡지느낌이미지완성.psd 글꼴 나눔고딕

오늘 배울 기능

하나, 글자 입력하기
글자 스타일 지정하기

· [글자 툴 **T**]

둘, 브러시로 글자 강조하기
브러시 스타일 설정법

· [브러시 툴 ✏]

셋, 긴 글 입력하기
긴 글 좌우 정렬법

· [원형 툴 ◉], Paragraph 패널

글자 디자인을 바꾸는 Character 패널

글꼴, 글자 크기, 두께, 자간(글자 사이의 간격), 행간(줄 사이의 간격), 글자 색상 등은 모두 Character 패널에서 설정합니다. 한 마디로 글자를 디자인하는 패널이죠.

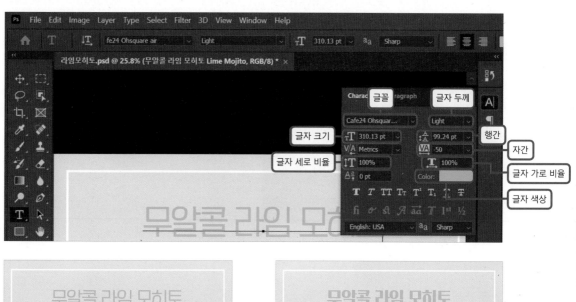

글꼴을 바꾸기 전

글꼴을 바꾼 후

Character 패널 아래쪽 아이콘을 클릭하면 다음과 같이 글자 기울이기, 대문자로 바꾸기, 밑줄 넣기 등도 가능합니다.

글자 기울이기

영어 대문자로 바꾸기

글자에 밑줄 넣기

글자 정렬을 바꾸는 Paragraph 패널

글의 정렬, 들여쓰기 등은 Paragraph 패널에서 설정합니다. 보통 왼쪽 정렬, 가운데 정렬, 오른쪽 정렬, 양끝 정렬 중에서 선택해서 사용합니다.

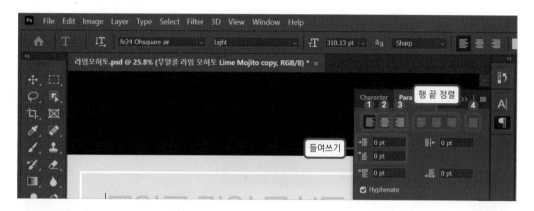

왼쪽 정렬

가운데 정렬

오른쪽 정렬

양끝 정렬

자주 쓰는 패널 꺼내기/넣기

[글자 툴 🅣]을 누르고 컨트롤 패널에서 🔳를 누르면 Character 패널과 Paragraph 패널이 나타납니다. 아이콘을 클릭해 필요할 때마다 패널을 열어도 되지만 자주 사용한다면 밖에 꺼내놓는 것이 좋습니다. 패널의 빈 곳을 드래그해 기능 패널의 맨 위로 드래그하면 패널이 오른쪽 기능 패널에 추가됩니다.

패널을 다시 닫고 싶다면 오른쪽 윗부분에 있는 🔳를 클릭하고 [Close Tab Group]을 누르면 오른쪽 기능 패널에서 사라집니다.

하면 된다!⟩

제목 쓰고
디자인하기

01 제목 글자 입력하기

준비 파일 'furniture.jpg'를 열면 글자를 넣을 배경 이미지가
나타납니다.

02 [글자 툴 T]로 제목을 입력하기 전에 글자 모양을 설정하겠습니다. Character 패널에서 글자와 관련된 모든 설정을 할 수 있습니다. 다음과 같이 글꼴, 글자 크기, 두께, 줄 간격, 자간, 색상 등을 설정합니다.

03 글자를 넣을 부분을 클릭하면 내용을 입력할 수 있습니다. 넣고 싶은 문구로 제목을 입력한 후 해당 레이어를 클릭하거나 Ctrl + Enter 를 눌러 글자 입력을 마무리합니다.

04 글자 가운데 정렬하기

[글자 가운데 정렬 ▤] 버튼을 클릭해 글자를 가운데 정렬합니다.

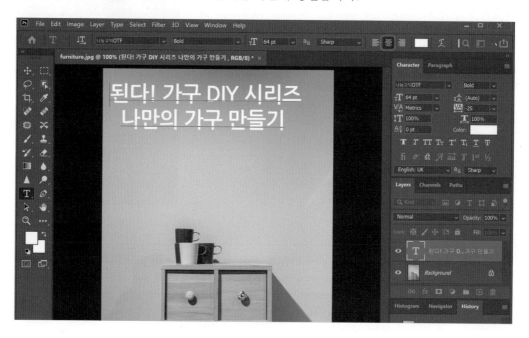

05 글자가 왼쪽으로 치우쳐 있네요. 배경 이미지를 기준으로 가운데 정렬하겠습니다. 정렬할 레이어를 모두 선택하고 [세로 가운데 정렬 ▤] 버튼을 누릅니다.

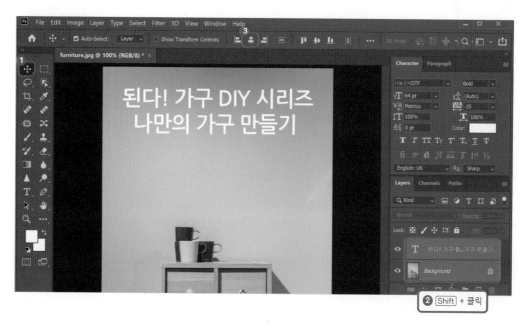

06 [브러시 툴]로 글자 강조하기

글자를 넣었지만 아직 심심하네요. 강조하고 싶은 부분을
브러시로 표시해 보겠습니다. [브러시1]이라는 이름으로 레
이어를 생성합니다.

07 [브러시 툴]을 사용하기 전에 다음과 같이 브러시의 모양, 크기 등을 설정하세요.

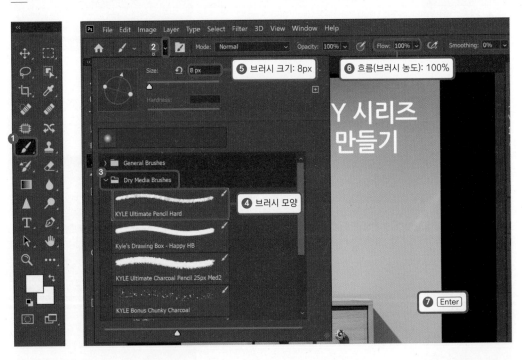

08 브러시 색상도 원하는 색으로 설정합니다.

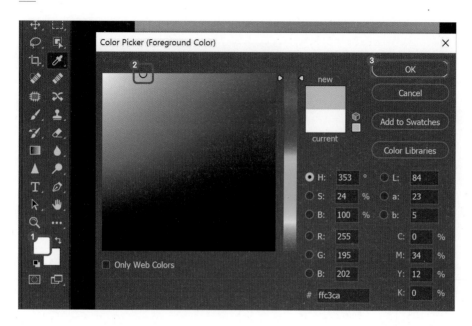

09 이제 붓으로 그림을 그리듯이 화면에 드래그하면 설정한 브러시가 그려집니다. 강조하고 싶은 글자 아래에 밑줄을 그어 보세요.

10 브러시 크기를 더 작게 설정해 주변을 꾸며 보겠습니다. [브러시2]라는 이름으로 레이어를 생성하고 브러시 크기를 작게 조절합니다. 글자 위에 별 모양을 그립니다.

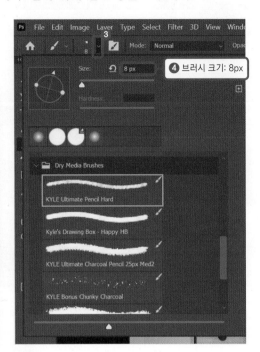

01 선 그리기

제목 밑에 긴 설명 글을 넣기 전에 구분선을 그리겠습니다.
[선]이라는 이름으로 레이어를 생성합니다.

02 [선 툴 ✐]에서 다음과 같이 선 두께, 색상 등을 설정합니다.

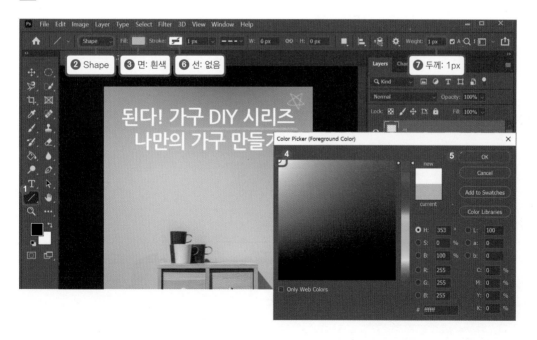

03 작업 문서에서 Shift 를 누른 채 드래그해 직선을 그립니다.

💧 선을 그렸는데 보이지 않으면 Ctrl + + 를 눌러 확대한 후 확인해 보세요.

04 본문 글자 입력하기

본문으로 넣을 설명 글은 한글, 메모장, MS 워드 등에 정리된 상태에서 포토샵으로 가져오는 게 좋습니다. 내 컴퓨터에서 준비 파일 '잡지 본문.txt'를 여세요.

05 메모장에 쓰인 글자 전체를 선택하고 복사합니다.

💧 전체 선택 단축키: Ctrl + A
💧 복사 단축키: Ctrl + C

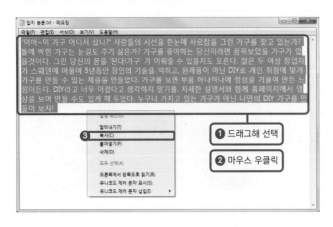

06 복사한 글을 넣어 볼까요? 제목을 넣을 때와 마찬가지로 먼저 Character 패널에서 글꼴, 크기 등을 설정합니다.

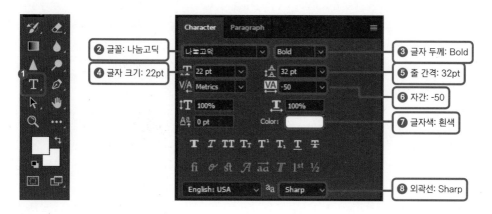

07 작업 화면에서 글을 넣고 싶은 부분을 드래그합니다. 이렇게 드래그하면 글자를 사각형 모양으로 입력할 수 있습니다.

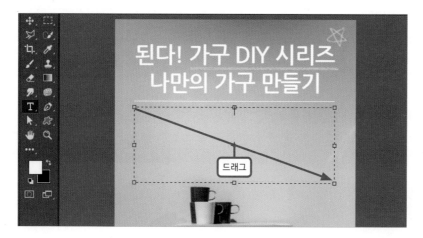

08 메모장에서 복사한 내용을 붙여 넣고 해당 레이어를 클릭해 글자 입력을 마무리합니다.

09 글자를 넣었으니 보기 좋게 정리해 보겠습니다. 이렇게 긴 글을 다룰 때는 Paragraph 패널을 이용하면 좋습니다. 기본적으로 가운데 정렬로 돼 있는데, [행 끝 가운데 정렬 ▣] 버튼을 눌러 양 끝에 맞춰 정렬해 완성하세요.

🔵 Paragraph 패널이 보이지 않으면 [Window → Paragraph]를 선택해 여세요.

글자 바운딩 박스 크기 수정하기

만약 글자 내용이 많아 바운딩 박스를 넘어간다면 어떻게 해야 할까요? 이 문제를 해결하는 방법은 2가지가 있습니다.

방법 1 | [글자 툴 **T**]을 클릭한 후 내용의 가운데 부분을 클릭해 영역을 활성화하고 바운딩 박스의 모서리를 드래그해 크기를 조절합니다.

방법 2 | 글자 레이어의 섬네일을 더블클릭해 바운딩 박스를 활성화한 후 바운딩 박스의 모서리를 드래그합니다.

복습 | 30분 만에 만들어야 한다!

'가구준비.jpg' 사진으로 복습해 보세요!

준비 파일 05-1/가구준비.jpg
완성 파일 05-1/가구포스팅완성.psd

자주 사용하는 브러시 3가지

[브러시 툴 🖌]만 잘 다뤄도 포토샵에서 다양한 효과 낼 수 있습니다. 브러시의 모양에 따라 효과가 다르게 나타나기 때문이죠. 브러시 종류가 너무 많아 무엇을 선택해야 할지 모르겠다고요? 디자이너들이 애용하는 브러시 세 가지를 소개합니다.

01 끝 선이 깔끔한 브러시 — [Hard Round]

외곽이 정리된 선, 밑줄, 별, 화살표 등을 그릴 때 유용한 브러시입니다. 브러시 테두리가 뿌옇지 않고 깨끗한 것이 특징이죠. 동그란 면이 들어간 배경을 그릴 때도 유용합니다.

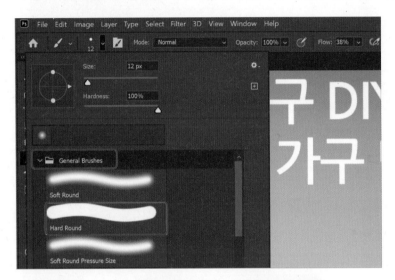

[Hard Round] 브러시로 꾸민 사진

02 끝 선이 부드러운 브러시 — [Soft Round]

주로 브러시의 크기를 크게 하고, 연한 색으로 설정해 사용합니다. 배경에 흩뿌릴 때나 눈이 내리는 것처럼 부드러운 이미지를 만들 때 사용하면 좋은 브러시입니다.

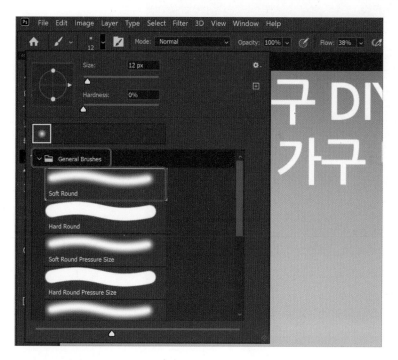

[Soft Round] 브러시로 만든 배경

03 거친 질감의 브러시 — [KYLE Ultimate Pencil Hard]

거친 느낌으로 그릴 때 주로 사용합니다.

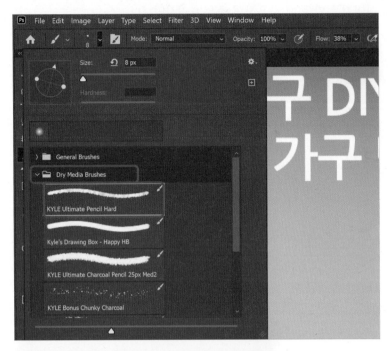

[KYLE Ultimate Pencil Hard] 브러시로 글자를 강조한 이미지

유튜브 섬네일
만들기

준비 파일 05-2/baby01.jpg 완성 파일 05-2/유튜브섬네일완성.psd 글꼴 티몬 몬소리체

오늘 배울 기능	하나, 이미지 추출하기	둘, 그림자 넣기	셋, 글자에 테두리 넣기
	• [펜 툴 ✐]	• Layer Style	• Layer Style

레이어 스타일

레이어 스타일이란, 레이어 단위로 효과를 넣는 기능을 말합니다. 레이어 스타일은 경계선을 따라 추출한 이미지에 넣을 수도 있고, 레이어로 생성한 문자에 넣을 수도 있습니다.

글자에 들어간 그림자 레이어 스타일

추출한 이미지의 경계를 따라 들어간 레이어 스타일

레이어 스타일은 Layers 패널에서 레이어를 더블클릭하거나 fx.를 클릭하면 나오는 Layer Style 창에서 넣을 수 있습니다.

레이어 스타일을 넣기 전

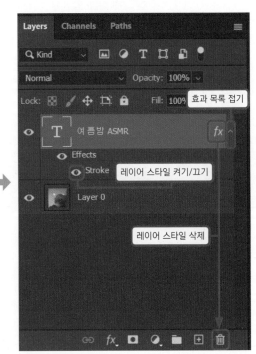

레이어 스타일을 넣은 후

01 새 파일 만들기

유튜브 섬네일을 만들면서 레이어 스타일을 연습해 보겠습니다. [File → New]로 가로 1280px, 세로 720px, RGB 모드의 새 파일을 만듭니다.

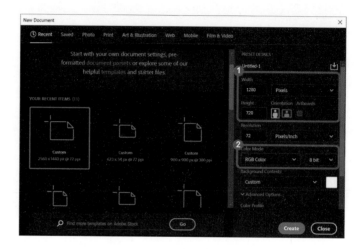

02 섬네일의 배경색을 넣기 위해 [페인트 툴]을 선택합니다. 전경색을 [#ffb142]로 설정합니다.

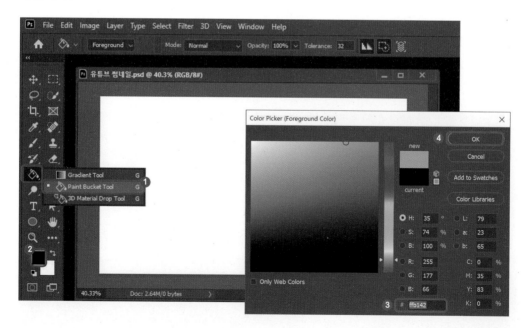

03 작업 화면을 클릭하면 전경색이 칠해집니다.

04 [File → Open]을 선택하고 준비 파일 'baby01.jpg'를 엽니다. 유튜브 영상 주제에 맞게 여러분이 갖고 있는 사진으로 만들어도 좋습니다.

05 이미지의 일부분을 선택하는 방법에는 여러 가지가 있는데, 아기의 얼굴 부분이 곡선이므로 [펜 툴 🖋]을 사용하겠습니다. 다음과 같이 [Path]로 설정하세요.

🔵 [Shape]로 설정하면 실제 객체로 그려지는 반면, [Path]로 설정하면 실체 없이 좌표만 선택됩니다.

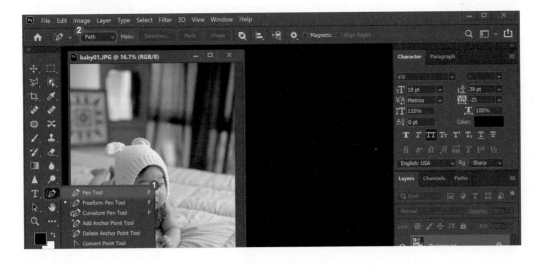

06 이미지 추출하기

이미지를 정확하게 추출하기 위해 화면을 확대하고 시작점을 마우스로 클릭합니다.

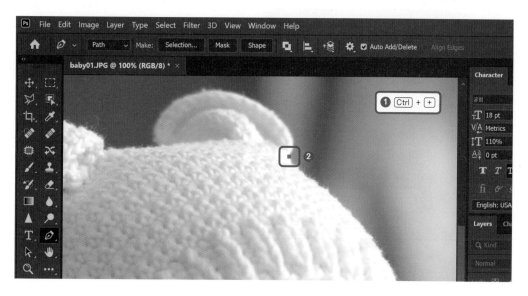

07 아기의 얼굴이 둥글기 때문에 패스를 곡선으로 그려야 합니다. 다음 지점을 드래그하면 기준점과 방향 선이 나타납니다. 방향 선과 아기의 얼굴 경계선이 맞아 떨어질 때까지 마우스를 움직여 보세요. 맞춰진 순간 손을 떼고 이어서 경계선을 따라 드래그합니다.

08 아래쪽을 선택하려고 하는데 화면에서 보이지 않네요. (Spacebar)를 누른 채 후 화면을 드래그해 이동하세요. 계속 기준점과 방향 선을 그려 가면서 형태를 따 냅니다.

🔵 실수했다면 (Ctrl) + (Z)를 눌러 실행을 취소합니다.

09 모자의 끝부분에 이르렀는데 방향 선이 가고자 하는 방향과 맞지 않네요. 이럴 때는 방향 선을 제거해야 합니다. 기준점을 (Alt)를 누른 채 클릭해 방향 선을 제거합니다.

 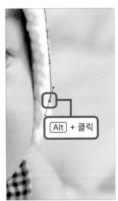 

10

방향 선이 제거됐습니다. 다음 지점을 다시 드래그하면서 패스를 그리세요. 필요하다면 다시 방향 선을 제거하면서 자유롭게 클릭합니다.

11

이렇게 [펜 툴 ✒]로 선택한 영역은 선택 영역으로 변경해야 이미지를 추출할 수 있습니다. 선택한 영역을 마우스 오른쪽 버튼으로 클릭한 후 ● Make Selection 단축키: Ctrl + Enter
[Make Selection]을 선택합니다.

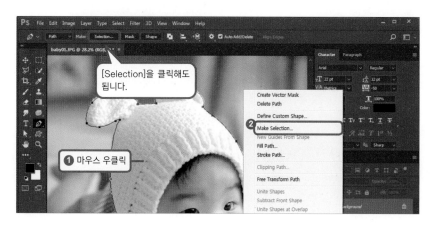

12 옵션 창이 나타나면 Feather Radius 값을 [0]으로 설정합니다.

13 패스가 점선으로 깜빡이면서 선택 영역으로 변경됩니다.

하면 된다!⟩

추출한 이미지
이동하고 크기
조절 및 반전하기

01 패스 영역을 선택 영역으로 변경했다면 추출한 이미지를 문서로 가져오고 크기를 조절해 보겠습니다.

처음에 열었던 새 파일과 이미지를 함께 띄웁니다. 그런 다음 [이동 툴 ⊕]로 추출한 이미지를 새 파일로 가져오고 'baby01.jpg' 원본 이미지는 닫습니다.

02 그런데 문서로 가져온 이미지가 잘려 보이네요! 이미지가 새 파일의 크기보다 훨씬 크기 때문입니다. 이미지의 크기를 조절하기 위해 [Edit → Free Transform]을 선택합니다.

03 바운딩 박스의 끝이 보일 때까지 [Ctrl] + [─]를 여러 번 클릭해 화면을 축소합니다. 바운딩 박스 모서리를 드래그해서 이미지를 줄여 줍니다.

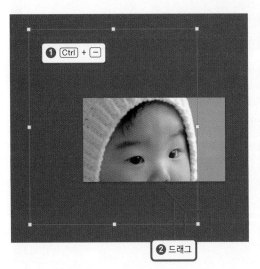

04 이미지를 마우스 오른쪽 버튼으로 클릭하고 [Flip Horizontal]을 선택합니다. 이미지가 좌우 반전되면 오른쪽으로 드래그해 이동하고 [Enter]를 눌러 마무리합니다.

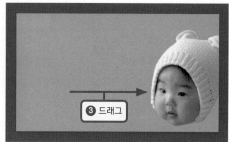

하면 된다!↱

객체에
그림자 효과 주기

01 단색 배경에 이미지만 있으니 공중에 떠 있는 느낌이 들죠? 레이어 스타일로 그림자를 넣어 자연스럽게 만들어 보겠습니다. 아기 얼굴 레이어에 효과를 넣기 위해 Layer Style 창을 엽니다.

02 Drop Shadow(외부 그림자) 효과 적용하기

아기 얼굴 주위에 그림자를 넣어 볼까요? 다음과 같이 [Drop Shadow]를 클릭해 외부 그림자
효과를 선택하고 그림자 색상을 검은색으로 설정합니다.

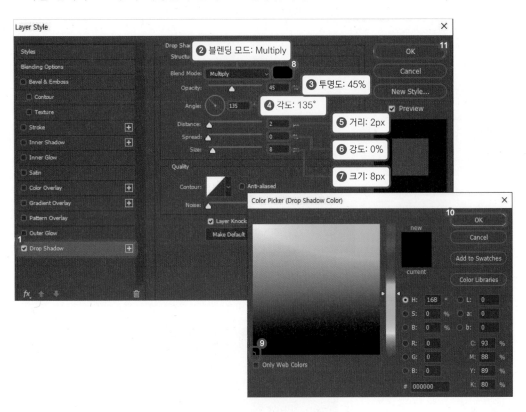

03 [Layer1] 레이어에 그림자가 적용되며 fx 표시가 생겼습니다.

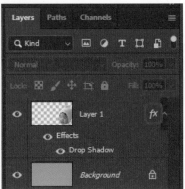

이제 클릭을 유도하는 유튜브 섬네일 문구를 써 보고 글자에 레이어 스타일을 적용해 보겠습니다.

하면 된다!〉

글자에 레이어 스타일로
테두리 넣기

01 글자 입력하기

[글자 툴 T]을 클릭합니다. 컨트롤 패널에서 [왼쪽 정렬▣]을 클릭합니다. 작업 화면을 클릭한 후 문구를 입력합니다. Layers 패널에서 글자 레이어를 클릭해 글자 입력을 마칩니다.

02 Character 패널에서 글꼴, 글자 크기, 줄 간격, 글자 색상을 설정합니다.

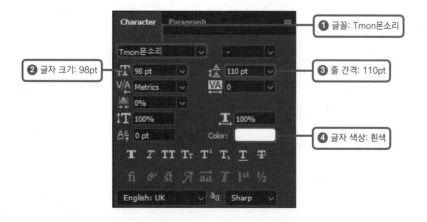

① 글꼴: Tmon몬소리
② 글자 크기: 98pt
③ 줄 간격: 110pt
④ 글자 색상: 흰색

03
작업 화면을 클릭한 후 아래에 들어갈 문구를 입력합니다. Layers 패널에서 글자 레이어를 클릭해 글자 입력을 마칩니다.

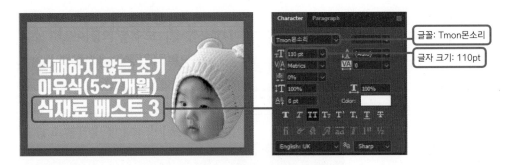

04 Stroke(테두리) 효과 적용하기

글자를 강조하기 위해 테두리를 넣어 볼까요? [식재료 베스트 3] 레이어 옆 빈 곳을 더블클릭해 Layer Style 창을 열고 다음과 같이 Stroke 스타일을 적용합니다.

05

글자에 테두리가 적용되었어요. 이제 글자 레이어들의 정렬하기 위해 [이동 툴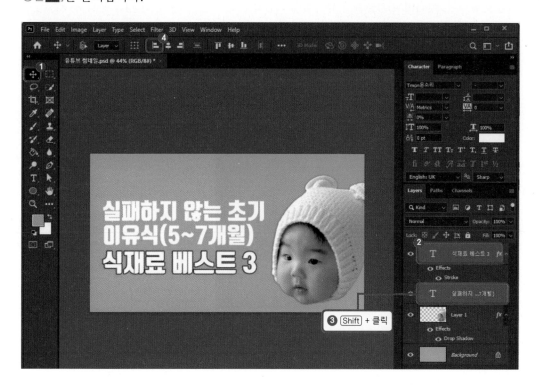]을 클릭합니다. 글자 레이어 두 개를 동시에 선택하고 [왼쪽 정렬]을 클릭합니다.

💧 서로 붙어 있는 레이어를 Shift 를 누른 채 클릭하면 레이어가 동시에 선택됩니다.

06 브러시로 효과내기

유튜브 섬네일을 꾸미기 위해 브러시로 별을 그려 보겠습니다. [레이어 추가 ⊞]를 눌러 새 레이어를 만듭니다. 레이어의 이름을 더블클릭해 이름을 [별]로 변경하고 (Enter)를 누릅니다.

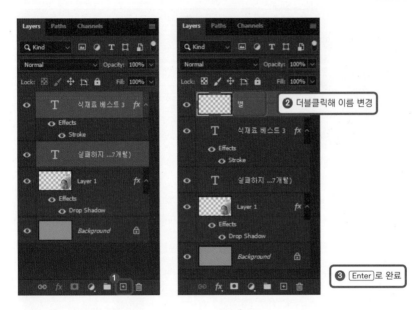

07 [브러시 툴 ✎]을 클릭한 후 컨트롤 패널에서 브러시의 종류와 크기를 설정합니다.

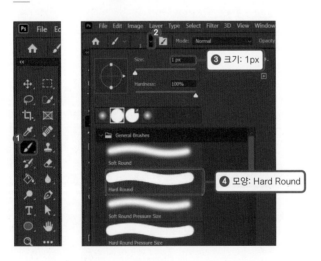

08 [전경색]을 클릭해 색상을 [#fff3a5]로 설정하고 [OK] 버튼을 클릭합니다.

09 [브러시 툴 ✎]을 섬세하게 사용하기 위해 Ctrl 을 누른 채 + 를 눌러 화면을 확대합니다. 드래그해서 별 모양을 그려 줍니다.

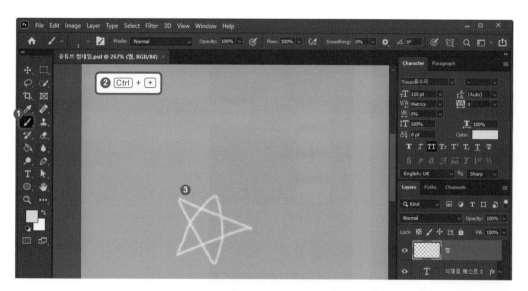

10 [이동 툴 ]을 클릭하고 [Alt]를 누른 채 드래그하면 별 모양이 복사됩니다. [Ctrl] +
[T]를 눌러 크기를 조절하고 원하는 위치에 놓습니다.

11 새 레이어를 추가하고 이름을 [하트]로 변경합니다.

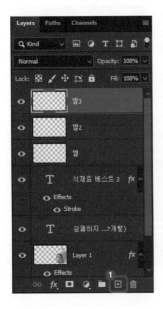 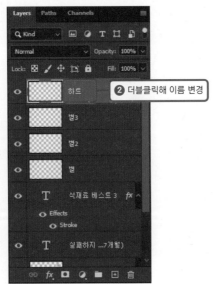

12

[브러시 툴 ✐]로 하트를 그리고 [이동 툴 ✛]을 선택합니다. (Alt)를 누른 채로 드래그 해서 복사합니다. (Ctrl) + (T)를 눌러 크기를 조절하고 좌우를 반 🌢 좌우 반전은 156쪽을 참고하세요. 전합니다.

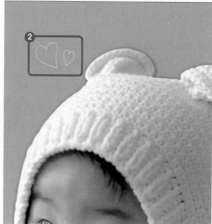

13

유튜브 섬네일 이미지가 완성되었습니다.

자주 사용하는 레이어 스타일 5가지

그림자, 테두리, 그레이디언트 등 자주 사용하는 레이어 스타일은 다음과 같습니다.

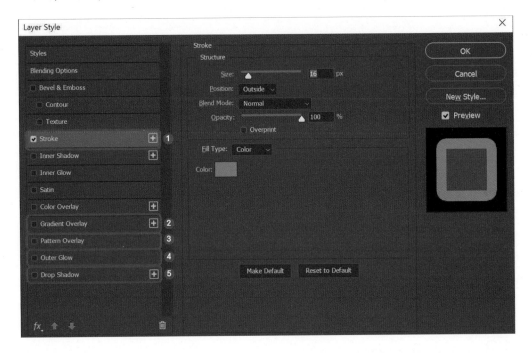

❶ **Stroke:** 객체에 외곽선을 넣습니다.

❷ **Gradient Overlay:** 객체에 그레이디언트를 넣습니다.

❸ **Pattern Overlay:** 객체에 패턴을 넣습니다.

❹ **Outer Glow:** 객체의 외부에 빛나는 효과를 넣습니다.

❺ **Drop Shadow:** 객체의 외부에 그림자를 적용합니다.

레이어 스타일 복사하기

만약 다른 레이어에 같은 스타일을 적용하고 싶다면 다음을 참고하세요!

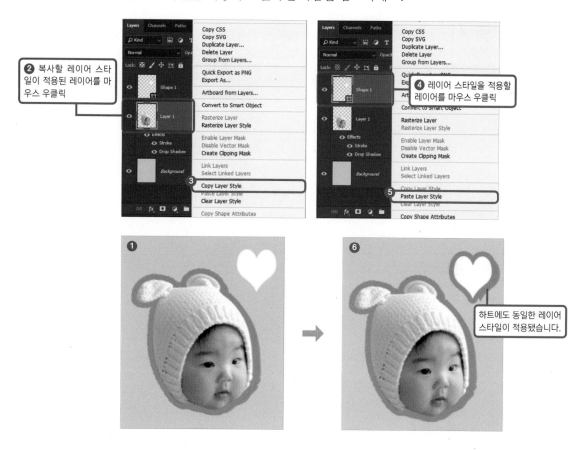

❷ 복사할 레이어 스타일이 적용된 레이어를 마우스 우클릭

❹ 레이어 스타일을 적용할 레이어를 마우스 우클릭

하트에도 동일한 레이어 스타일이 적용됐습니다.

복습 | 30분 만에 만들어야 한다!

다음 그림을 참고해 유튜브 섬네일을 만들어 보세요.

준비 파일 05-2/강아지.jpg
완성 파일 05-2/강아지섬네일완성.psd

05-3 오늘 써먹는 디자인

블로그 타이틀
만들기

준비 파일 05-3/블로그타이틀준비.psd, ballon.png 완성 파일 05-3/블로그타이틀완성.psd 글꼴 나눔손글씨 펜

오늘 배울 기능	하나, 배경 이미지 복사하기 자연스럽게 연결하기	둘, 이미지 가져와 꾸미기 레이어 그룹 만들기	셋, 도형에 테두리 넣기 하늘색 그림자 넣기
	· 레이어 마스크	· Layers 패널	· Layer Style

레이어 마스크

레이어 마스크(Layer Mask)는 말 그대로 레이어에 마스크를 씌우는 기능입니다. 마스크를 넣고 싶은 레이어를 선택하고 [Add Layer Mask ▣]를 누르면 아래와 같이 [원본 이미지]와 [마스크 영역]이 연결되어 표시되죠. [마스크 영역]에 검은색을 칠하면 그 부분이 [원본 이미지]에서 가려지고 흰색을 칠하면 원본이 다시 보입니다.

레이어 마스크를 넣기 전

레이어 마스크를 넣은 후

이때 [원본 이미지]와 [마스크 영역] 중 수정하고 싶은 부분을 먼저 클릭한 후 작업해야 합니다. 만약 실수로 [원본 이미지]를 누르고 검은색으로 칠하면 검은색이 실제로 칠해집니다. [마스크 영역]을 누르고 검은색 혹은 흰색을 사용해야 해요.
그럼 블로그 타이틀을 만들면서 레이어 마스크를 연습해 볼까요?

배경 이미지 자연스럽게
연결하기

01 레이어 복사하기

'블로그타이틀준비.psd' 파일을 불러옵니다. 파일을 열면
[Layer 1] 레이어에 배경으로 사용할 이미지가 들어 있습니다.

02 [이동 툴 ✥]로 이미지를 오른쪽에 복제합니다.

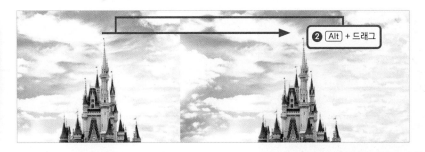

❷ Alt + 드래그

03 Layers 패널을 보면 레이어도 복사된 걸 알 수 있습니다. [Layer 1 copy] 레이어 이름을 [Layer 2]로 변경합니다.

더블클릭해 이름 변경

04 왼쪽과 오른쪽 성의 균형이 맞도록 위치를 이동합니다. 이때 Shift를 누른 채 마우스를 드래그하면 이미지가 위아래로 흔들리지 않습니다.

05 [Layer 1] 레이어에 마스크 적용하기

그런데 두 이미지가 너무 분리돼 보이네요. 이미지가 만나는 부분이 자연스럽게 연결되도록 레이어 마스크를 적용해 보겠습니다. 다음과 같이 [Layer 1] 레이어를 선택하고 [Add Layer Mask 🔲]를 클릭해 레이어 마스크를 생성합니다.

06 마스크를 생성했으니 이제 이미지를 자연스럽게 이어 보겠습니다. Layers 패널에서 마스크 영역이 선택된 상태에서 [그레이디언트 툴 ▣]을 클릭합니다. 원본 이미지를 가리기 위해 색상은 [검은색]으로 설정합니다.

07 이미지가 그레이디언트로 자연스럽게 연결되도록 다음과 같이 설정합니다.

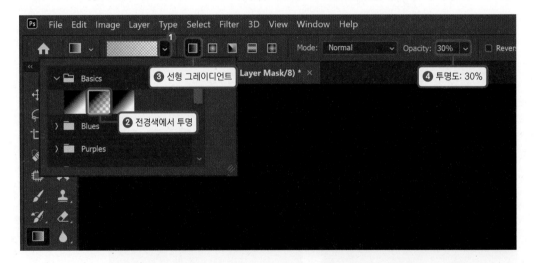

08

작업 화면에서 마우스를 오른쪽에서 왼쪽으로 드래그해 보세요. 왼쪽 이미지의 오른쪽 경계가 조금씩 사라질 것입니다. 10번 정도 드래그해 경계를 지우세요.

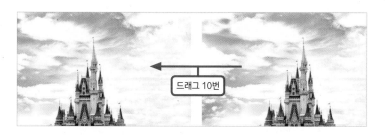

09

마스크 영역에 그레이디언트가 적용되면서 [Layer 1] 레이어의 이미지 오른쪽 부분이 자연스럽게 가려졌습니다.

💧 그레이디언트의 시작이 검은색이고 끝이 투명이 되는 옵션을 선택했기 때문에 이미지의 오른쪽 끝부터 가려집니다.

10 [Layer 2] 레이어에 마스크 적용하기

오른쪽 이미지도 같은 방식으로 연결해 보겠습니다. 다음과 같이 [Layer 2] 레이어에 마스크 영역을 생성합니다.

11 앞에서 [그레이디언트 툴 ▣]의 옵션을 설정했기 때문에 따로 바꿀 필요가 없습니다.
이번에는 경계가 사라질 때까지 왼쪽에서 오른쪽으로 10번 정도 드래그합니다.

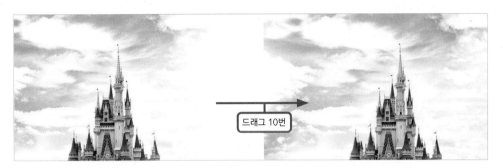

12 이미지가 자연스럽게 연결됐습니다.

하면 된다! ♪

블로그 이름 부분
만들기

01 원 그리기

블로그 이름을 원 안에 넣겠습니다. 우선 '원'이라는 이름으로
레이어를 추가합니다.

02 [원형 툴 ●]을 선택한 후 전경색을 [흰색]으로 설정합니다.

03 두 성의 가운데를 드래그해 정원을 그립니다. 이때 Shift 를 누른 채 마우스를 드래그해야 정원이 그려집니다.

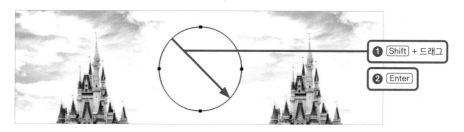

❶ Shift + 드래그

❷ Enter

04 원을 가운데 정렬하기

원을 정확히 화면 가운데로 정렬해 보겠습니다. 다음을 차례로 클릭해 [Background] 레이어와 [원] 레이어를 함께 선택합니다.

❸ Ctrl + 클릭

05 [세로 가운데 정렬 ⬛]과 [가로 가운데 정렬 ⬛]을 누르면 원이 가운데 정렬됩니다.

❸ 원이 중앙에 정렬됐습니다.

06 파일 열기

원의 주변을 꾸며 볼까요? 준비 파일 'balloon.png'를 연 후 [이동 툴 ⬛]로 작업 중인 화면으로 가져옵니다. 'balloon.png' 파일은 닫습니다.

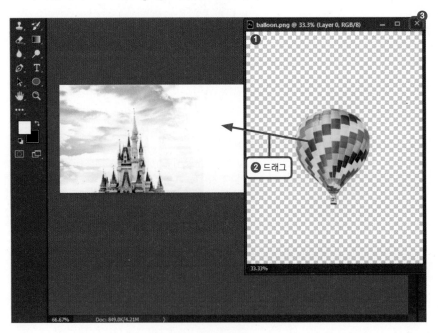

❷ 드래그

07 크기 조절하고 회전하기

열기구 이미지가 이동했고 Layers 패널에 [Layer 3] 레이어가 생겼습니다. 이름을 [열기구]로 수정합니다.

더블클릭해 이름 변경

08 크기 조절하고 회전하기

열기구의 크기가 너무 크네요. 다음과 같이 [Free Transform]으로 열기구의 크기를 줄입니다.

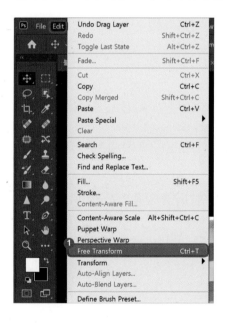

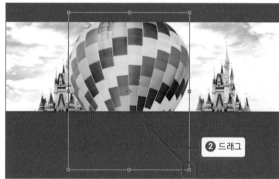

❷ 드래그

09 열기구를 원의 위쪽에 배치하고 적당히 회전시킵니다.

① 드래그해 이동

② 드래그해 회전

③ Enter 로 적용

10 레이어 복사하기

열기구가 하나만 있으면 허전하니 여러 개를 배치해 보겠습니다. 화면을 확대한 후 [이동 툴 ✛]로 열기구를 복사합니다.

① Ctrl + +

②

③ Alt + 드래그

11 레이어의 이름을 [열기구2]로 변경합니다. 왼쪽 열기구를 앞쪽으로 옮기기 위해 레이어 순서를 변경합니다.

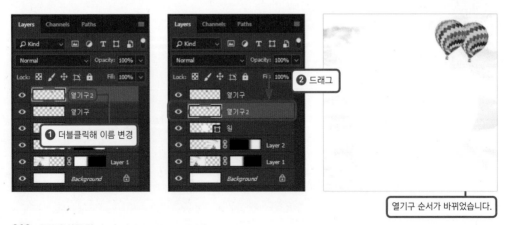

① 더블클릭해 이름 변경

② 드래그

열기구 순서가 바뀌었습니다.

12 [열기구2]의 크기를 줄이고 회전합니다.

13 위와 같은 방법으로 [열기구] 레이어를 복사한 후 이름을 [열기구3]으로 변경합니다. 원의 왼쪽 아래에 열기구를 배치합니다.

14 레이어 그룹 만들기

원과 열기구들의 자리가 잡혔다면 위치를 고정하고 레이어를 정돈하기 위해 다음과 같이 레이어를 그룹으로 만듭니다. 레이어 그룹의 이름은 [타이틀]로 수정하세요.

하면 된다!♪

그룹에 레이어 스타일
적용하기

01 레이어 효과로 테두리 만들기

레이어 하나하나에 레이어 스타일을 적용하지 않고, [타이틀]
레이어 그룹에 동일한 테두리를 넣어 보겠습니다. 화면을 확
대한 후 다음과 같이 Layer Style 창을 여세요.

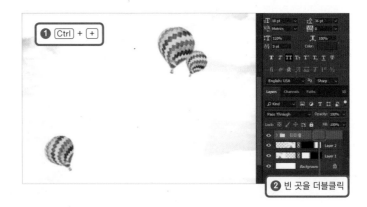

02
객체에 테두리를 넣기 위해 [Stroke]를 선택합니다. 이때 [Stroke]의 이름이나 빈 곳
을 클릭해야 합니다. 다음과 같이 테두리의 두께, 색상 등을 설정합니다.

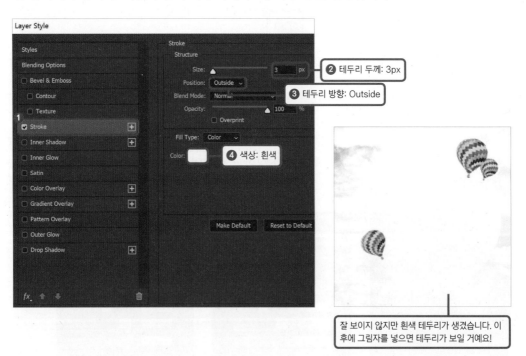

잘 보이지 않지만 흰색 테두리가 생겼습니다. 이
후에 그림자를 넣으면 테두리가 보일 거예요!

03 레이어 효과로 그림자 만들기

그림자도 넣기 위해 [Drop Shadow]를 클릭합니다. 색상은 살짝 어두운 하늘색이면 좋겠네요.

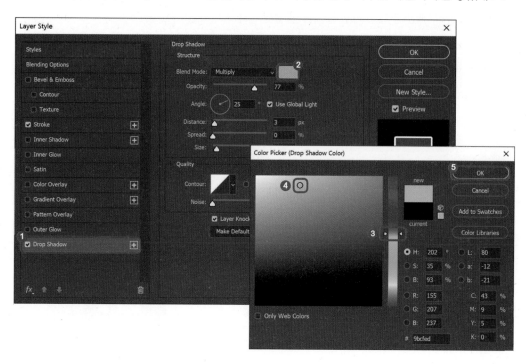

04 다음과 같이 투명도, 각도, 거리 등을 설정하면 하늘색 그림자가 생깁니다.

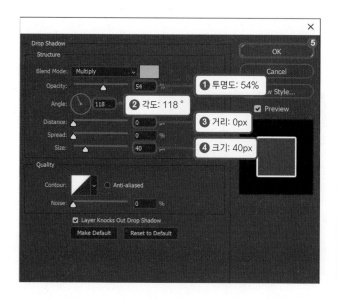

1 투명도: 54%
2 각도: 118°
3 거리: 0px
4 크기: 40px

05 블로그 이름 입력하기

블로그 이름을 넣을 자리를 마련했으니 [글자 툴 **T.**]로 이름을 넣겠습니다. 우선 [가운데 정렬 **畺**]을 클릭하고 색상을 짙은 파란색으로 설정합니다.

06 블로그 이름인 '오와이오의 세계여행 시즌2'를 입력합니다. 그런 다음 Character 패널에서 글자 스타일을 지정합니다.

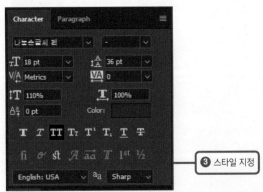

07 전체적인 위치를 잡을 땐 전체 화면으로 보는 것이 좋습니다. 위치를 조절하기 위해
글자와 배경 레이어를 선택하고 가운데 정렬합니다.

❶ Ctrl + 0 으로 전체 화면 보기

08 블로그 타이틀이 완성됐습니다.

레이어 마스크 더 알아보기

레이어 마스크는 레이어에 마스크 영역을 만들어 색의 명도로 원본 레이어의 일부분을 가리기도 하고, 보이게도 하는 기능입니다. 레이어 마스크는 원본을 지우는 게 아니라 가리는 것이기 때문에 원본을 지워 버려 수정이 어려워지는 일을 방지할 수 있습니다. 레이어 마스크를 좀 더 자세히 알아볼까요?

다음 이미지를 보세요. 만약 레이어 마스크를 사용하지 않고 [지우개 툴 🧽]로 이미지의 오른쪽 부분을 지워 버리면 지운 부분을 원래대로 되돌릴 수 없습니다.

[지우개 툴 🧽]로 위쪽을 지웠습니다.

레이어 마스크를 사용하지 않고 지워 버린 경우

반면, 앞서 진행한 예제처럼 레이어 마스크를 만들고 검은색에서 투명으로 그려지는 [그레이디언트 툴 ▨]을 사용하면 그냥 보기에는 [지우개 툴 🧽]로 지운 것과 똑같아 보이지만 지운 부분을 되살릴 수 있습니다.

레이어 마스크로 위쪽을 가렸습니다.

레이어 마스크로 그레이디언트를 적용한 경우

레이어 마스크에서 지워진 부분 살리기

레이어 마스크로 지운 부분은 어떻게 살릴까요? 이미지를 지울 때 [검은색]으로 설정했던 것과 반대로 [흰색]으로 설정한 [그레이디언트 툴 ▣]을 사용하면 됩니다. 다음과 같이 설정한 후 작업 화면에서 마우스를 위에서 아래로 여러 번 드래그하면 이미지의 아래쪽 부분부터 조금씩 나타납니다.

레이어 마스크로 가렸던 부분이 살아났습니다!

레이어 마스크 삭제하기

만약 원본으로 되돌아가고 싶다면 마스크를 삭제하면 됩니다. 레이어를 삭제하는 방법과 동일하게 [휴지통 🗑]으로 드래그하면 마스크 적용할지를 물어보는 창이 나타납니다. [Apply]를 클릭하면 마스크 영역에서 작업한 내용이 원본 이미지에 반영되고 [Delete]를 클릭하면 원본 이미지에 반영되지 않고 마스크가 삭제됩니다.

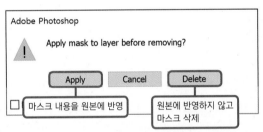

복습 | 10분 만에 만들어야 한다!

'cosmetic.jpg' 파일을 열어 할인
쿠폰을 만들어 보세요.

준비 파일 05-3/cosmetic.jpg
완성 파일 05-3/할인쿠폰.psd

6일차

문구가 돋보이는
페이스북&인스타그램
홍보 디자인

06-1 오늘 써먹는 디자인

네온사인 글자로
세일 홍보 이미지 만들기

준비 파일 06-1/street.jpg 완성 파일 06-1/네온사인완성.psd 글꼴 Arial

오늘 배울 기능	하나, 홍보 문구 입력하기 가운데 정렬하기	둘, 글자 테두리 선택하기 글자를 이미지로 만들기	셋, 네온사인 효과 넣기 그림자 효과 넣기
	· [글자 툴 T]	· [Rasterize Type]	· Layer Style

문자 이미지화

문자 이미지화(Rasterize Type)는 문자를 이미지로 만들어 주는 기능입니다. 문자를 이미지로 만들면 픽셀 상태일 때 가능한 여러 기능을 사용할 수 있습니다. 아래 예시처럼 글자 모양대로 영역을 선택해 삭제할 수도 있습니다.

문자 이미지화하기 전

문자 이미지화 후 디자인한 모습

문자 상태일 때 레이어의 모습

이미지 상태일 때 레이어의 모습

글자 모양 대로 영역을 선택해 이미지에서 삭제했어요!

문자 이미지화 기능을 사용해 세일 홍보 이미지를 만들어 보겠습니다.

하면 된다!♪

글자 쓰고
디자인하기

01 가로 500px, 세로 500px, 해상도 72Pixels/Inch,
RGB 색상 모드의 새 파일을 만듭니다.

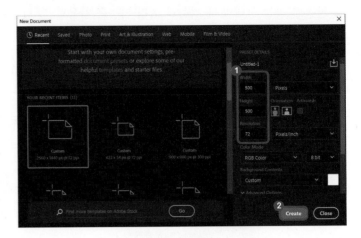

02 이미지 이동하기

[File → Open]으로 준비 파일 'street.jpg'를 여세요. 그런 다음 [이동 툴🔸]로 이미지를 새 파
일로 가져옵니다.

네온사인 효과는 어두운 이미지에서
잘 보이기 때문에 어두운 이미지를
가져왔어요.

03 홍보 문구 쓰기

다음과 같이 기본적인 글자 입력 방법으로 홍보 문구를 넣으세요.

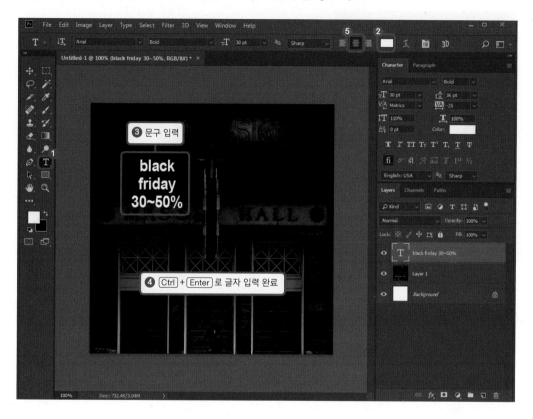

04 Character 패널에서 TT을 클릭하면 글자를 한 번에 대문자로 변경할 수 있습니다. 그 밖에 글꼴, 두께 등도 설정하세요.

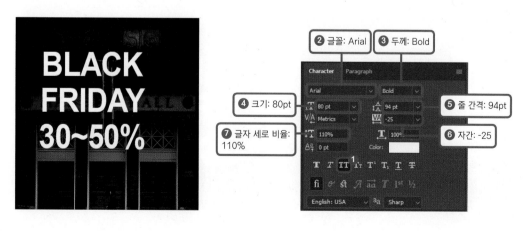

05 할인하는 퍼센트가 더 강조돼 보이면 좋겠네요. 다음과 같이 '30~50%' 부분을 수정합니다.

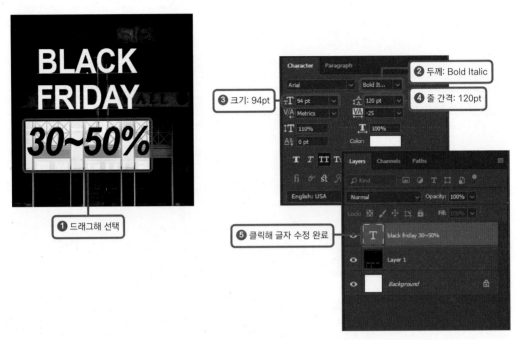

06 글자를 화면 가운데로 정렬하기

글자가 화면 왼쪽으로 치우쳐 있네요. 다음과 같이 글자와 배경 레이어를 선택한 후 가운데로 정렬하세요. 네온사인 효과를 넣을 준비를 마쳤습니다.

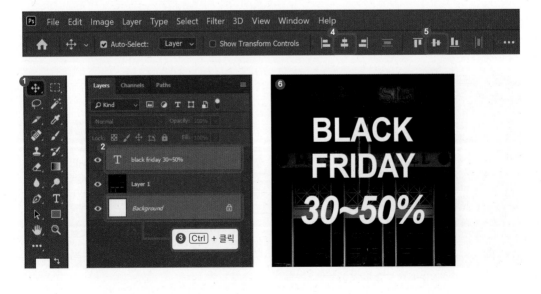

하면 된다!》

선택 영역
활성화하기

01 글자 모양대로 선택 영역 활성화하기

글자 테두리를 따라 네온사인 효과를 표현하기 위해서는 먼저 글자의 안쪽을 지워야 합니다. 글자 영역을 선택하기 위해 글자 레이어의 섬네일을 Ctrl 을 누른 채 클릭합니다.

❶ Ctrl + 클릭

경계가 점선으로 바뀌며 선택된 모습

02 이 상태에서 지우면 글자 자체가 사라집니다. 글자의 안쪽만 지우기 위해 다음과 같이 선택 영역의 크기를 축소합니다.

🔵 Modify 메뉴에 있는 다른 기능들에 대한 설명은 231쪽을 참고하세요.

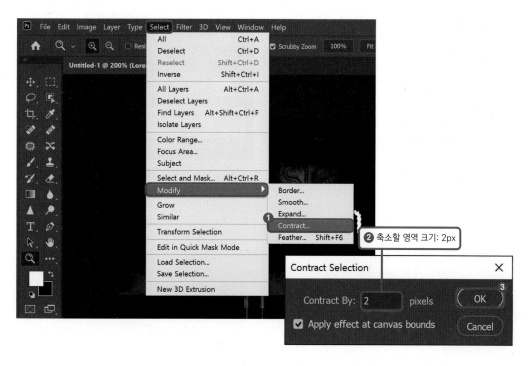

03 글자 테두리에서 2px만큼 안쪽으로 들어간 영역이 점선으로 표시되며 선택됐습니다. 선택된 영역을 지워 보겠습니다.

04 문자 이미지화

글자의 안쪽을 지우려면 문자를 이미지화(래스터화)해 픽셀로 변경해야 합니다. Layers 패널에서 다음과 같이 [Rasterize Type]를 클릭합니다.

05 글자가 픽셀로 변경됐으므로 글자 안쪽을 삭제할 수 있습니다. [Delete]를 눌러 삭제합니다.

06 [Ctrl] + [D]를 눌러 선택을 해제합니다. 이제 글자의 테두리만 남았습니다.

선택 영역을 나타내던 점선이 사라집니다.

Delete 는 픽셀을 지우는 기능이기 때문에 문자를 선택하고 Delete 를 누르면 아래 경고 창이 뜨며 지워지지 않습니다. 글자 레이어를 마우스 오른쪽 버튼으로 클릭한 후 [Rasterize Type]를 선택해 픽셀로 만든 후 다시 지우면 선택 영역이 삭제됩니다.

Adobe Photoshop

❌ Could not complete your request because the pixels in a type layer cannot be edited without first rasterizing the layer.

OK

문자 상태에서 Delete 를 누르면 나타나는 경고 창

하면 된다!⟩

글자 쓰고
디자인하기

01 레이어 스타일로 빛나는 효과 주기

레이어 스타일은 내가 만든 레이어에 그림자, 선 등을 설정해 디자인 품질을 높이는 기능입니다. 앞서 만든 글자 테두리에 빛나는 효과와 그림자 효과를 넣어 네온사인처럼 만들어 보겠습니다. 먼저 글자 레이어의 빈 곳을 더블클릭해 Layer Style 창을 엽니다.

02
객체의 외부에 빛나는 효과를 주는 [Outer Glow]를 클릭하고 투명도, 크기, 강도 등
을 설정합니다.

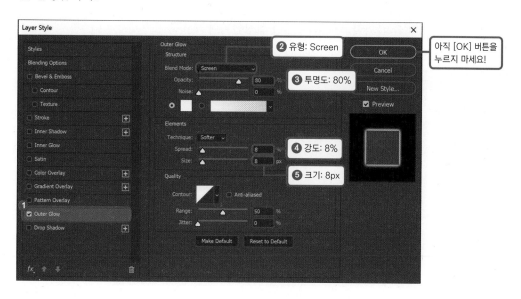

03
네온사인 빛의 색상도 설정해야겠죠? 이 책에서는 다음과 같이 분홍색으로 설정했지
만, 여러분이 원하는 색을 지정해도 좋습니다.

04 그림자 효과 주기

빛나는 효과를 더 극대화하기 위해 그림자를 넣어 보겠습니다. 객체의 외부에 그림자 효과를 주는 [Drop Shadow]를 클릭하고 다음과 같이 설정합니다.

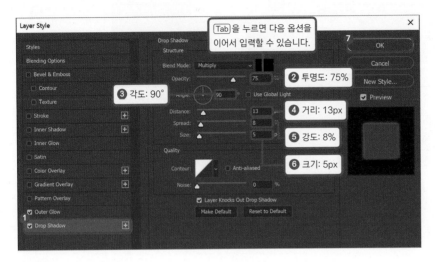

05 네온사인 세일 홍보 이미지가 완성되었습니다.

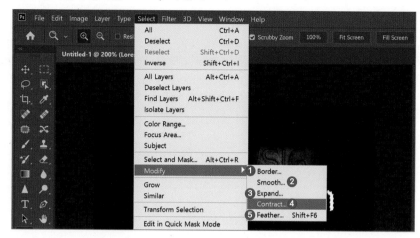

❶ **Border Selection:** 두께를 입력해 선을 선택 영역에 생성합니다.

❷ **Smooth Selection:** 선택 영역의 모서리를 둥글게 합니다. 큰 수치를 입력할수록 모서리가 더 둥글어집니다.

❸ **Expand Selection:** 수치를 입력해 더 넓은 영역을 선택합니다.

❹ **Contract Selection:** 수치를 입력해 더 좁은 영역을 선택합니다.

❺ **Feather Selection:** 선택 영역의 경계를 흐리게 합니다. 큰 수치를 입력할수록 경계가 더 흐려집니다.

복습 | 30분 만에 만들어야 한다!

'할로윈준비.jpg' 파일을 배경으로
할로윈 축제 간판을 만들어 보세요!

준비 파일 06-1/할로윈준비.jpg
완성 파일 06-1/할로윈완성.psd

06-2 오늘 써먹는 디자인

페이스북 카드 뉴스
만들기

준비 파일 06-2/news1.jpg, news2.jpg, news3.jpg　완성 파일 06-2/카드뉴스완성.psd
글꼴 배달의민족 주아체, 나눔고딕, Arial

오늘 배울 기능

하나, 카드 뉴스 크기로
새 파일 만들기

· [아트보드 툴 🔲]

둘, 첫 번째 카드 뉴스 만들기
아트보드 복사하기

· Layers 패널

셋,
개별 이미지 파일 저장하기

· [File → Export → Artboards to
Files]

아트보드

포토샵에서 아트보드 기능을 사용하면 한 화면에 여러 캔버스를 놓고 작업할 수 있습니다. 같은 크기의 아트보드를 만들 수도 있고 다른 크기의 아트보드를 만들 수도 있습니다. 이렇게 아트보드로 작업하고 Layers 패널을 보면 아트보드별로 마치 '레이어 그룹'처럼 묶인 것을 확인할 수 있습니다.

툴 패널의 [아트보드 툴]을 누르면 아트보드의 가로 세로 길이와 배경색을 설정할 수 있습니다.

하면 된다!

글자 쓰고
디자인하기

01 아트보드 만들기

아트보드 기능을 이용해 카드 뉴스를 만들어 볼까요? [File → New]를 누른 후 새 파일을 만드는 일반적인 방법과 달리 [Artboards] 부분을 체크해 900px×900px 크기에 RGB 색상 모드의 새 파일을 만드세요.

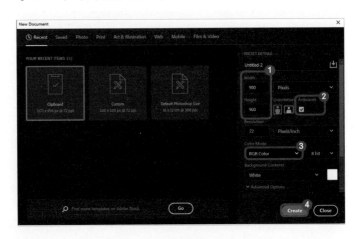

02
카드 뉴스의 배경으로 사용할 준비 파일 'news1.jpg'를 열어 아트보드로 가져옵니다. 원을 그린 후 첫 번째 뉴스의 내용을 [글자 툴 T]로 입력합니다.

💧 이미지를 가져온 후 도형, 글자를 넣는 방법과 투명도를 설정하는 방법은 04-3을 참고하세요.

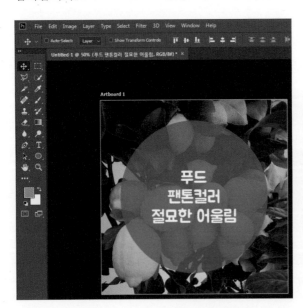

색상: #f329b3
투명도: 72%

03 아트보드 추가하기

같은 크기로 두 번째 뉴스를 만들겠습니다. [아트보드 툴 📐]을 사용해 추가합니다.

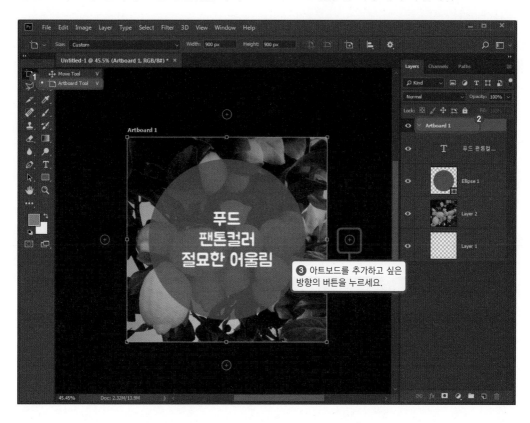

04 동일한 크기의 아트보드가 추가되면 준비 파일 'news2.jpg'를 가져오고 내용을 입력합니다.

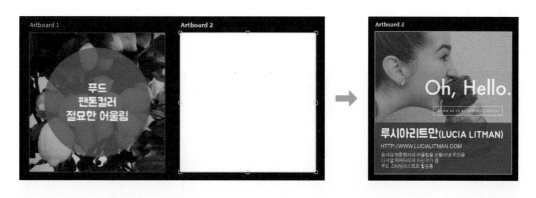

05 아트보드 복사하기

세 번째 뉴스는 아트보드를 복사해 만들어 보겠습니다. 레이어를 복사하듯이 [Artboard 2]를 복사합니다.

아트보드 그룹이 닫힙니다.

② 드래그

06

복사한 아트보드의 내용을 수정합니다. 이렇게 아트보드를 복사하면 통일감 있는 카드 뉴스 이미지를 쉽게 만들 수 있습니다.

07 아트보드 이미지로 저장하기

아트보드를 이미지로 저장하겠습니다. 웹용 이미지를 저장하는 방법이 따로 있듯이 아트보드
를 저장하는 방법도 따로 있습니다. [File → Export → Artboards to Files]를 눌러 저장하세요.

08 아트보드가 카드 뉴스 이미지로 저장됐습니다. 이렇게 하면 일일이 따로 저장하지 않고 한 번에 저장할 수 있습니다.

🔹 일러스트레이터에도 아트보드를 사용합니다. 자세한 내용은 470쪽을 참고하세요.

여러분이 원하는 내용으로 카드 뉴스를 만들고 SNS에 올려 보세요!

7일차

구매 포인트를 강조하는 마케팅 & 쇼핑몰 광고 디자인

광고, 캠페인 이미지 만들기

준비 파일 07-1/wood.jpg, plant.jpg 완성 파일 07-1/광고완성2.psd 글꼴 나눔고딕, 나눔손글씨 펜

오늘 배울 기능	하나, 사각형 안에 이미지 넣기	둘, 그림자 효과 넣기	셋, 광고 문구 넣기
	· [Layer → Create Clipping Mask]	· Layer Style	· [글자 툴 T]

클리핑 마스크

클리핑 마스크(Clipping Mask)는 레이어에 레이어를 끼우는 기능입니다. 이미지를 자르지 않고 틀에 끼워 제외한 다른 부분이 보이지 않게 하는 기능이지요. 이렇게 하면 원본을 해치지 않으면서 수정할 수 있고, 틀 안의 이미지를 다른 이미지로 교체하기도 편리합니다. 클리핑 마스크를 적용할 때는 레이어의 순서가 중요합니다. 클리핑 마스크로 자를 이미지 레이어는 위에, 틀 역할을 하는 레이어는 아래에 있어야 합니다. 순서가 바뀌면 전혀 다른 결과가 나오니 주의하세요!

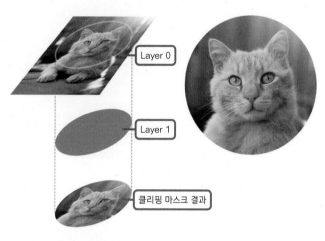

클리핑 마스크를 실행하기 전

클리핑 마스크를 실행한 후

그럼 클리핑 마스크를 사용해 캠페인 이미지를 만들어 볼까요?

하면 된다!↳

광고 이미지
만들기

01 새 파일 만들기/파일 열기

광고 이미지를 만들기 위해 새 파일을 만들겠습니다. 가로
500px, 세로 500px, 해상도 72Pixels/Inch, RGB 색상 모드
의 새 파일을 만듭니다.

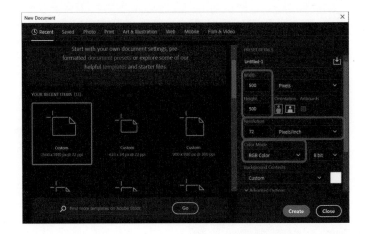

02 이미지 이동하기

배경 이미지인 'wood.jpg'를 불러온 후 [이동 툴 ✥]로 새 파일로 가져오세요. 위치를 조절하
고 원본 이미지 창은 닫습니다.

03 사각형 그리기

나무 이미지를 가져와 생긴 [Layer 1] 레이어의 이름을 [나무]로 변경합니다. 나무 이미지 위에 사각형을 그리고 문구를 넣을 것입니다. 배경 사각형을 그리기 위해 [네모]라는 이름으로 레이어를 추가합니다.

04 다음과 같이 원하는 색상과 크기로 사각형을 그립니다.

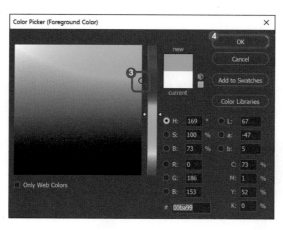

선인장 이미지를 사각형 안에 넣을 예정이므로 도형의 색상은 중요하지 않습니다.

05 사각형을 가운데 정렬하기

사각형이 조명 아래 가운데에 위치하면 좋겠네요. [네모]와 [Background] 레이어를 선택하고
[이동 툴 ✛]로 다음과 같이 가운데 정렬합니다.

06 클리핑 마스크 만들기

사각형의 위치를 정했으므로 이미지를 넣어 보겠습니다. 준비 파일 'plant.jpg'를 열고 [이동
툴 ✛]로 작업 중이던 창에 가져옵니다.

07 선인장 이미지가 이동하면서 생긴 [Layer 2] 레이어의 이름을 [선인장]으로 변경합니다. 그런 다음 선인장이 가운데 오도록 위치를 조절합니다.

08 이제 선인장 이미지를 민트색 사각형만큼만 보여 주는 클리핑 마스크 기능을 사용하겠습니다. 다음과 같이 선택하세요. ● 클리핑 마스크 단축키: Alt + Ctrl + G

주의! 클리핑 마스크의 틀이 되는 [네모] 레이어가 아래에 있어야 합니다.

09 클리핑 마스크가 적용돼 선인장 이미지가 [네모] 레이어만큼만 나타납니다. Layers 패널에서도 [선인장] 레이어가 클리핑 마스크로 적용된 모양으로 보입니다.

● 클리핑 마스크 해제:
[Layer → Release Clipping Mask]

작은 화살표 표시가 앞에 생깁니다.

10 이미지 크기 조절

선인장 위에 홍보 문구를 입력해야 하는데 자리가 부족하네요. [선인장] 레이어가 선택된 상태에서 선인장 이미지의 크기를 줄이세요.

❶ Ctrl + T

❷ Alt + 드래그

❸ Enter로 위치 확정

11 이미지 크기 조절

사각형이 나무 배경과 떨어져 있는 것처럼 보이도록 하기 위해 사각형에 그림자를 넣겠습니다. 먼저 화면을 확대하고 [네모] 레이어에서 Layer Style 창을 여세요.

12 객체의 외부에 그림자 효과를 주는 [Drop Shadow]를 클릭하고 다음과 같이 각도, 거리, 투명도 등을 설정합니다.

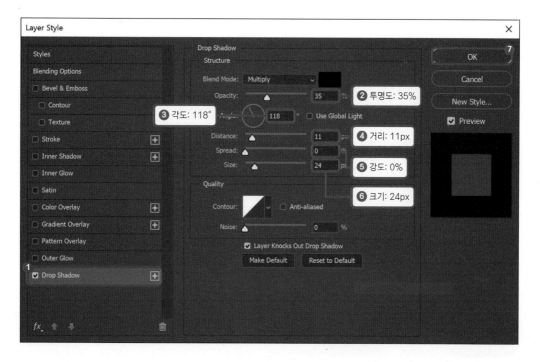

13 그림자가 생기면서 나무 배경과 떨어져 보입니다.

14 타이틀 문구 디자인하기

[글자 툴 T]로 캠페인 문구를 입력하고 Character 패널에서 글꼴 등을 설정하세요. 그런 다음 가운데 정렬하면 완성입니다.

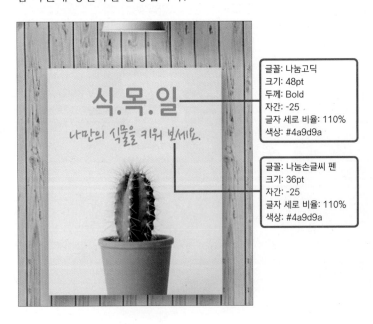

글꼴: 나눔고딕
크기: 48pt
두께: Bold
자간: -25
글자 세로 비율: 110%
색상: #4a9d9a

글꼴: 나눔손글씨 펜
크기: 36pt
자간: -25
글자 세로 비율: 110%
색상: #4a9d9a

클리핑 마스크로 디자인하는 3가지 방법

클리핑 마스크는 다양하게 응용할 수 있습니다. 도형과 이미지에 사용할 수도 있고 글자와 이미지에 사용할 수도 있지요. 클리핑 마스크로 디자인하는 3가지 방법을 살펴보겠습니다.

응용 1 | '도형'에 '이미지' 클리핑 마스크

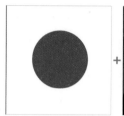   

틀 역할을 하는 원   고양이 이미지   클리핑 마스크를 적용한 결과

응용 2 | '글자'에 '이미지' 클리핑 마스크

틀 역할을 하는 글자   배경 이미지   클리핑 마스크를 적용한 결과

응용 3 | '글자'에 '도형' 클리핑 마스크

 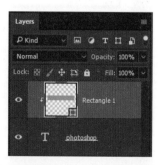

틀 역할을 하는 글자   사각형 객체   클리핑 마스크를 적용한 결과

신제품
출시 배너 만들기

준비 파일 07-2/배너준비.psd 완성 파일 07-2/배너완성2.psd 글꼴 Times New Roman, Arial

오늘 배울 기능

하나,
사각형에 테두리 넣기

· [사각형 툴 ▢]

둘,
광고 문구 입력하기

· [글자 툴 T]

셋, 글자 정렬하기
레이어 그룹 만들기

· Layers 패널

하면 된다!⟩

광고 이미지
만들기

01 사각형 그리기

'배너준비.psd' 파일을 열면 초록색 식물 이미지가 배경으로 들어가 있습니다. 이 위에 사각형을 그리고 광고 배너를 만들겠습니다. 먼저 [네모]라는 이름으로 레이어를 추가합니다.

02 다음과 같이 [사각형 툴▢]로 흰색 정사각형을 그립니다. 이때 화면을 Shift 를 누른 채 드래그해야 직사각형이 아닌 정사각형으로 그려집니다.

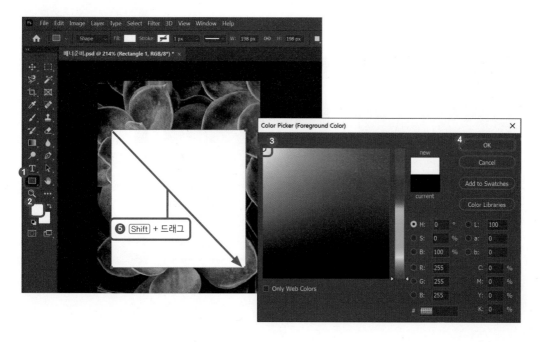

03 사각형을 가운데 정렬하기

1+1 문구는 배너의 한가운데에 있어야 눈에 잘 띄겠죠? 배경과 사각형을 가운데 정렬합니다.

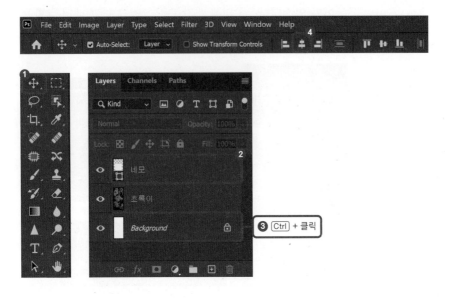

04 레이어 복사하기

광고 문구를 둘러쌀 틀을 만들기 위해 사각형을 하나 더 만들겠습
니다. [네모] 레이어를 복사하세요.

사각형 하나처럼 보이지만, 실제로는 2개의 흰색 사각형이 겹쳐 있습니다.

05 사각형 크기 조절하기

복사한 사각형은 문구를 둘러쌀 틀이므로 흰색 배경보다 조금 작으면 좋겠네요. 다음과 같이 크기를 조절합니다. 이때 모서리 점을 [Alt]를 누른 채 안쪽으로 드래그하면 중심을 기준으로 같은 비율로 크기가 조절됩니다.

🌢 자유 변형 단축키: [Ctrl] + [T]

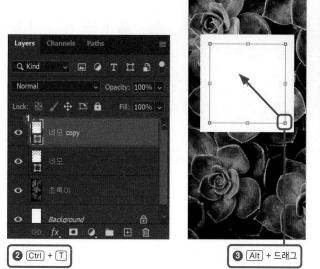

② [Ctrl] + [T]   ③ [Alt] + 드래그   ④ [Enter] 로 수정 완료

06 사각형 테두리 만들기

안쪽 사각형이 같은 흰색이라 잘 보이지 않네요. 테두리를 넣겠습니다. Layer Style 창을 열고 테두리를 넣는 [Stroke]를 선택합니다. 안쪽에 3px의 두께로 설정하세요.

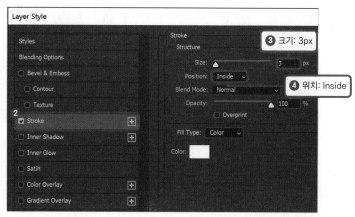

07 색상은 배경 이미지와 어울리게 '짙은 녹색'으로 설정하고 [OK] 버튼을 누르면 테두리가 생깁니다.

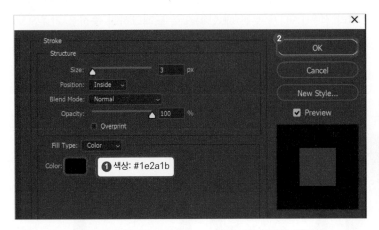

08 글자 입력하기

테두리 안에 내용을 입력해 볼까요? 새 레이어를 만든 후 [글자 툴 T]을 이용해 'new'라고 입력하세요. [가운데 정렬 ▤]을 클릭해 글자를 가운데 정렬합니다.

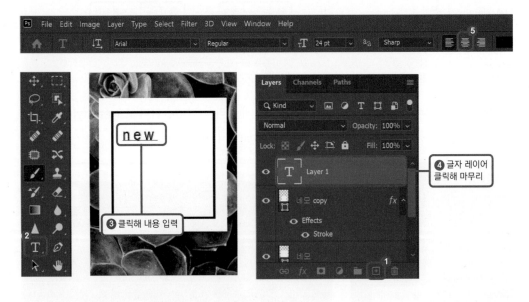

09 문구가 돋보이는 글꼴로 설정을 바꿔 볼까요? Character 패널에서 글자를 대문자로 변경하고 글꼴, 크기 등도 다음과 같이 설정하세요.

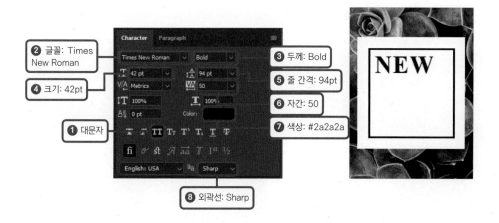

① 대문자
② 글꼴: Times New Roman
③ 두께: Bold
④ 크기: 42pt
⑤ 줄 간격: 94pt
⑥ 자간: 50
⑦ 색상: #2a2a2a
⑧ 외곽선: Sharp

10 같은 방법으로 '1+1' 문구와 'EVENT' 문구를 추가합니다. 색상은 각각 [#ff7171], [#2a2a2a]입니다. 세부적인 글자 설정은 이미지를 참고하세요.

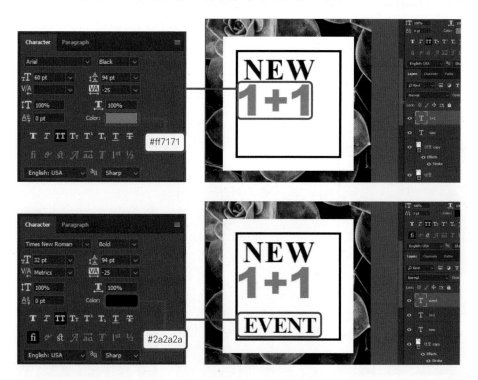

11 글자 간격 같게 조절하기 & 가운데 정렬하기

이제 세 줄의 글자들을 잘 정렬해야겠네요. [이동 툴 ✛]로 글자를 모두 선택한 후 다음과 같이 같은 세로 간격으로 가운데 정렬합니다.

12 레이어 그룹 만들기

3개의 레이어를 매번 선택하기 번거롭네요. 3개의 레이어가 모두 선택된 상태에서 다음과 같이 그룹으로 만들고 이름을 [text]로 변경하세요.

13

여전히 글자가 너무 왼쪽으로 몰려 있네요. [text] 레이어 그룹과 [네모 copy] 레이어를 함께 선택한 후 글자를 정렬합니다.

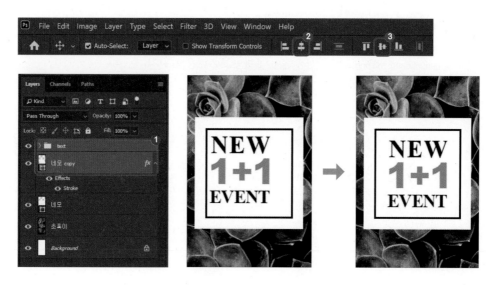

14 하단 바 만들기

배너의 아래쪽에 사이트 주소나 브랜드 로고가 있으면 좋겠네요. 앞서 배웠던 내용을 떠올리면서 하단 바를 만들어 보세요.

1+1 이벤트
페이지 만들기

준비 파일 07-3/m1.png, m2.png, m3.png, m4.png 완성 파일 07-3/이벤트페이지완성2.psd
글꼴 Verdana, Arial, 나눔고딕

오늘 배울 기능

하나,
사선 배경 만들기

· [다각형 올가미 툴 ▨],
  [페인트 툴 ▧]

둘,
광고 문구 입력하기

· [글자 툴 ▣], Character 패널

셋, 상품 이미지에
그림자 넣기, 밝게 보정하기

· Layer Style
  [Image → Adjustments → Curves]

01 새 파일 만들기/파일 열기

가로 800px, 세로 1200px, 해상도 72Pixels/Inch, RGB 색
상 모드의 새 파일을 만듭니다. 그런 다음 사선 배경을 만들
[배경 1] 레이어를 추가합니다.

02 [다각형 올가미 툴]로 배경 만들기

배경 사선은 [다각형 올가미 툴]로 영역을 선택한 후 색을 입혀 만듭니다. 먼저 아래의 순서
대로 클릭해 사선 영역을 넉넉하게 선택하세요.

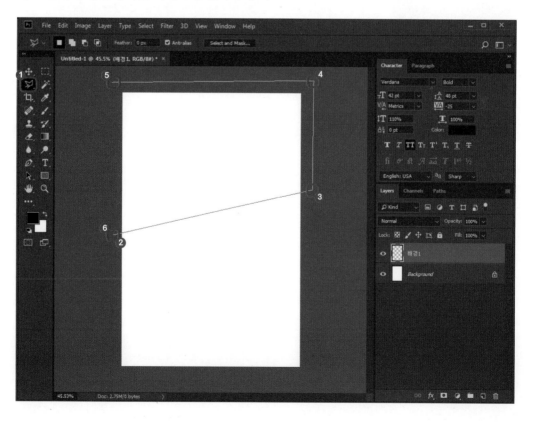

03 선택한 영역에 색을 입히겠습니다. 다음과 같이 [페인트 툴]로 배경색을 칠하세요.

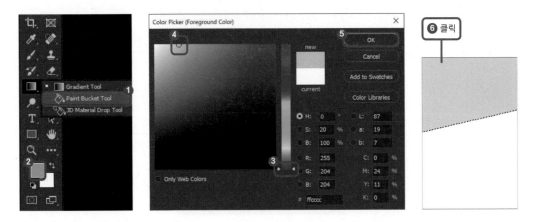

04 사선 배경이 완성됐습니다. [Select → Deselect]를 클릭해 영역 선택을 해제합니다.

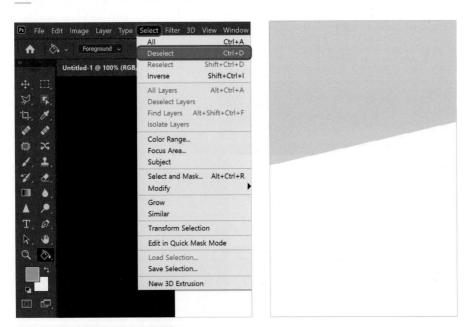

하면 된다!

이벤트 페이지
제목 부분 만들기

01 사각형 그리기

본격적으로 내용을 넣어 보겠습니다. 제목은 눈에 띄도록 사각형 테두리 안에 넣겠습니다. 먼저 화면을 확대하고 [네모] 레이어를 추가합니다.

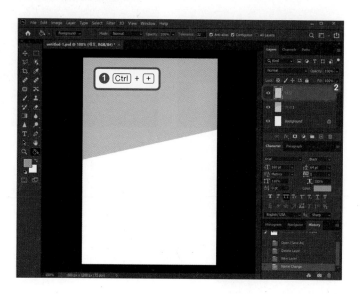

02 제목이 들어갈 사선 배경의 위쪽에 [사각형 툴█]로 직사각형을 그립니다.

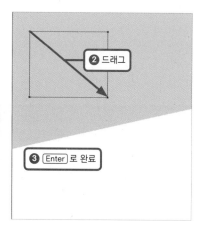

03 사각형 테두리 만들기

사각형에 테두리를 넣겠습니다. 다음과 같이 Layer Style 창을 열어 흰색 테두리를 만드세요.

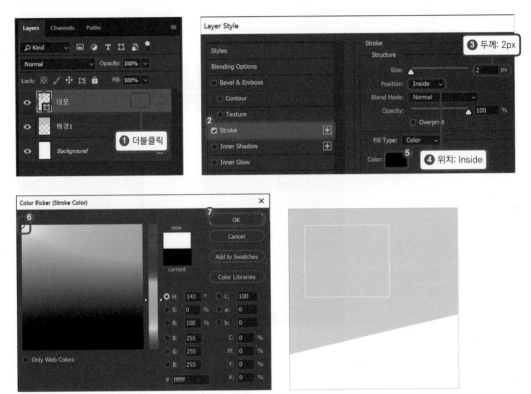

04 제목 글자 입력하기

테두리 안에 넣을 제목은 [글자 툴 T]로 입력합니다. 왼쪽 정렬하고 흰색 글자로 입력하세요.

05 Character 패널에서 제목을 대문자로 변경한 후, 다음과 같이 글꼴, 두께, 크기, 줄 간격, 자간, 세로 비율, 색상, 외곽선을 설정합니다.

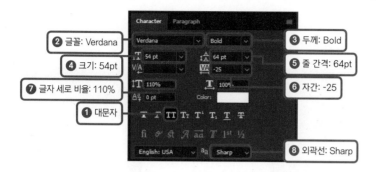

06 부제목 입력하기

같은 방법으로 '다양한 색상 선명한 발색력'이라는 부제목을 입력하세요.

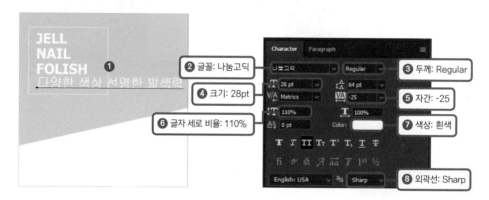

07 글자를 왼쪽 정렬하기

제목과 부제목을 왼쪽 정렬하고 원하는 위치로 이동합니다.

🔷 레이어가 선택된 상태에서 [이동 툴]을 선택하고 키보드의 방향키를 누르면 객체가 미세하게 이동합니다.

하면 된다! ⟩

상품 이미지로
이벤트 페이지
꾸미기

01 이미지 이동하기

이벤트 페이지와 관련된 이미지나 디자인 소스를 가져와 페이지를 꾸며 보겠습니다. 준비된 제품 이미지인 'm1.png' 파일을 열고 [이동 툴 ✛]로 이미지를 작업 화면으로 가져옵니다.

02 [Layer 1] 레이어의 이름을 [m1]로 변경하고 이미지를 사각형의 오른쪽에 배치합니다.

03 이미지가 페이지에 비해 조금 크네요. 다음과 같이 이미지의 크기를 적당히 줄이고
살짝 회전시킵니다.

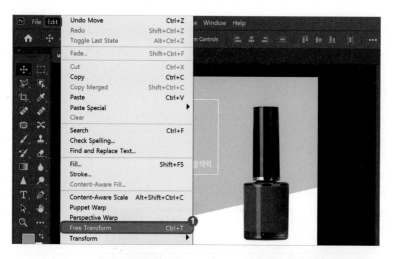

04 사각형과 겹치도록 적당한 위치에 배치한 후 Enter 를 누릅니다.

05 레이어 스타일로 그림자 효과 주기

그림자 효과를 주기 위해 [m1] 레이어에서 Layer Style 창을 엽니다. 객체에 그림자 효과를 주는 [Drop Shadow]를 클릭하고 다음과 같이 설정합니다.

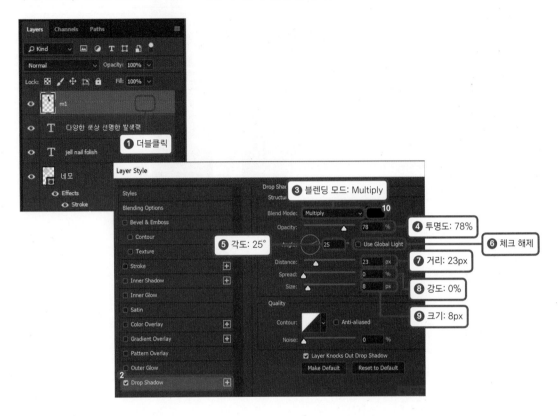

06 그림자의 색상은 매니큐어의 붉은 색을 반영해 [#3d0505]로 설정하고 그림자를 적용합니다.

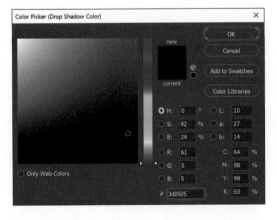

07 레이어 스타일 복사하기

같은 방법으로 'm2.png' 파일을 불러온 후 레이어의 이름을 [m2]로 변경합니다. 이미지의 크기를 조절하고 회전해 오른쪽에 배치합니다.

08
'm3.png' 파일도 불러와 레이어의 이름을 [m3]으로 변경합니다. 이미지 크기를 조절하고 회전해 왼쪽 글자 영역 아래에 배치합니다.

09
[m1] 레이어 스타일을 [m2] 레이어로 복사해 그림자를 적용합니다.

동일한 스타일의 그림자가 적용됐어요!

10 위와 같은 방법으로 [m3] 레이어에도 레이어 스타일을 복사합니다.

11 이미지 명도 보정하기

이미지가 어두운 느낌이 드네요. [m1] 레이어를 선택한 상태에서 다음과 같이 이미지 명도를 보정합니다.

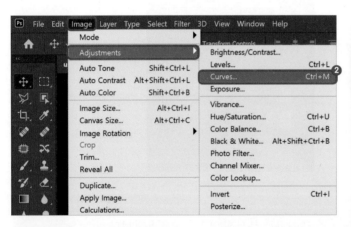

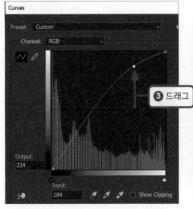
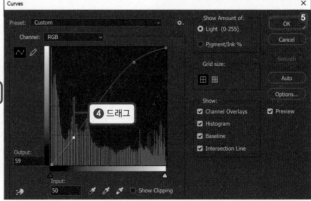

12 [m2] 레이어와 [m3] 레이어도 위와 같은 방법으로 보정하세요.

 →

하면 된다!♪

이벤트 문구
입력하기

01 글자 입력하기

이제 가장 중요한 '1+1' 문구를 입력하겠습니다. [글자 툴 **T**]
을 클릭하고 [왼쪽 정렬 **▤**]을 클릭하세요.

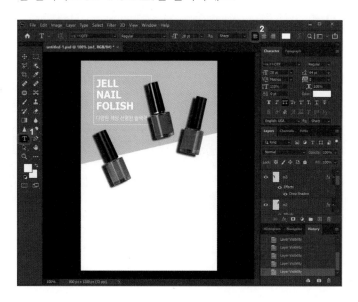

02 '1+1' 문구가 돋보이도록 색상은 매니큐어 중간을 클릭해 지정하세요.

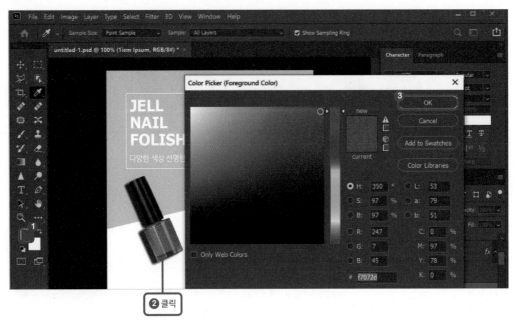

❷ 클릭

03 '1+1' 문구를 입력하고 글꼴, 자간 등을 설정합니다.

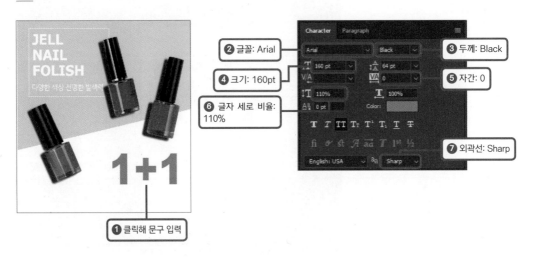

❷ 글꼴: Arial
❹ 크기: 160pt
❻ 글자 세로 비율: 110%
❸ 두께: Black
❺ 자간: 0
❼ 외곽선: Sharp
❶ 클릭해 문구 입력

04 하단 내용 부분 만들기

하단 내용은 앞에서 배웠던 기능의 반복입니다. 힌트를 참고해 직접 만들어 보세요!

❶ 'm2.png' 파일을 가져옵니다.

❷ 'm4.png' 파일을 가져옵니다.

❸ 사각형 위에 글자를 넣습니다.

❹ 글자를 입력하고 스타일을 지정합니다.

복습 | 50분 만에 만들어야 한다!

여러분이 원하는 이미지와 내용으로
이벤트 페이지를 만들어 보세요!

♔ 포토샵
디자인 능력자
인증 시험

축하합니다!
포토샵의 기본기부터 실무 프로젝트까지
무사히 마치셨습니다.
마지막으로 '디자인 능력자 인증 시험'으로
여러분의 실력을 확인해 보세요!

· 시험 시간: 90분

· 문제를 풀다가 막히면 힌트를 읽어 보세요.

· 결과물은 자유롭게 변형해도 됩니다.

포토샵 디자인 능력자 인증 시험

문제 1_ 다음 힌트를 참고해 사진을 보정해 보세요. 난이도 ★☆☆

• 준비 파일 포토샵 시험/cupcake.jpg

• 완성 파일 포토샵 시험/해답1.psd

힌트
1. [Image → Adjustments → Curves]를 선택해 명도와 대비를 조정합니다.
2. 레이어를 복사합니다.
3. [Image → Adjustments → Hue/Saturation]을 선택해 색상과 채도를 조정합니다.
4. 투명도를 넣은 [지우개 툴]로 복사한 레이어의 배경 부분을 삭제해 자연스러운 보정을 연출합니다.

문제 2_ 다음 힌트를 참고해 유튜브 섬네일을 완성하세요. 난이도 ★★☆

- 준비 파일 포토샵 시험/wine.jpg, hotel.jpg

- 완성 파일 포토샵 시험/해답2.psd

힌트
1. 새 파일을 만들고 배경 이미지 'hotel.jpg'를 가져옵니다.
2. 'wine.jpg' 파일을 열어 이미지를 추출합니다(누끼 따기).
3. 섬네일 문구를 입력합니다.
4. 레이어 스타일로 문구와 이미지에 테두리 효과를 적용합니다.

문제 3_ 다음 힌트를 참고해 카드 뉴스를 만 드세요. 난이도 ★★☆

- 준비 파일 포토샵 시험/food1.jpg, food2.jpg, food3.jpg

힌트

1. 가로 900px, 세로 900px로 설정하고 [Artboards] 부분 을 체크해 새 파일을 만듭니다.
2. 준비 파일에서 내용을 가져와 첫 번째 뉴스를 만듭니다.
3. 아트보드를 복사해 이어진 뉴스를 만듭니다.
4. 아트보드별로 JPEG 파일로 저장합니다.

- 완성 파일 포토샵 시험/해답3.psd

문제 4_ 다음 힌트를 참고해 돌잔치 모바일 초대장을 만드세요. [난이도 ★★★]

• 준비 파일 **포토샵 시험/baby.jpg, 잎.png**

• 완성 파일 **포토샵 시험/해답4.psd**

[힌트]
1. 가로 720px, 세로 720px, RGB 색상 모드로 새 파일을 만듭니다.
2. 둥근 사각형을 그리고 클리핑 마스크 기능으로 아기 사진을 넣습니다.
3. 제목에는 [나눔손글씨 펜] 글꼴을 사용합니다.
4. 배경은 기본 색상에 레이어 스타일로 효과를 줍니다.
5. [브러시 툴 ✏]로 볼 터치를 넣습니다.

준비 운동

포토샵
기본기 편

포토샵
실무 편

일러스트레이터
기본기 편

#직선 패스

SEOUL

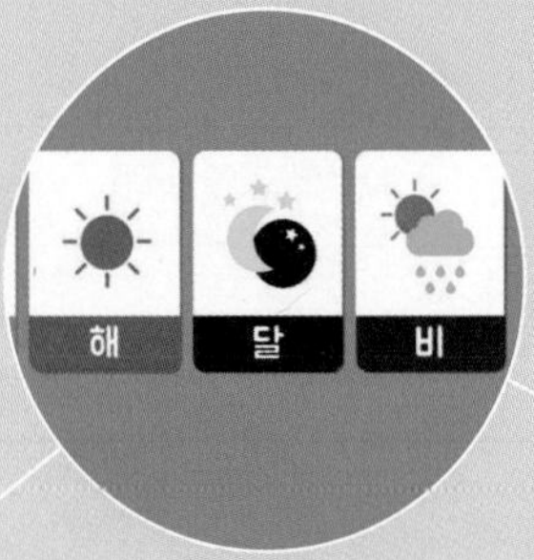

#아이콘

해 · 달 · 비

일러스트레이터
실무 편

포토샵 &
일러스트레이터 편

#스티커

LOVE

#곡선 패스

일러스트레이터 기본기 편

하루 1시간, 자주 쓰는 기능부터 끝내는 기초

1일차

실무자의 작업 방식대로
배우는 기본기

01-1

새 파일 만들기,
열기, 저장하기

일러스트레이터는 포토샵과 비슷하지만 다른 프로그램입니다. 새 파일을 만들고 저장하면서
포토샵과 다른 일러스트레이터의 기초 개념을 배워 보겠습니다.

하면 된다! ⟩

일러스트레이터
새 파일 만들기

01 새 파일 만들기

일러스트레이터에서 파일을 만드는 방법부터 차근차근 배워
보겠습니다. 시작 화면에서 [Create new]를 클릭합니다.

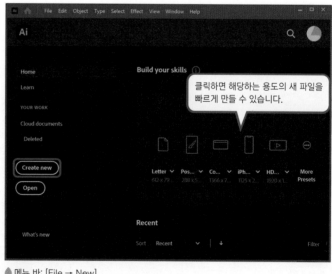

🔵 메뉴 바: [File → New]

🔵 단축키: Ctrl + N

02 작업할 파일의 정보를 입력하세요. [Print]를 누르고 [A4]를 선택하면 A4 용지 크기의 인쇄용 새 파일을 쉽게 만들 수 있습니다. [Create]를 누릅니다.

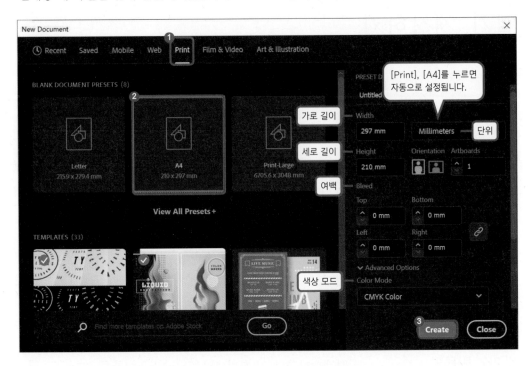

03 새 파일이 만들어졌습니다! 이 화면이 바로 앞으로 여러분이 작업하게 될 일러스트레이터 화면입니다.

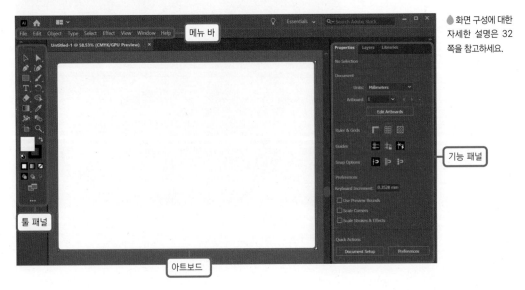

● 화면 구성에 대한 자세한 설명은 32쪽을 참고하세요.

04 최신 버전의 일러스트레이터 기본 화면에는 메뉴 바 아래에 컨트롤 패널이 없습니다. 만약 컨트롤 패널을 불러오고 싶다면 [Window → Control]을 누르세요.

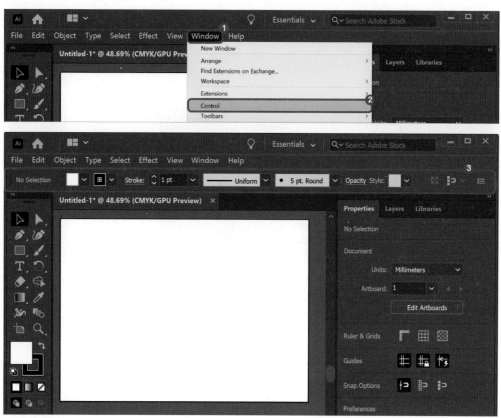

메뉴 바 아래에 컨트롤 패널이 나타난 모습

05 다시 [Window → Control]을 누르면 컨트롤 패널이 사라집니다. 이 책에서는 컨트롤 패널이 없는 기본 화면에서 진행합니다.

아트보드는 쉽게 말해 그림을 그리는 도화지와 같습니다. 하나의 아트보드에서 작업할 수도 있고 여러 장의 아트보드에서 작업할 수 있죠. 심지어 각각의 아트보드를 원하는 크기로 만들 수도 있습니다. 실무에서는 종종 아래와 같이 하나의 파일에 아트보드 여러 개를 만들어 작업하기도 합니다. 이렇게 작업하면 파일 여러 개를 여닫을 필요 없이 동시에 여러 크기로 작업할 수 있습니다.

여러 크기의 아트보드를 하나의 파일에서 작업한 모습

디자인 이론 **종이 판형**

작업물을 인쇄할 계획인가요? 쪽수가 많은 책이나 리플릿을 대량 생산할 계획이라면 파일의 가로 세로 길이부터 세심하게 정해야 합니다. 엄청 큰 종이인 전지를 결과물의 규격에 맞게 잘라 제작하기 때문입니다. 전지의 종류는 크게 국전지(A판형)와 사륙전지(B판형)가 있습니다. 이 종이를 몇 등분으로 자르느냐에 따라 A4, A3, B4, B5 등의 종이가 탄생합니다. 최대한 이 규격과 비슷한 크기로 만들면 제작비를 아낄 수 있고 재단 후 버려지는 종이도 줄어듭니다.

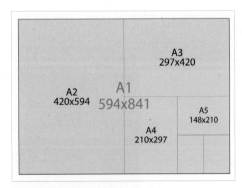

국전지(A판형, 636×939mm)

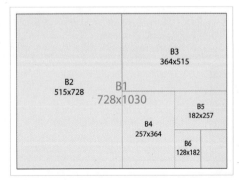

사륙전지(B판형, 788×1091mm)

일러스트레이터 파일 확장자

새 파일을 만들어 봤으니 저장하는 방법을 알아보겠습니다. 일러스트레이터에서 많이 사용하는 확장자를 먼저 살펴볼까요?

AI	일러스트레이터에서 작업한 내용 그대로 불러와 수정할 수 있습니다. '원본 파일'이라고도 부릅니다. 나중에 수정할 일이 생길 것 같다면 AI 파일로 저장하세요.	
JPEG	가장 많이 사용하는 사진 파일 형식입니다. 'JPG'라고 줄여 부르기도 합니다. 저장할 때 압축 정도를 설정할 수 있는데, 많이 압축할수록 화질은 떨어지지만 용량은 작아집니다.	
PNG	용량이 가볍고 배경이 투명한 파일로 저장할 때 사용합니다. 색상과 투명, 반투명을 지원하며 휴대용 기기 및 네트워크 환경에 최적화된 그림 파일이기 때문에 웹에서 사용할 이미지로 저장할 때 주로 선택합니다.	
PDF	어도비 사에서 만든 문서 작성용 파일 형식입니다. 어떤 운영체제에서든 원본의 글꼴, 이미지, 그래픽 등이 그대로 유지되기 때문에 인쇄소에 파일을 넘길 때 많이 사용합니다. 아크로뱃(Acrobat) 프로그램으로 PDF 파일을 열 수 있습니다.	
EPS	글꼴이나 그래픽 등을 출력용 정보로 변환하는 언어인 포스트스크립트(PostScript)를 이용한 파일 형식입니다. 고품질의 작업물을 다루기 좋으며 인쇄물 제작 파일을 인쇄소에 넘길 때 사용합니다. 종이 지면을 디자인하는 프로그램인 쿼크(Quark), 어도비 인디자인(Indesign), 페이지메이커(Pagemaker) 등에서 많이 사용합니다.	

일반적으로 AI 파일로 작업을 하다가 완성된 이미지를 웹에서 확인할 때는 JPEG 혹은 PNG 파일로 저장하고, 인쇄소에 넘길 때는 PDF 파일로 저장해서 사용합니다. 직접 파일을 열고 AI 파일과 JPEG 파일로 저장해 보겠습니다.

하면 된다!

파일 열고 AI 파일로 저장하기

준비 파일 01-1/파일열기.ai

01 파일 열기

일러스트레이터를 실행하면 나타나는 화면에서 [Open]을 누르세요.

🔵 메뉴 바: [File → Open]
🔵 단축키: Ctrl + O

02 팝업 창이 뜨면 예제 파일 '파일열기.ai' 파일을 찾아 엽니다.

03 다른 이름으로 저장하기

파일을 보존하기 위해 바로 저장해야 합니다. [File → Save As]를 선택합니다.

단축키: Ctrl + Shift + S

04 AI 파일로 저장하기

파일 이름을 입력하고 파일 형식은 [AI]를 선택합니다. [Save]를 클릭합니다.

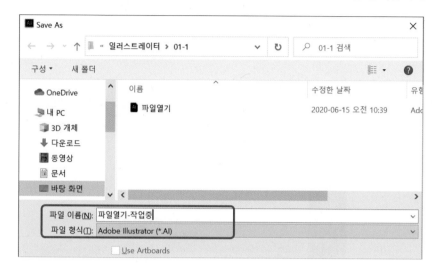

05
옵션 창이 나타납니다. [Version]
에는 최신 버전인 [Illustrator 2020]이 선
택되어 있으며, 하위 버전으로 저장할 수
도 있습니다.

상위 버전에서는 모든 버전에서 작업한
파일을 열 수 있습니다. 하지만 CC와 같
은 상위 버전에서 저장한 파일을 하위 버
전에서 열 때는 작업물이 제대로 열리지
않거나 손상될 수 있습니다. 따라서 인쇄
소 등 외부 컴퓨터와 연동해 작업할 때는
일러스트레이터 버전을 확인하고 그와 같
거나 낮은 버전으로 저장해야 합니다.
[OK]를 누르면 언제든지 수정할 수 있는
AI 파일로 저장됩니다.

💧 같은 CC 버전끼리는 CC 2020이든, CC 2019든 잘 연동
됩니다.

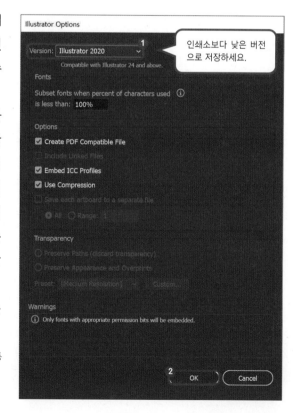

하면 된다!

JPEG 이미지 파일로
저장하기

01 일러스트레이터 프로그램이 설치되어 있지 않다면 AI 파일을 열 수 없습니다. 누구든 내용을 볼 수 있도록 JPEG 파일로 저장해 볼까요? 일러스트레이터에는 이미지 파일 형식으로 저장하는 메뉴가 따로 있습니다. [File → Export → Export As]를 선택합니다.

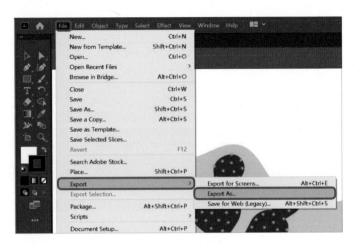

02 파일 이름을 입력하고 파일 형식으로 [JPEG]를 선택해 [Export]를 누르세요.

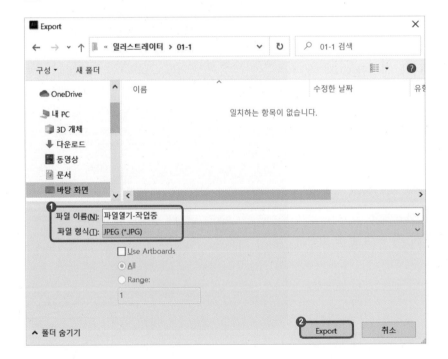

03 인쇄용 색상 모드인 [CMYK], 인쇄용 해상도인 [300ppi]로 설정한 후 [OK]를 눌러 저장합니다.

💧 CMYK 색상 모드와 해상도에 대한 설명은 포토샵 기본기 편 01-1을 참고하세요.

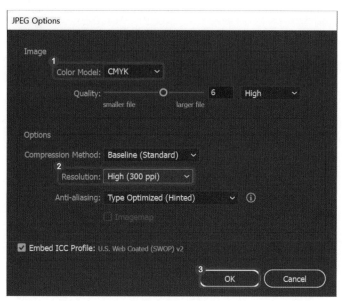

💧 옵션 값
- Quality(품질): 높은 품질을 선택할수록 파일 용량이 커집니다.
- Compression Method(압축 방법): 일반적으로 [Baseline(Standard)]을 선택합니다.
- Anti-aliasing(안티 에일리어싱): 이미지를 매끄럽게 표현해 주는 화면 처리 기법으로, 보통 글자에 맞게 최적화되도록 [Type Optimized(Hinted)]로 설정합니다.

04 JPEG 형식의 이미지 파일이 생성됐습니다.

01-2

아무리 확대해도 깨지지 않는 이미지, 벡터

디자인 이론 **비트맵과 벡터**

포토샵에서 만든 결과물은 픽셀로 이루어져서 많이 확대하면 계단 현상이 일어난다고 했던 것, 기억하나요? 이와 같은 이미지를 비트맵(Bitmap) 이미지라고 부릅니다. 반면 일러스트레이터에서 만든 결과물은 아무리 확대해도 깨지지 않습니다. 결과물이 수학적 곡선인 패스(Path)로 이루어지기 때문이죠. 이렇게 패스로 이루어진 이미지를 벡터(Vector) 이미지라고 부릅니다.

🔴 픽셀과 비트맵 이미지에 대한 자세한 설명은 포토샵 기본기 편 01-1을 참고하세요.

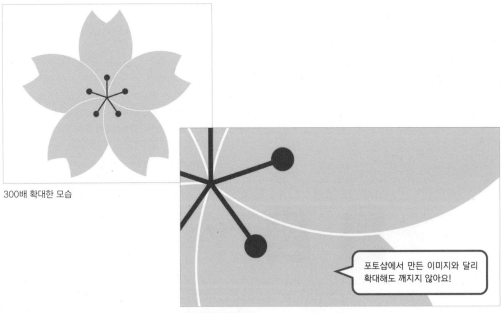

300배 확대한 모습

12,000배 확대한 모습

포토샵에서 만든 이미지와 달리 확대해도 깨지지 않아요!

디자인 이론 패스

그렇다면 패스는 무엇일까요? 쉽게 말해 '일러스트레이터에서 그린 선'입니다. 점과 점 사이를 수학적으로 계산해 만든 결과물이죠. 아무리 화면을 확대해도 선을 이루는 점과 방향이 변하지 않기 때문에 비트맵 이미지처럼 깨지지 않습니다. 이러한 수학적 곡선을 정확하게는 베지어 곡선(Bezier Curve)이라고 부릅니다.

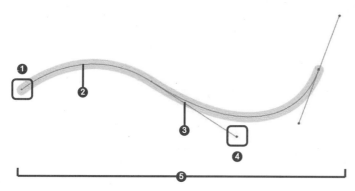

❶ **기준점(Anchor Point):** 좌표를 가진 점으로, 선을 이루는 기준이 됩니다.

❷ **세그먼트(Segment):** 점과 점 사이를 연결하는 선입니다.

❸ **방향 선(Direction Line):** 곡선의 방향을 조절하는 선입니다. 패스를 원하는 모양으로 제어할 수 있습니다.

❹ **방향 점(Direction Point):** 방향 선의 끝점을 말하며, 곡선의 각도와 형태를 조절할 수 있습니다.

❺ **패스(Path):** 여러 개의 세그먼트가 연결돼 패스를 이룹니다.

패스는 이렇게 기준점, 방향 선, 방향 점으로 이뤄져 있습니다. 또한 패스의 시작점과 끝점이 같아서 닫힌 패스를 객체(Object)라고 부릅니다. 앞으로 일러스트레이터로 만드는 모든 결과물은 이렇게 패스나 객체로 이루어진다고 생각하면 됩니다.

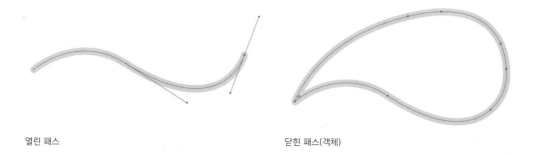

열린 패스   닫힌 패스(객체)

[선택 툴 ▶]과 [직접 선택 툴 ▶]

일러스트레이터의 툴 패널을 보면 비슷하게 생긴 화살표 아이콘 두 개가 보입니다. 이는 각각 [선택 툴 ▶]과 [직접 선택 툴 ▶]입니다. 둘 다 '선택하는' 기능이지만 특성이 조금씩 다릅니다.

[선택 툴 ▶]은 객체 전체를 선택할 때 사용합니다. [선택 툴 ▶]을 누르고 무언가 클릭하면 객체가 한 번에 선택되죠. 이때 객체 주변에 사각형 선택 영역이 나타나는데 이것을 바운딩 박스라고 합니다. [선택 툴 ▶]은 객체를 한 번에 이동하거나 복사할 때, 삭제할 때 주로 사용합니다.

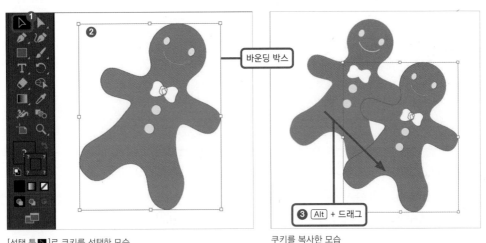

[선택 툴 ▶]로 쿠키를 선택한 모습

🌢 바운딩 박스가 보이지 않는다면 Ctrl + Shift + B 를 누르세요.

쿠키를 복사한 모습

[직접 선택 툴 ▶]로는 그룹 안에 있는 일부 객체나 패스의 기준점 하나하나를 선택합니다. 기준점을 이동해 모양을 변형할 때 주로 사용합니다.

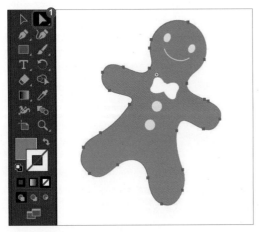

[직접 선택 툴 ▶]로 쿠키를 선택한 모습

쿠키를 변형한 모습

화면 확대해
패스 확인하기

준비 파일 01-2/패스.ai
완성 파일 01-2/패스_수정.ai

01 파일 열기

패스로 그린 객체가 정말 아무리 확대해도 깨지지 않는지 확인해 볼까요? [File → Open]을 선택하고 '패스.ai' 파일을 여세요. 와인과 와인 잔이 패스로 그려져 있습니다.

02 화면 확대하기

Ctrl + + 를 누르거나 Alt 를 누른 채 마우스 휠을 위로 굴려 확대해 보세요. 아무리 확대해도 도형이 매끈한 선으로 보이는 것을 확인할 수 있습니다.

03 확인했다면 Ctrl + 1 을 눌러 100% 크기로 돌아가세요.

04 [선택 툴 ▶]로 이동하기

이번엔 [선택 툴 ▶]을 누르고 와인 잔을 드래그해 선택하세요. 와인 잔에 바운딩 박스가 나타납니다. 이 상태에서 마우스 왼쪽 버튼으로 와인 잔을 누른 채 자유롭게 드래그해 보세요. 마우스가 가는 위치로 와인 잔이 이동합니다.

🌢 여러 개의 객체를 선택하려면 Shift 를 누른 채 각 객체를 클릭합니다.

05 Ctrl + Z 를 눌러 처음 상태로 되돌아가세요.

06 [직접 선택 툴 ▶]로 변형하기

[직접 선택 툴 ▶]로 다시 와인 잔 윗부분을 드래그해 선택하세요. 드래그한 영역에 포함된 기준점들이 파란색으로 바뀌며 선택됩니다. 그대로 와인 잔 윗부분을 마우스 왼쪽 버튼으로 누른 채 위로 올려 보세요. 와인 잔 손잡이 부분이 길어지는 게 보이나요? 원하는 위치에 왔을 때 마우스에서 손을 떼세요.

🔵 Shift 를 누른 채 드래그하면 정확히 수직 방향으로 변형됩니다.

지금까지 일러스트레이터의 핵심인 패스와 [선택 툴 ▶], [직접 선택 툴 ▶]을 배워 보았습니다. 앞으로도 자주 사용하는 툴이니 꼭 기억하고 넘어가세요!

01-3

색상 선택하기,
색상 바꾸기

채색의 세 종류 — 면 색/선 색/비활성화

그림을 그릴 때 보통 연필로 스케치하고 물감이나 색연필로 색을 칠하죠? 이와
같이 일러스트레이터에서는 선으로 표현되는 부분은 선 색, 면적이 있는 부분은
면 색으로 색을 지정합니다. 또한 아무 색상도 지정하지 않는 비활성화 상태로도
만들 수 있습니다.

툴 패널의 가장 아래쪽을 보면 색이 꽉 찬 사각형이 [면 색], 속이 뚫린 사각형
이 [선 색], 빨간색 대각선이 그려진 사각형이 [비활성화] 표시입니다. [면 색]과
[선 색] 부분을 클릭하면 색상을 선택하도록 Color 패널이 나타나며, [비활성화]
를 클릭하면 바로 색상이 사라집니다.

면 색: 빨간색 / 선 색: 비활성화

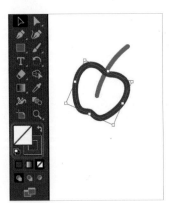

면 색: 비활성화 / 선 색: 빨간색

면 색: 빨간색 / 선 색: 짙은 빨강색

색상 지정할 때 포토샵과 일러스트레이터의 차이

일러스트레이터의 색은 면 색과 선 색으로 이뤄져 있습니다. 포토샵과 비슷한 듯 다르니 비교해 기억해 두세요.

일러스트레이터	포토샵
❶ 면 색 ❷ 선 색 ❸ 면 색과 선 색 바꾸기 ❹ 기본색: 흰색 면 색 + 검은색 선 색	❶ 전경색 ❷ 배경색 ❸ 전경색과 배경색 바꾸기 ❹ 기본색: 검은색 전경색 + 흰색 배경색

Color 패널 / Swatches 패널

일러스트레이터에서는 보통 CMYK 색상 모드로 색상을 지정합니다. 툴 패널의 [면 색] 또는 [선 색] 부분을 누르면 Color 패널이 나타나는데 여기서 C, M, Y, K의 농도를 조절해서 색상을 만들 수 있습니다.

💧 CMYK에 대한 자세한 설명은 47쪽을 참고하세요.

흰색 C: 0, M: 0, Y: 0, K: 0

빨간색 C: 27, M: 100, Y: 82, K: 0

검은색 C: 0, M: 0, Y: 0, K: 100

색상을 스스로 만드는 게 힘들다면 일러스트레이터에서 미리 지정해 둔 색상을 사용해도 됩니다. [Window → Swatches]를 누르면 나타나는 Swatches 패널에는 자주 사용하는 색상이 저장되어 있습니다.

Swatches 패널 왼쪽 아랫부분의 [라이브러리 🔳] 아이콘을 누르면 다양한 주제의 색상도 불러올 수 있습니다.

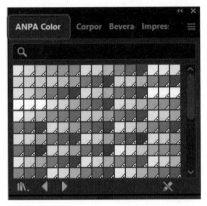

Swatches 패널의 [라이브러리]로 꺼낸 색상 모음

하면 된다! ▷

자주 사용하는 툴,
패널 꺼내기

준비 파일 01-3/케이크.ai
완성 파일 01-3/케이크_색상변경.ai

작업 과정을 유튜브
영상으로 살펴보세요~

01 색상을 지정할 때 자주 사용하는 Swatches 패널과 [마술봉 툴 🪄]을 꺼내 보겠습니다. [File → Open]으로 '케이크.ai' 파일을 여세요.

02 Swatches 패널 꺼내기

먼저 Swatches 패널부터 꺼내겠습니다. 메뉴 바의 [Window → Swatches]를 누르세요.

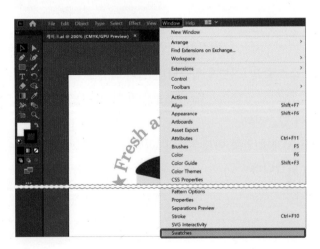

03

Swatches 패널이 열립니다. 자주 사용할 테니 오른쪽 기능 패널 아래쪽으로 드래그해 고정하세요.

패널 이름의 위쪽 빈 곳을 클릭하면서 드래그해야 패널이 움직입니다.

❶ 드래그

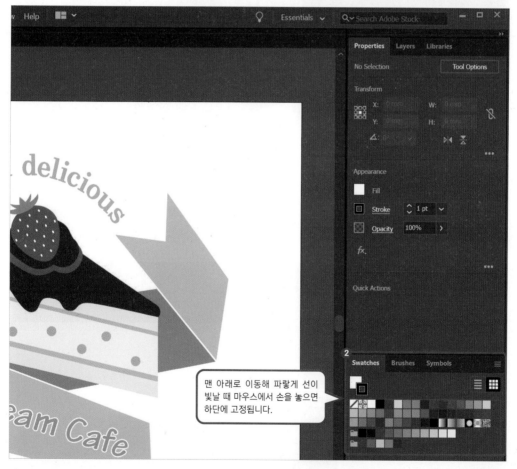

맨 아래로 이동해 파랗게 선이 빛날 때 마우스에서 손을 놓으면 하단에 고정됩니다.

04 [마술봉 툴 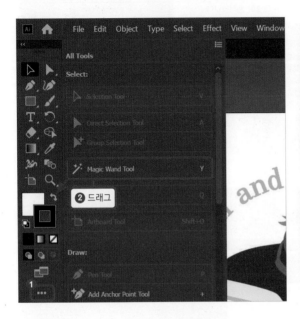] 꺼내기

이번엔 툴 패널의 가장 아래쪽 ■■을 누르세요. 숨겨진 툴 목록이 나타납니다. [마술봉 툴]
을 찾아 왼쪽 툴 패널로 드래그해 꺼내 놓습니다.

하면 된다!〉

면 색, 선 색 바꾸기

01 [선택 툴]로 선택하기

준비를 마쳤으니 케이크의 색상을 바꿔 볼까요? [선택 툴]
을 누르고 케이크의 가운데 부분을 클릭하세요.

02 면 색 변경하기

Swatches 패널에서 앞쪽 [면 색]을 클릭하고 [귤색]을 선택해 보세요. 면 색이 귤색으로 바뀝니다.

03 [마술봉 툴 ✦]로 선택하기

이번엔 [마술봉 툴 ✦]을 누르고 파란색 리본을 클릭해 보세요. 하나만 클릭했을 뿐인데 다른 하늘색 부분까지 모두 선택됩니다!

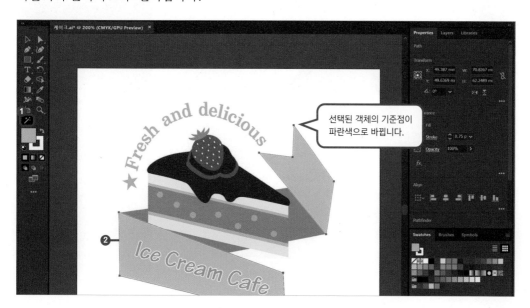

04 선 색 변경하기

Swatches 패널에서 [선 색]을 클릭한 후 [검은색]을 눌러 보세요. 선 색에 검은색이 들어갑니다.

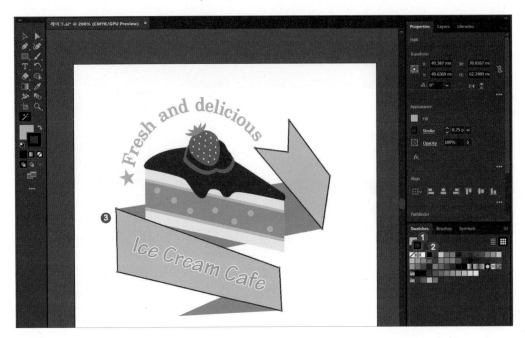

05 리본의 뒷부분도 같은 방법으로 선택해 선 색을 [검은색]으로 바꾸세요.

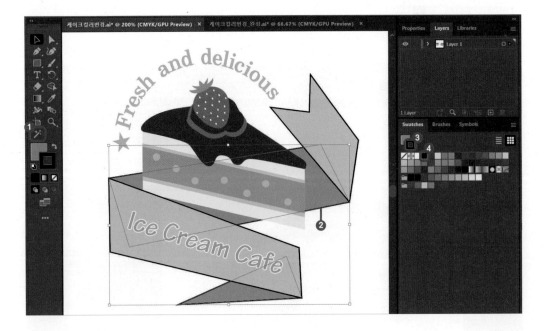

연필로 선을 그리듯
패스 그리기

객체 확대·축소·회전,
숨기기·잠그기

크리스마스 트리에 장식을 달면서 객체를 선택, 이동, 확대, 축소, 회전하는 기능을 익혀 보겠습니다. 그럼 시작해 볼까요?

하면 된다! }

[선택 툴▶]로 트리에 장식 꾸미기

준비 파일 02-1/트리_준비.ai
완성 파일 02-1/트리_완성.ai

01 [선택 툴▶]로 별 장식 선택하기

[File → Open]을 선택하고 '트리_준비.ai' 파일을 여세요. [선택 툴▶]로 왼쪽에 있는 트리 장식을 선택해 오른쪽 트리로 이동해 보겠습니다.

02

여러 객체를 선택하려면 Shift 를 누른 채 하나씩 객체를 클릭하거나 드래그해서 선택합니다. 그런 다음 트리 위에 올려놓아 장식합니다.

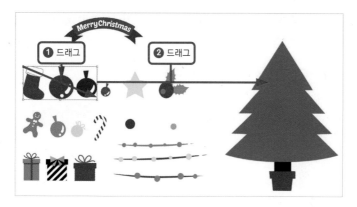

03 객체 복사하기

이번에는 [선택 툴 ▶]을 누르고 별을 선택한 후 Alt 를 누른 상태에서 크리스마스 트리 위로 드래그하세요. 별이 트리 위로 복사됩니다.

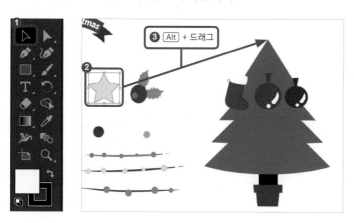

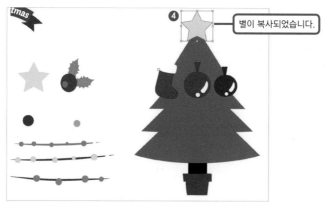

하면 된다! ♪

트리 장식 크기
조절하고 회전하기
— 확대·축소·
회전하기

01 객체 축소하기

[선택 툴 ▶]로 열매를 선택하고 바운딩 박스의 모서리를 안쪽
으로 드래그해 크기를 축소해 보세요. 이때 Shift 를 누른 채
드래그해야 같은 비율로 확대 혹은 축소됩니다.

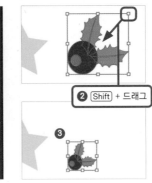

02 객체 확대하기

[선택 툴 ▶]로 선물 상자를 선택하고 바운딩 박스의 모서리를 Shift 를 누른 채 바깥쪽으로 드
래그해 크기를 확대하세요.

03 비율로 빨간색 양말 크기 축소하기

이번엔 정확한 비율로 축소해 보겠습니다. 비율을 지정하려면 [스케일 툴]을 사용해야 하는데 아이콘이 숨겨져 있습니다. [회전 툴]을 길게 클릭해 [스케일 툴]을 클릭하세요.

04 이제 [선택 툴]로 빨간색 양말을 선택한 후 [스케일 툴]을 더블클릭합니다.

 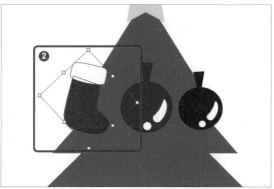

05 팝업 창이 뜨면 축소할 비율인 [70%]를 입력하고 [OK]를 누르세요. 양말의 크기가 줄어듭니다.

💧 확대할 때는 100% 이상으로 수치를 입력해야 합니다.

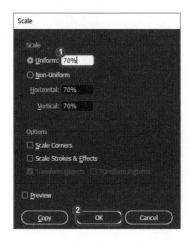 

06 전구 장식 회전하기

이번에는 전구 장식을 배치하고 회전해 보겠습니다. [선택 툴 ▶]로 전구 장식을 선택합니다. 마우스 커서가 회전 모양일 때 드래그하면 장식이 회전합니다. 원하는 방향으로 회전해 보세요.

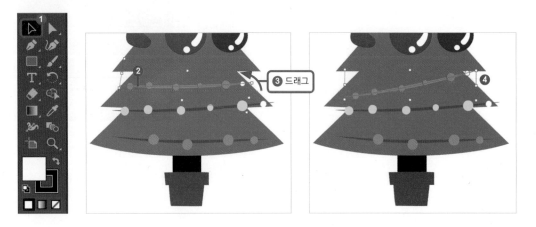

07

진저 쿠키도 트리에 배치한 후 이번에는 [회전 툴 ↻]을 이용해 회전해 보겠습니다. [선택 툴 ▶]로 진저 쿠키를 선택한 후 [회전 툴 ↻]을 더블클릭합니다. 팝업 창에서 [50°]를 입력하고 [OK]를 누르면 지정한 각도대로 회전합니다.

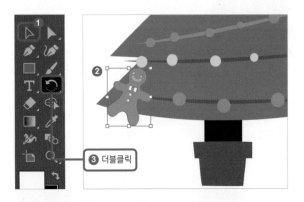

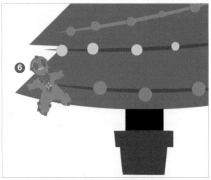

💧 [Copy]를 누르면 객체가 회전하면서 복사됩니다.

08 배운 내용을 떠올리며 크리스마스 트리를 자유롭게 완성해 보세요.

하면 된다!

트리 장식
잠그고 숨기기

01 크리스마스 트리 잠그기/잠금 해제하기

장식을 수정하는데 자꾸 트리가 선택돼 불편한가요? 트리가
선택되지 않도록 잠가 보겠습니다. [선택 툴 ▶]로 트리를 선
택한 후 [Object → Lock → Selection]을 클릭하면 더 이상
선택되지 않습니다.

💧 잠금 단축키: Ctrl + 2

💧 잠금 해제 단축키: Ctrl +
Alt + 2

02 전구 장식 숨기기

이번엔 전구 장식을 숨겨 보겠습니다. 트리의 아래에 있는 전구 줄 3개를 Shift 를 누른 채 하나씩 클릭해 선택한 후 [Object → Hide → Selection]을 클릭하면 전구 장식이 사라집니다.

🌢 숨기기 단축키: Ctrl + 3
🌢 모두 보이기 단축키: Ctrl + Alt + 3

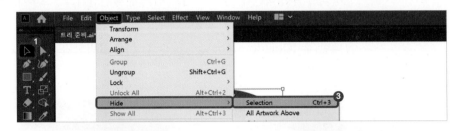

03 Ctrl + Alt + 3 을 누르면 전구 장식이 다시 나타납니다.

02-2

직선, 사선, 수직선 패스 그리기

준비 파일 02-2/패스_준비.ai   완성 파일 02-2/패스_완성.ai

오늘 배울 기능	하나, 직선 패스 그리기 수직선/사선 패스 그리기	둘, 곡선 패스 그리기	셋, 닫힌 패스 만들기 패스 색상 바꾸기
	· [펜 툴 🖊]		· 🖼 [스포이트 툴 🖊]

패스를 만드는 [펜 툴 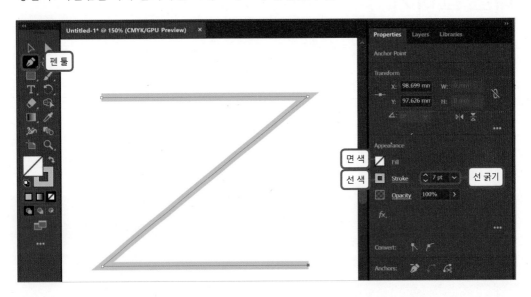]

패스는 툴 패널의 [펜 툴 🖋]로 만듭니다. [펜 툴 🖋]을 클릭하고 면 색, 선 색, 선 굵기 등을 설정한 후 기준점을 콕콕 클릭하면 그대로 패스가 생성됩니다.

이때 Shift 를 누른 채 기준점을 클릭하면 정확한 수직선, 수평선, 사선을 그릴 수 있습니다. 또한 기준점을 클릭하는 동시에 드래그하면 곡선을 그릴 수 있습니다.

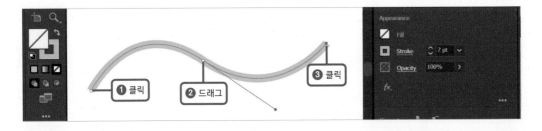

만약 패스를 잘못 그렸거나 패스 그리기를 마치고 싶다면 다음 방법을 사용하면 됩니다.

패스를 잘못 그렸을 때	패스 그리기를 마치고 싶을 때
• Ctrl + Z: 한 단계 전으로 이동하며 패스를 다시 그릴 수 있습니다. • Backspace: 한 단계 전으로 이동하며 패스가 끊깁니다. 이어서 그리고 싶다면 마지막 기준점을 다시 클릭합니다.	• Enter 또는 Esc 클릭 • Ctrl 누른 채 빈 곳 클릭 • [선택 툴 ▶] 클릭

하면 된다!♪

남산타워
따라 그리기

01

패스 그리기, 어렵지 않습니다. [펜 툴 ✏]로 시작점을 클릭한 후 원하는 위치를 연이어 클릭하면 점과 점이 연결돼 선이 됩니다. [File → Open]을 눌러 준비 파일 '패스_준비.ai' 를 여세요.

02 [펜 툴 ✏] 설정하기

[펜 툴 ✏]을 클릭한 후 오른쪽 기능 패널에서 면 색은 [비활성화], 선 색은 [검은색], 선 굵기는 [3pt]로 설정합니다.

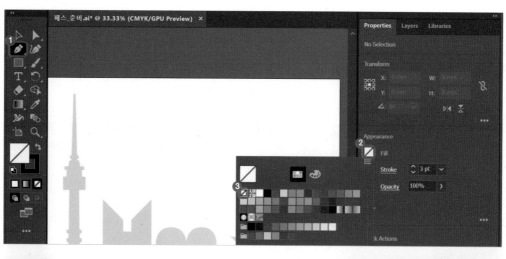

03 시작점 클릭하고 패스 그리기

마우스 커서를 남산타워 아래쪽으로 옮기고 [Alt]를 누른 채 마우스 휠을 위로 드래그해 화면을 확대하세요. 화면 크기와 위치가 아래와 같이 되었다면 왼쪽 아랫부분부터 클릭해 패스 그리기를 시작하세요.

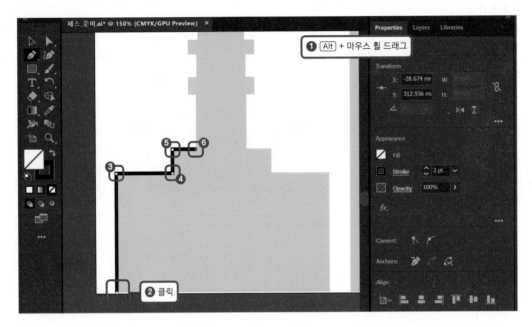

04

외곽선을 따라 기준점을 클릭하다 보면 남산타워가 화면을 벗어날 거예요. [Spacebar]를 누른 채 화면을 드래그하면 [펜 툴 🖊]을 사용하던 중에도 화면을 이동할 수 있습니다. 이어서 기준점을 클릭하며 패스를 그리세요.

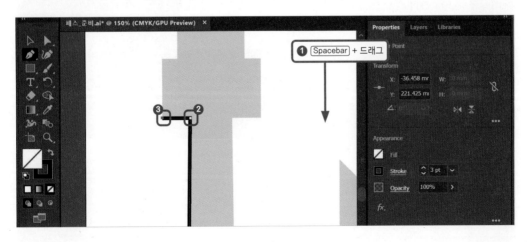

05 만약 기준점을 잘못 클릭했다면 [Ctrl] + [Z]를 눌러 실행을 취소하면서 계속 패스를 그립니다.

06 패스를 모두 그렸다면 [Enter]를 눌러 패스 그리기를 마치세요.

하면 된다! ♪

빌딩
따라 그리기

01 [펜 툴 ✒]로 클릭만 해도 패스를 손쉽게 그릴 수 있지만, 확대해 보면 자로 잰 것처럼 똑바로 그려지진 않았습니다. 이번에는 수직선, 수평선을 그리는 방법을 익혀 보겠습니다. [Spacebar]를 누른 채 화면을 드래그해 다음 건물로 이동하세요.

02 [펜 툴 ✒]로 시작점을 클릭한 후 [Shift]를 누른 채 마우스를 움직여 보세요. 45°와 90° 단위로 빨간색 선이 움직이는 게 보일 것입니다. 방향을 잡고 기준점을 클릭하면 자로 잰 듯이 정확한 수직선을 그릴 수 있습니다.

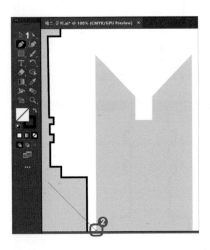

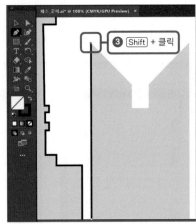

03 같은 방법으로 [Shift]를 누른 채 기준점을 클릭해 45° 사선과 수직선, 수평선도 그리세요.

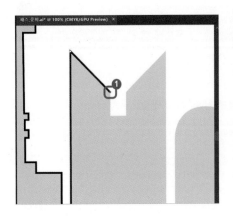

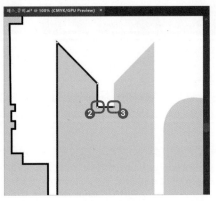

04 빌딩을 완성하고 마지막으로 [Enter]를 누르면 패스 그리기가 종료됩니다.

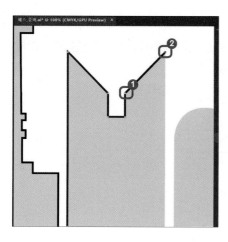

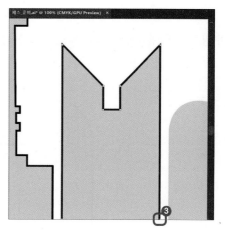

④ [Enter]

하면 된다!⟩

**둥근 쌍둥이 빌딩
따라 그리기**

01 직선과 사선은 [Shift]만 누르면 잘 그릴 수 있지만, 곡선을 자유자재로 다루려면 충분한 연습이 필요합니다. 단순한 곡선부터 연습해 보겠습니다. [Spacebar]를 누른 채 화면을 드래그해 다음 건물로 이동하세요.

02 수직선 그리기

앞서 배웠던 것을 떠올리면서 [펜 툴 🖋]로 곡선이 시작하는 점까지 수직선을 그리세요.

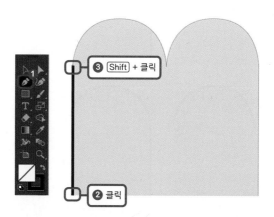

❸ [Shift] + 클릭

❷ 클릭

03 직선에서 곡선으로 이어 그리기

이제 곡선을 그릴 차례입니다. 곡선은 곡선의 중앙 부분을 그냥 클릭하는 게 아니라 드래그해야 합니다. 수평으로 드래그하다 보면 파란색 곡선이 나타나는데, 이 선이 둥근 원 모양과 일치할 때 마우스 버튼에서 손을 뗍니다.

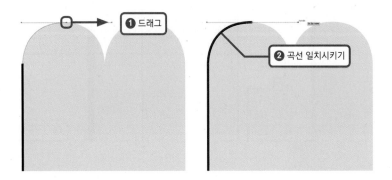

04 곡선이 끝나는 지점 클릭하기

다음에 그려야 할 부분은 또 다른 곡선이네요. 곡선 부분이 끝나는 지점인 움푹 들어간 점을 클릭합니다. 이어서 곡선과 직선을 그리고 Enter 를 눌러 완성하세요.

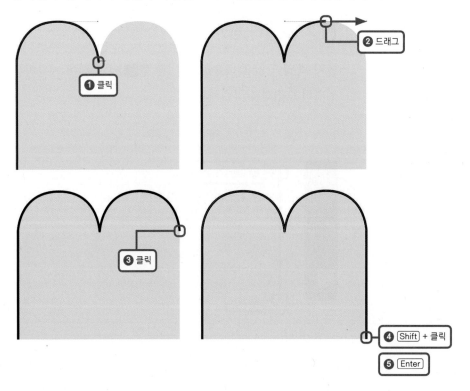

하면 된다! ♪

광화문 따라 그리기
– 직선에서 곡선으로
이어 그리기

01 직선에서 곡선으로 연결해 그리기

이번에는 직선에서 곡선을 연결해 그려 보고, 패스의 시작점과 끝점을 연결해 닫힌 패스를 만들어 보겠습니다. [펜 툴 ✏️]을 누르고 다음과 같이 클릭하면서 직선을 그리세요.

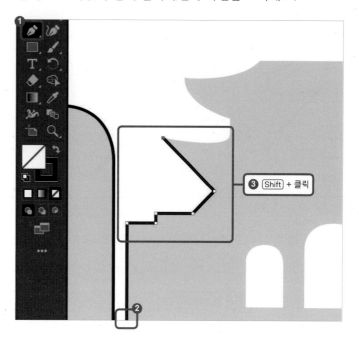

02

지붕 곡선은 곡선으로 그려야겠죠? 드래그하면서 클릭해 곡선을 그립니다. 안쪽으로 움푹 들어간 부분은 그냥 클릭하고, 이어서 기와지붕의 모양이 꺾이는 부분은 드래그해 곡선으로 그립니다.

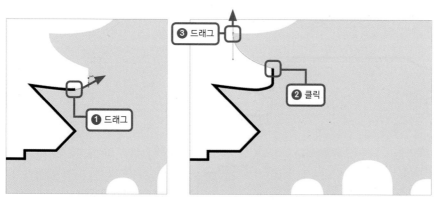

03 방향 선 삭제하고 곡선 다시 그리기

곡선의 방향을 바꿔 그릴 때는 방향 선 한쪽을 삭제하고 그려야 합니다. 방향 선을 삭제할 기준점인 기와의 끝점에 마우스를 올려놓으면 🖊️ 아이콘이 나타납니다. 이때 클릭하면 양쪽으로 뻗어 있던 방향 선 중 한쪽이 삭제됩니다.

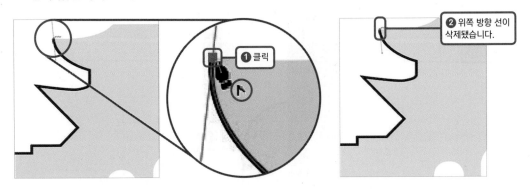

① 클릭

② 위쪽 방향 선이 삭제됐습니다.

04 이제부터는 배운 내용의 반복입니다. 다음과 같이 곡선을 그리고, 방향 선을 삭제하면서 광화문의 오른쪽도 그립니다.

① 드래그

② 클릭해 방향 선 삭제

③

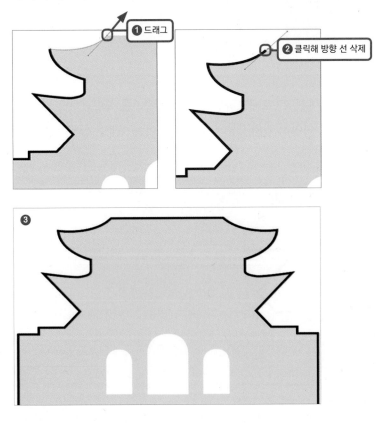

05 닫힌 패스 만들기

아래쪽 작은 둥근 문 3개는 시작점과 끝점이 만나는 닫힌 패스로 그려야 합니다. 앞에서 배운 방법과 동일하게 패스를 그리세요. 끝점은 시작점 부분에 마우스 커서를 올려놓고 █ 아이콘으로 표시됐을 때 클릭하세요. 패스가 연결되면서 닫힙니다.

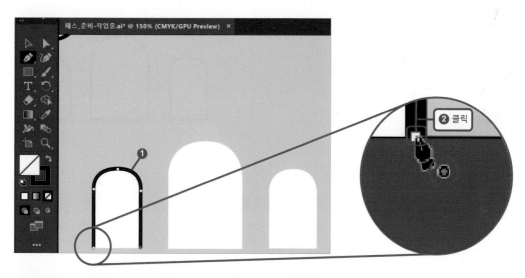

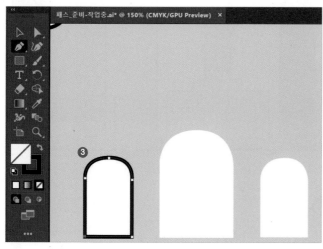

06 나머지 문도 같은 방법으로 그립니다.

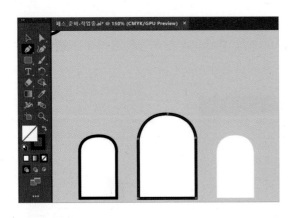
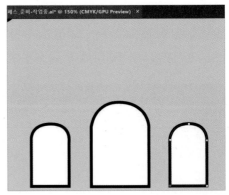

하면 된다!♪

패스 색상 바꾸기

01 패스에 면 색을 넣기 위해 먼저 닫힌 패스로 만들어야 합니다. [펜 툴 ✏]을 누르고 두 끝점을 클릭해 닫힌 패스로 만듭니다.

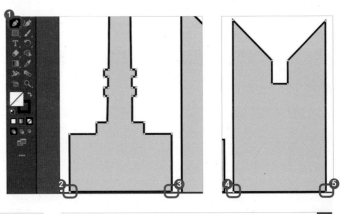

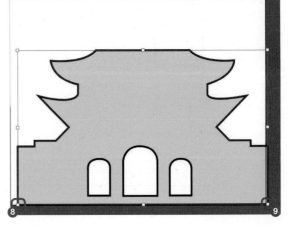

02

[선택 툴 ▶]로 남산타워를 선택한 후 면 색을 [C: 5, M: 7, Y: 90, K: 0]으로 설정합니다.

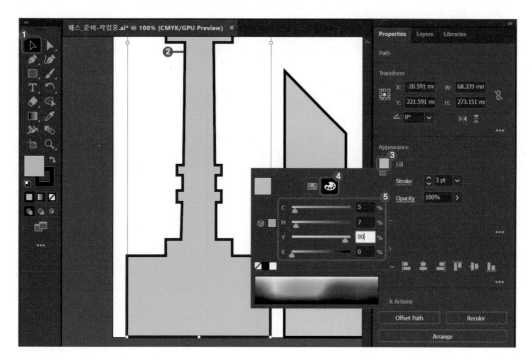

03

선 색은 [비활성화]로 설정합니다.

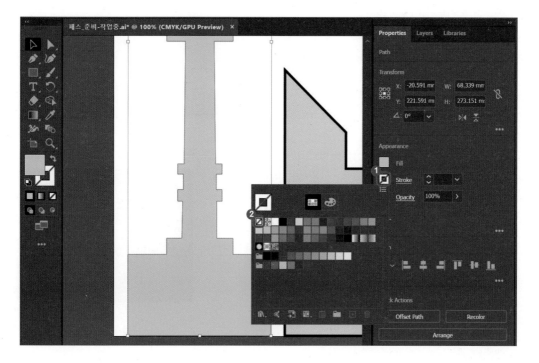

04
나머지 빌딩의 색상은 간단히 바꿀 수 있습니다. [선택 툴 ▶]로 빌딩을 선택하고 [스포이트 툴 ✎]을 누른 다음 남산타워를 클릭하세요. 한 번에 면 색과 선 색이 바뀝니다.

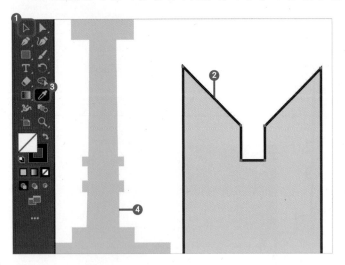
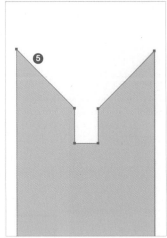

05
둥근 쌍둥이 빌딩과 광화문도 같은 방법으로 색상을 바꿉니다.

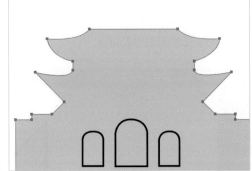

06
Layers 패널에서 [Layer 3]의 [눈 아이콘 👁]을 누르면 배경이 나타납니다.

07

광화문 안쪽 문은 배경 색상을 넣으면 좋겠네요. [선택 툴▶]로 (Shift)를 누른 채 문 3
개를 선택하고 [스포이트 툴✎]로 배경을 클릭합니다.

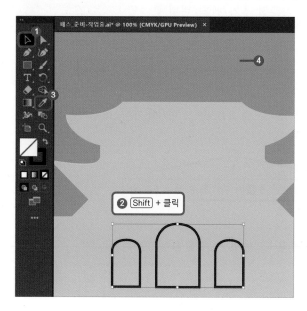

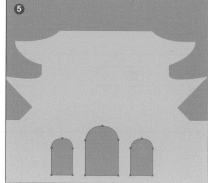

08

직선, 수직선, 곡선 패스 그리기를 모두
마쳤습니다.

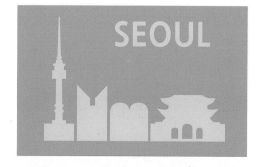

복습 | 10분 만에 만들어야 한다!

[펜 툴✎]과 면 색, 선 색을 사용해
다음과 같이 선으로 된 서울의 명소
를 표현해 보세요.

준비 파일 02-2/패스미션.ai
완성 파일 02-2/패스미션_완성.ai

[펜 툴]과 함께 쓰는 숨은 기능

툴 패널에서 [펜 툴] 아이콘을 길게 누르면 숨은 툴들이 나타납니다. 패스를 수정할 때 유용하게 사용하는 기준점 추가/삭제/변형 툴을 살펴보겠습니다.

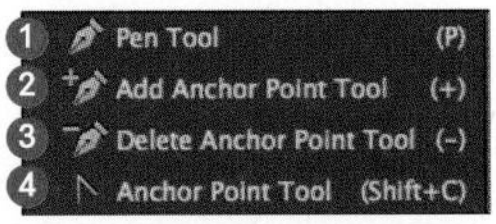

❶ **펜 툴**: 패스를 그리는 기본 툴입니다.

❷ **기준점 추가 툴**: [기준점 추가 툴]을 선택한 후 패스를 클릭하면 그 위치에 기준점이 추가됩니다.

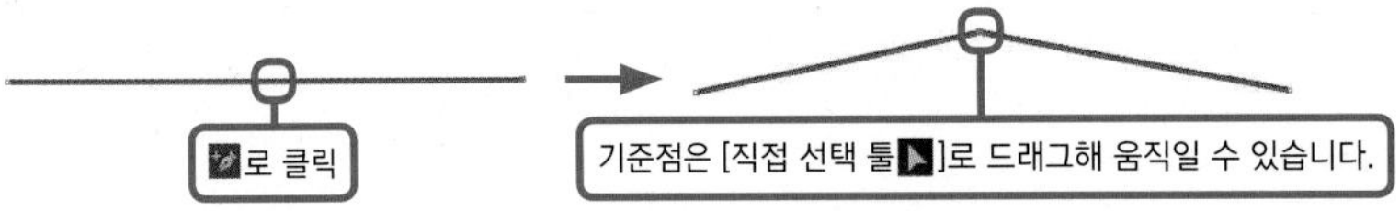

❸ **기준점 삭제 툴**: [기준점 삭제 툴]을 선택한 후 패스에서 기준점을 클릭하면 삭제됩니다.

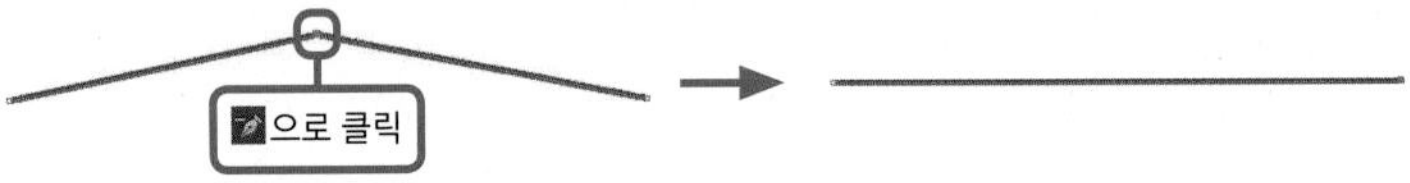

❹ **기준점 변형 툴**: 기준점의 방향이나 속성을 변형하는 툴입니다. 직선을 곡선으로 변형할 때나 곡선을 직선으로 변형할 때 사용합니다.

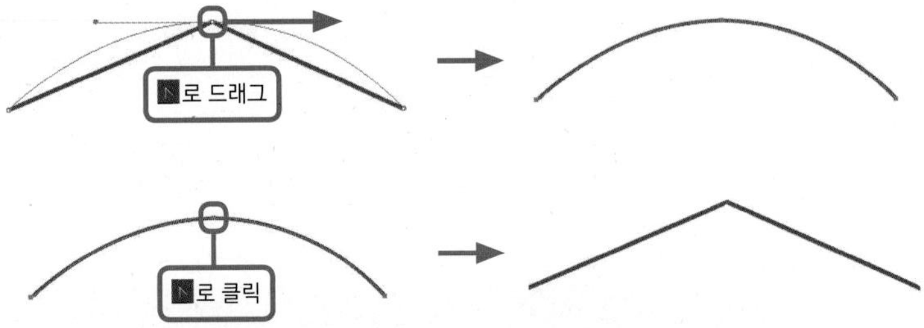

기능 사전

단축키로 [펜 툴]의 숨은 기능을 사용하는 방법

- [펜 툴] 상태에서 Alt를 눌러 보세요. [기준점 변형 툴]이 실행됩니다.
- [펜 툴] 상태에서 Ctrl을 눌러 보세요. [직접 선택 툴]이 실행됩니다. 기준점을 변형할 때 [직접 선택 툴]을 쓰기 때문이죠. 패스를 그리다가 수정하고 싶으면 Ctrl을 누른 채 수정하세요.

한층 더 자유로운
패스 그리기

03-1

곡선 패스
그리기

준비 파일 03-1/벚꽃_준비.ai 완성 파일 03-1/벚꽃_완성.ai

오늘 배울 기능	하나, 꽃잎 절반 그리기 안내선, 눈금자 활용법	둘, 좌우 반전해 꽃잎 그리기 색상, 선 두께 설정하기	셋, 꽃잎 회전하며 벚꽃 완성하기
	· [펜 툴 ✐]	· [반전 툴 ◁] Color 패널, Stroke 패널	· [회전 툴 ↻] 연속 복사

눈금자와 안내선

눈금자(Ruler)와 안내선(Guide)을 사용하면 정확한 위치와 간격으로 객체를 배치할 수 있습니다. 메뉴에서 [View → Rulers → Show Rulers]를 누르거나 Ctrl + R을 누르면 눈금자가 나타납니다. 그런 다음 눈금자 부분을 드래그해 아트보드 위에 올려 놓으면 하늘색 안내선이 나타납니다.

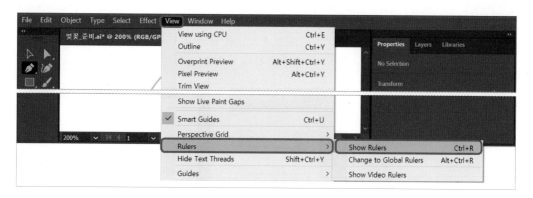

안내선을 잘 활용하면 자로 잰 듯 정확한 배치를 할 수 있습니다. 객체를 안내선 가까이로 가져가 보세요. 안내선에 착 달라 붙어서 쉽게 정렬할 수 있습니다.

🍃 안내선은 작업을 도와주는 보조 선일 뿐 실제 작업물에는 반영되지 않습니다.

눈금자와 안내선을 이용해 정확히 대칭인 벚꽃 잎을 만들어 볼까요?

하면 된다!〉

봄바람 휘날리는
벚꽃 그리기

01 안내선 만들기

준비 파일 '벚꽃_준비.ai'를 열면 미리 그려 둔 곡선이 보입니다. 좌우 반전하면 꽃잎 모양이 되겠네요. 보다 정확하게 좌우 반전하기 위해 안내선부터 만들어 보겠습니다.

02

Ctrl + R 을 눌러 눈금자를 나타내고 안내선을 곡선의 위아래 끝점에 맞춰 배치하세요.

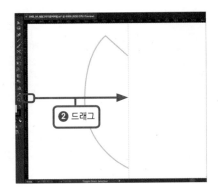

🌢 눈금자 나타내기/숨기기: Ctrl + R
🌢 안내선 나타내기/숨기기: Ctrl + ;

03 [펜 툴 🖊] 로 꽃잎 그리기

회색 선을 따라 꽃잎을 그려 보겠습니다. 외곽선 형태를 그리기 쉽도록 [펜 툴 🖊]을 클릭하고 선 색만 검은색으로 설정합니다.

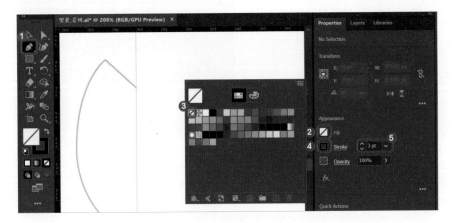

04 앞서 배운 곡선 그리기를 떠올리며 꽃잎의 절반을 그립니다.

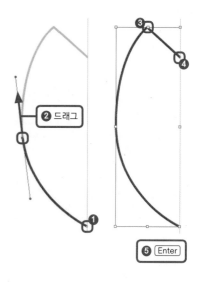

05 좌우 반전해 꽃잎 한 장 그리기

거울처럼 반전시키는 [반전 툴 ▷◁]을 사용해 반쪽짜리 꽃잎을 완전한 꽃잎으로 만들어 보겠습니다. 다음과 같이 꽃잎을 완성해 보세요.

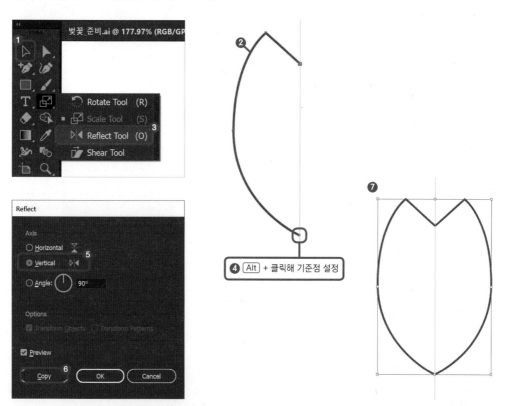

💧 [Copy] 버튼을 눌러야 기존에 그린 반쪽짜리 꽃잎 선도 그대로 둘 수 있습니다.

06 꽃잎 색상 채우기

꽃잎 모양이 완성됐으니 예쁜 분홍색으로 면 색을 넣으세요. 꽃잎이 여러 장 겹친 모습을 생각해 선 색도 흰색으로 설정하는 것이 좋겠죠?

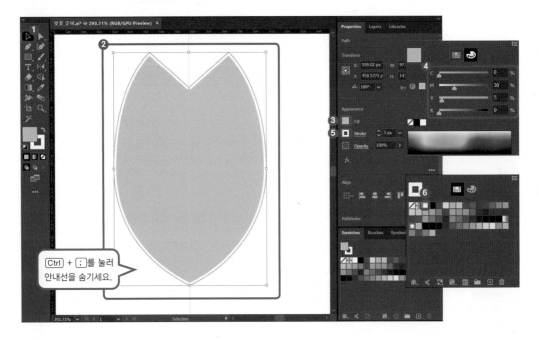

07 꽃술 부분 그리기

꽃술을 그려 완성도를 높이겠습니다. 다음과 같이 [선 툴 ▧／]로 회색 직선을 그리세요.

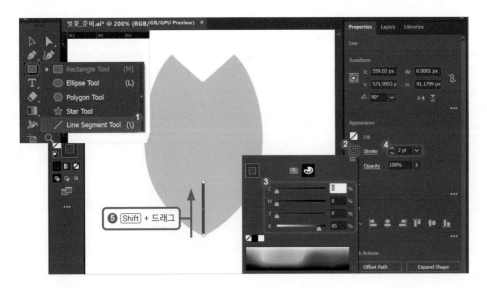

08
면 색과 선 색을 바꾼 후 [원형 툴 ◯]로
원을 그려 꽃술을 완성해 주세요.

💧 Alt + 드래그: 중앙을 기준으로 도형이 그려집니다.

💧 Shift + 드래그: 정원, 정사각형 등 정다각형이 그려집니다.

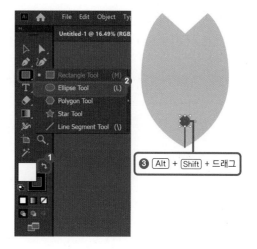

❸ Alt + Shift + 드래그

09
그룹을 만든 후 회전해 꽃잎 복사하기

꽃잎을 여러 개 모으면 벚꽃이 완성됩니
다! 꽃잎을 복사하기 쉽도록 지금까지 만
든 꽃잎을 선택하고 Ctrl + G를 눌러 그
룹으로 만드세요.

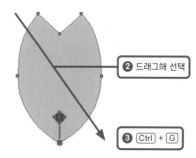

❷ 드래그해 선택

❸ Ctrl + G

10
꽃잎은 가운데를 중심으로 빙 둘러 있기 때문에 [회전 툴 ◯]로 복사해야 합니다. 팝업
창이 뜨면 각도로 [72]를 입력하고 [Copy]를 눌러 꽃잎을 복사하며 회전시킵니다.

❷ Alt + 클릭해 기준점 설정

💧 각도는 만들고 싶은 잎의 개수에 따라 다르게 설정해
도 됩니다.

11 Ctrl + D를 누르면 전 단계에서 사용했던 기능을 그대로 반복할 수 있습니다. Ctrl + D를 3번 눌러 벚꽃을 완성하세요.

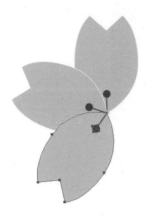 

눈금자/안내선 활용하기

1. 눈금자 나타내기/숨기기

눈금자의 원점은 왼쪽 위 모퉁이에 있습니다. 눈금자를 표시하거나 숨기려면 [View → Rulers → Show Rulers] 또는 [View → Rulers → Hide Rulers]를 선 ●눈금자 나타내기/숨기기: Ctrl + R
택합니다.

 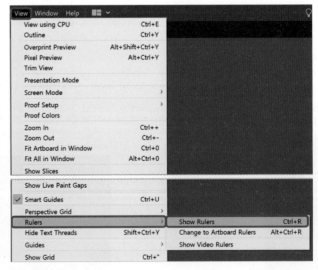

2. 안내선 나타내기/숨기기/잠그기/삭제하기

안내선은 이동, 수정, 삭제할 수 있습니다. 특정 위치에 고정하고 싶을 때는 잠글 수도 있습니다. 메뉴 바에서 [View → Guides]를 누르거나 아트보드의 빈 곳을 마우스 오른쪽 버튼으로 클릭하면 메뉴 중에서 선택할 수 있습니다.

🔹 안내선 보기/숨기기: Ctrl + ;
🔹 안내선 잠금 해제: Ctrl + Alt + ;

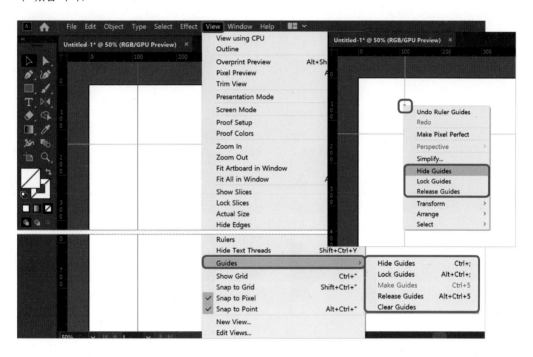

기능 사전 [반전 툴 ◖◗] 옵션 창 살펴보기

❶ Horizontal: 기준점을 중심으로 상하 반전됩니다.
❷ Vertical: 기준점을 중심으로 좌우 반전됩니다.
❸ Preview: 반전한 모습을 미리 볼 수 있습니다.
❹ Copy: 원본이 복사되며 반전됩니다.
❺ OK: 원본이 지워지며 반전됩니다.

🔹 객체를 선택한 후 마우스 오른쪽 버튼을 클릭하고 [Transform → Reflect]를 눌러도 [반전 툴 ◖◗]을 실행할 수 있습니다.

[회전 툴 ◖], [반전 툴 ◗], 연속 복
사 기능을 사용해 눈꽃송이, 벌집,
잎사귀를 만들어 보세요.

준비 파일 03-1/복습문제.ai
완성 파일 03-1/복습문제_완성.ai

03-2

도형 조합해
아이콘 만들기

준비 파일 **없음** 완성 파일 03-2/아이콘_완성.ai

<table>
<tr><td rowspan="3">오늘
배울
기능</td><td>하나, 원과 사각형 그리기
도형 합쳐서 구름 만들기</td><td>둘, 원 그리고 복사하기
도형 분리해 초승달 만들기</td><td>셋, 원 뾰족하게 만들어
물방울 만들기</td></tr>
</table>

하나, 원과 사각형 그리기 도형 합쳐서 구름 만들기	둘, 원 그리고 복사하기 도형 분리해 초승달 만들기	셋, 원 뾰족하게 만들어 물방울 만들기
· [원형 툴◐], [사각형 툴▣] Pathfinder 패널	· [원형 툴◐], [별 툴✬] Pathfinder 패널	· [기준점 변형 툴▨]

패스파인더로 모양 합치고 빼기

패스파인더란 2개 이상의 객체를 합치거나 나눠서 새로운 객체를 만드는 기능입니다. Pathfinder 패널에서 설정할 수 있죠. 메뉴 바의 [Window → Pathfinder]를 누르면 패널을 꺼낼 수 있습니다.

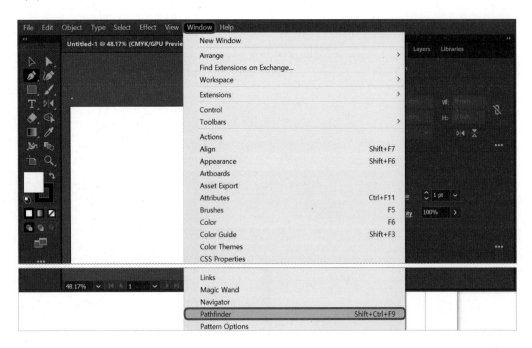

Pathfinder 패널의 아이콘 중에서 무엇을 클릭하느냐에 따라 결과가 달라집니다. 만약 원과 사각형이 겹쳐 있을 때 위쪽 아이콘 3개를 각각 클릭하면 다음과 같은 결과가 나옵니다.

도형을 합치고 나누면서 날씨 아이콘을 만들어 볼까요?

하면 된다! ⟩

구름 아이콘
그리기

01 새 파일 만들기

먼저 아이콘을 그릴 도화지가 필요합니다. [File → New]를
선택해 다음과 같이 [A4] 규격의 아트보드를 만드세요.

02 [원형 툴 ●]로 원 그리고 복사하기

빈 아트보드에 원과 사각형을 그린 후 합쳐서 구름을 만들어 보겠습니다. 먼저 하늘색으로 정
원을 그리세요. 이때 Shift를 누른 채 드래그해야 타원이 아닌 정원이 그려집니다.

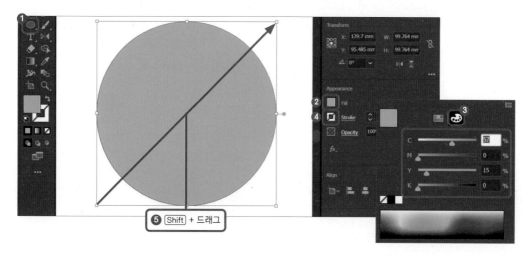

5 Shift + 드래그

03 그려진 원을 [선택 툴 ▷]로 클릭하고 Alt 를 누른 채 오른쪽으로 드래그해 복사합니다.

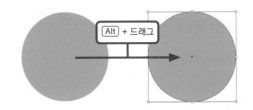

04 [사각형 툴 ■]로 원 사이 연결하기

원과 원 사이에 같은 높이의 사각형을 그려 연결해 보세요.

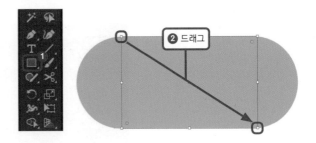

05 구름 모양 다듬기

원을 더 복사해 뭉게구름 모양을 만들어 보겠습니다. 앞에서 배웠던 방법대로 원을 복사하고 크기를 확대 및 축소해 구름의 윗부분을 만드세요.

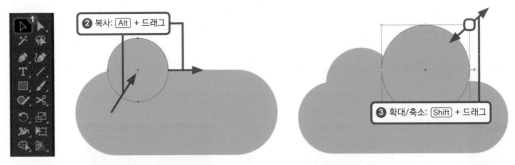

🔴 객체를 복사할 때는 채워진 면 부분을 드래그해야 하고, 확대/축소할 때는 바운딩 박스의 모서리를 드래그해야 합니다.

06 결합해 구름 완성하기

구름 모양을 만들었다면 하나로 합쳐 보겠습니다. [선택 툴▶]로 전체를 선택한 후 [Window →
Pathfinder → Unite▣]를 선택하세요. 객체가 합쳐져 구름 모양이 완성됐습니다!

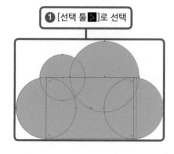

하면 된다!⟩

달과 별
아이콘 그리기

01 원 2개로 초승달과 보름달 그리기

이번엔 초승달과 보름달을 그려 보겠습니다. 먼저 달을 만들
기 위해 [원형 툴◯]로 노란색 정원 2개를 겹쳐 그립니다.

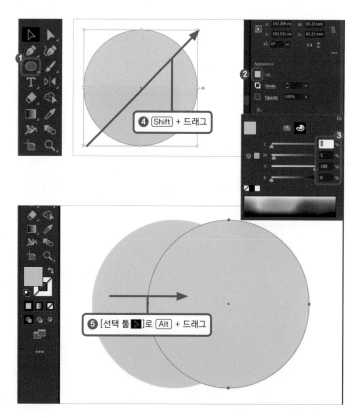

02 두 원을 분리해 초승달과 보름달을 만들 거예요. 보름달이 될 오른쪽 원을 선택하고면 색을 남색으로 바꾸세요.

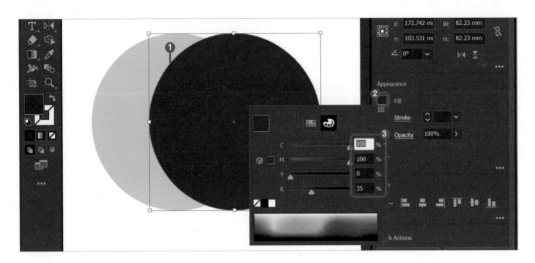

03 패스파인더 병합 기능으로 색상별로 분리하기

노란색 원에서 남색 원이 겹친 부분을 잘라 내겠습니다. 위치를 잘 잡았다면 [Pathfinder → Merge █]로 분리하세요.

❶ [선택 툴 ▶]로 선택

언뜻 보기엔 별 차이가 없어 보이지만, 자세히 살펴보면 겹쳐 있던 패스가 분리된 것을 확인할 수 있습니다.

04

분리된 초승달을 옮기려고 클릭하니 두 원이 모두 선택됩니다. 이는 패스파인더 기능을 사용하면 자동으로 그룹이 되기 때문이에요. 그룹을 해제한 후 초승달의 위치를 살짝 위로 움직이세요.

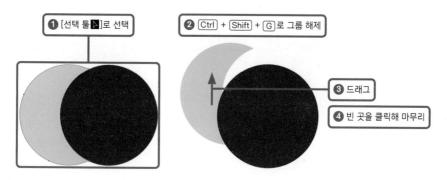

❶ [선택 툴▶]로 선택

❷ Ctrl + Shift + G로 그룹 해제

❸ 드래그

❹ 빈 곳을 클릭해 마무리

05 노란색 별 그리기

달 옆에는 별도 있어야겠죠? [별 툴☆]로 달 주변에 별을 그려 보세요.

❷ 드래그

❸ [선택 툴▶]로 별 선택

❹ Alt + 드래그해 복사

06 별 모양을 오려 낸 보름달 그리기

이번에는 보름달 위에 겹친 별 모양을 잘라 보겠습니다. 형태를 제거할 때는 [Pathfinder → Minus Front🔲]를 선택하면 됩니다.

❶ [선택 툴▶]로 선택

07

초승달이 보름달보다 앞으로 나오는 것이 좋겠네요. [선택 툴 ▶]로 노란 초승달을 선택한 후 [Ctrl] + [Shift] + []]를 눌러 맨 앞으로 보내면 완성입니다!

하면 된다!♪

해와 비
아이콘 그리기

01 해 그리기

마지막으로 해와 비 아이콘을 그려 보겠습니다. 먼저 해의 중앙 부분이 될 주황색 원을 [원형 툴 ◯]로 그리세요.

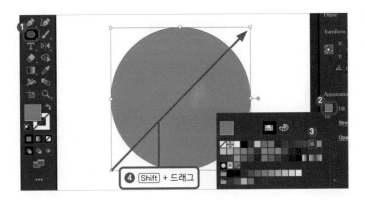

02 햇살 그리기

원 주위에 햇살을 그리기 위해 원의 중심으로 안내선을 끌어오세요.

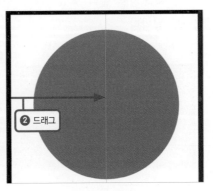

03

[사각형 툴 ■]로 안내선 위에 햇살 하나를 그리세요. 이때 안내선 위에 마우스를 올려 놓은 후 Alt 를 누른 채 드래그해야 안내선에 맞춰 중앙에서부터 그려집니다.

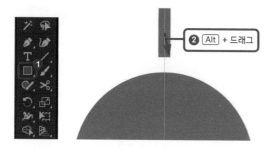

04

사각형의 모서리를 둥글게 만들어 보겠습니다. [선택 툴 ▶]로 사각형을 클릭한 다음 라이브 코너 위젯 ◉ 을 안쪽으로 드래그해 보세요. 사각형의 모든 모서리가 둥글게 바뀝니다.

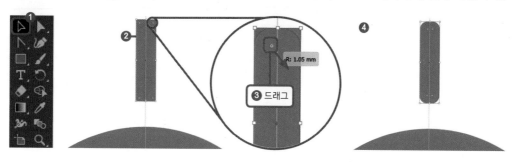

05 둥근 사각형 복사하면서 회전시키기

햇살은 원 주위를 빙 둘러야겠죠? [회전 툴 ○]로 햇살을 복사하면서 회전시키세요. 햇살을 8 개 만들기 위해 각도는 360을 8로 나눈 [45°] 정도면 적당합니다.

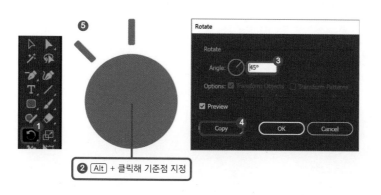

06 햇살이 8개가 만들어질 때까지 Ctrl + D를 눌러 해를 완성합니다.

07 비오는 구름 아이콘 만들기

해와 구름을 합쳐 비오는 구름도 만들어 볼게요.
앞에서 만든 구름을 적당히 배치합니다. 그 아래
에 빗방울이 될 원도 하나 그리세요.

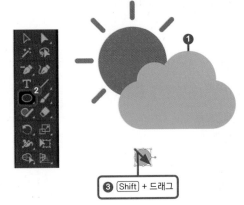

3 Shift + 드래그

08 원을 순식간에 빗방울로 바꿔 볼게요. [기준점 변형 툴 N]로 원의 윗부분을 뾰족하게
만들면 된답니다. 뾰족한 패스 기준점을 [직접 선택 툴
N]로 움직여 다음과 같이 물방울 모양을 만들어 보세요.

💧 [기준점 변형 툴 N]에 대한 자세한 설명은 324쪽을 참고하세요.

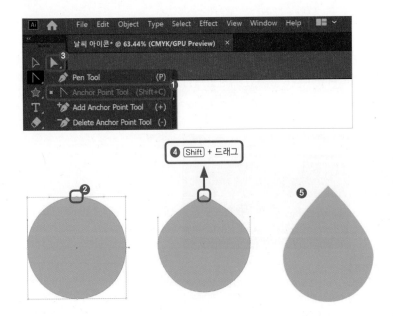

4 Shift + 드래그

09 패스파인더로 겹친 부분 잘라 내기

빗방울을 복사해 구름 밑에 배치합니다. 그런데 해와 구름이 조금 떨어져 있으면 좋겠네요. 해와 구름을 선택하고 [Pathfinder → Trim🔲]으로 자른 후 구름의 위치를 살짝 옮기세요.

🌢 패스파인더로 작업하면 객체가 그룹이 됩니다. 수정하려면 객체를 더블클릭한 후 움직이거나 Shift + Ctrl + G 를 눌러 그룹을 해제해야 합니다.

···· 기능 사전

손쉽게 복사/붙여 넣기

일러스트레이터에서 작업하다 보면 복사하고 붙여 넣는 일이 많이 생깁니다. 보다 손쉽게 객체를 복사하는 방법을 알아보겠습니다.

방법 1 | 단축키로 복사하고 붙여 넣기

복사하기	붙여넣기
❶ 객체 선택 후 Ctrl + C : 클립보드에 복사 ❷ 객체 선택 후 Ctrl + X : 잘라 내기	❶ Ctrl + V : 아트보드의 중앙에 붙여 넣기 ❷ Ctrl + F : 같은 위치의 맨 앞에 붙여 넣기 ❸ Ctrl + B : 같은 위치의 맨 뒤에 붙여 넣기

🌢 클립보드는 컴퓨터에서 임시 저장 공간으로 사용되는 메모리 영역입니다. 객체를 복사하거나 잘라내면 임시로 클립보드에 저장됐다가 붙여 넣지 않으면 지워집니다.

방법 2 | 드래그로 손쉽게 복사하고 붙여 넣기
[선택 툴 ▶]로 객체를 선택한 후 Alt 를 누른 채 드래그해 보세요. 드래그하는 방향으로 객체가 복사됩니다.

다양한 별 모양 그리기

[별 툴🌟]을 사용하면 얇은 별, 어깨가 나란한 별, 여러 꼭짓점이 있는 별을 그릴 수 있습니다. 다양한 별 모양을 쉽게 그리는 꿀팁을 알아볼까요?

❶ **어깨가 나란한 별 그리기:** Shift를 누른 채 드래그해 별을 그리면 어깨가 수평으로 나란한 별을 그릴 수 있습니다.

❷ **얇은 별 그리기:** Alt를 누른 채 드래그해 별을 그리면 각진 얇은 별을 그릴 수 있습니다.

❸ **모서리가 감소한 별 그리기:** [별 툴🌟]을 누른 후 화면을 드래그하면서 별 모양을 그릴 때 아래쪽 방향키 ↓를 누르면 모서리 개수가 감소된 별을 그릴 수 있습니다.

↓를 한 번 누름 　　　　↓를 두 번 누름

❹ **모서리 추가한 별 그리기:** [별 툴🌟]을 누른 후 화면을 드래그하면서 별 모양을 그릴 때 위쪽 방향키 ↑를 누르면 모서리 개수가 추가된 별을 그릴 수 있습니다.

↑를 한 번 누름 　　　　↑를 두 번 누름

❺ **수치 입력해 별 모양 그리기:** [별 툴🌟]을 누른 후 아트보드를 클릭하면 바깥지름과 안지름의 크기, 모서리 개수를 직접 입력해 별을 그릴 수 있습니다.

패스파인더 익히기

패스파인더 기능을 자세히 알아보겠습니다. 패스파인더를 사용하면 2개 이상의 객체를 결합하거나 편집할 수 있습니다.

2개 이상의 객체를 합치거나 일부분 삭제해 하나의 객체로 만듭니다.

선택한 객체의 겹치는 부분을 분리합니다. 분리한 후엔 하나의 그룹으로 묶이는데, 그룹을 해제하거나 더블클릭하면 객체별로 수정할 수 있습니다.

❶ 합치기(Unite)

모든 객체를 합쳐 하나의 객체로 만듭니다. 객체를 합치면서 맨 앞에 있는 객체의 색상으로 통일합니다.

❷ 앞쪽 객체 지우기 (Minus Front)

객체에서 겹친 영역과 앞쪽 객체 부분을 삭제합니다.

❸ 교차 영역만 남기기 (Intersect)

모든 객체가 겹쳐 있는 영역만 남깁니다.

❹ 교차 영역 지우기(Exclude)

모든 객체가 겹쳐 있는 영역만 제거합니다.

❺ 나누기(Divide)

객체를 채워진 면으로 나누며, 겹친 부분을 모두 분리합니다.

❻ 외곽선 따라 자르기(Trim)

기능을 실행할 당시에 보이는 외곽선을 기준으로 객체를 자릅니다.

❼ 외곽선 따라 자르고 병합하기 (Merge)

객체의 외곽선을 따라 자르되, 같은 색상의 인접한 객체는 합칩니다.

❽ 맨 앞 객체를 기준으로 자르기 (Crop)

객체를 면 구성 요소로 나눈 후, 맨 앞 객체와 겹치지 않은 모든 부분을 삭제합니다.

❾ 윤곽선만 남기기(Outline)

객체를 모두 분리한 후, 선으로 만듭니다.

❿ 뒤쪽 객체 지우기 (Minus Back)

2개 이상의 객체가 겹친 경우, 겹치는 부분과 뒤에 있는 객체를 삭제합니다.

눈으로만 보면 쉽게 잊어버립니다. '패스파인더.ai' 파일을 열어 기능을 하나씩 실행해 보세요!

준비 운동

포토샵
기본기 편

포토샵
실무 편

일러스트레이터
기본기 편

일러스트레이터
실무 편

포토샵 &
일러스트레이터 편

#3D 문자

#캐릭터

#포스터

#명함 #로고

OWHYO

뭔다! 포토샵+일러스트레이터

Bloger_오와이오
http://blog.naver.com/rflcjstm
owhyo@owhyo.com
70.1234.9678

일러스트레이터 ＼실무 편

고품질 출력을 보장하는 굿즈·인쇄물 디자인

💧 4일차 · 가독성, 재단선까지 고려하는 출력물 디자인

💧 5일차 · 소장 욕구를 일으키는 굿즈 디자인

💧 6일차 · 고급스러우면서 신뢰감을 주는 브랜드 디자인

💧 7일차 · 글자로 승부를 거는 홍보물 디자인

💧 일러스트레이터 디자인 능력자 인증 시험

4일차

가독성, 재단선까지
고려하는 출력물 디자인

04-1 오늘 써먹는 디자인

증정 스티커
만들기

준비 파일 04-1/증정스티커_준비.ai 완성 파일 04-1/증정스티커_완성.ai 글꼴 본고딕(Notosans-kr)

오늘
배울
기능

하나, 글자 입력하기

글자 스타일 설정하기

둘, 이미지에서 색상 추출하기

· [글자 툴 T]
 Character 패널

· [스포이트 툴 ✎]

자간과 행간

같은 글자라도 글자의 크기와 자간, 행간에 따라 읽히는 순서, 중요도, 가독성이 달라집니다.
글자와 글자 사이의 간격을 자간, 문장의 행과 행 사이의 간격을 행간이라고 합니다.

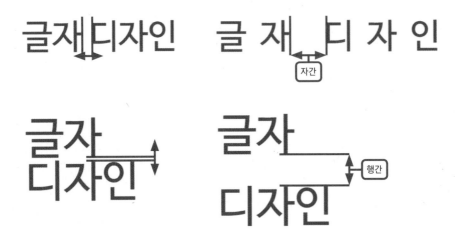

일러스트레이터에서는 자간과 행간을 Character 패널에서 설정합니다. [글자 툴 T]을 누르
고 화면을 실행하면 화면의 오른쪽 Properties 패널 안에 Character 패널이 나타납니다. 아래
쪽 •••를 클릭하면 더 자세한 설정을 할 수 있습니다.

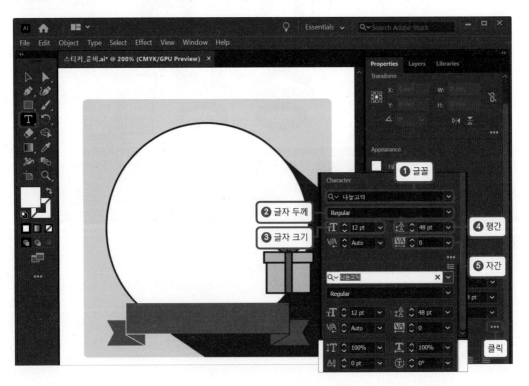

하면 된다! ☞

'2월 브랜드 데이'
글자 입력하기

01 입력할 글자 설장하기

먼저 분홍색 리본 안에 글자를 넣어 볼게요. 준비 파일 '증정스티커_준비.ai'를 열고 다음과 같이 글꼴과 두께, 글자 크기를 설정하세요.

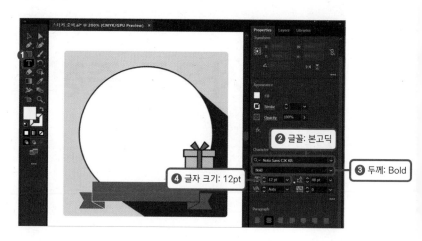

02 [글자 툴 T]로 '2월 브랜드 데이' 입력하기

글자 설정을 마쳤으니 다음과 같이 '2월 브랜드 데이' 문구를 입력해 보세요. 글자 입력을 마치려면 [선택 툴 ▶]을 눌러야 합니다.

💧 Lorem ipsum이란 임의로 채워진 글자로, 내용을 쓰기 전에 공간을 임시로 연출하는 역할을 합니다. 끄고 싶다면 356쪽을 참고하세요.

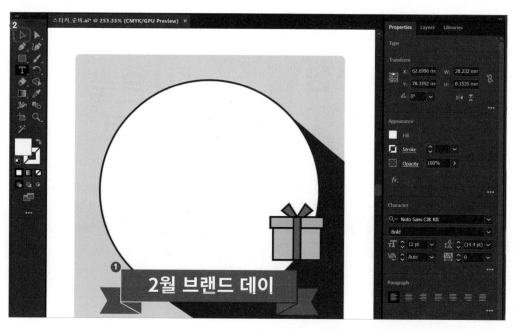

03 긴 문장 입력하고 두 줄로 만들기

이번엔 글자 크기를 수정하고 동그란 원 안에 글자를 입력해 보세요. 문구는 원하는 내용을 넣어도 좋습니다.

04 문장을 두 줄로 수정해 볼까요? [글자 툴 T]로 '사은품'과 '증정' 사이를 마우스로 클릭하면 일자 막대가 표시됩니다. 이때 Enter 를 누르면 문장이 두 줄로 만들어집니다.

05 글자 크기 조절하기

[선택 툴]로 '사은품 증정' 글자를 클릭하면 바운딩 박스가 나타납니다. 모서리를 Alt 와 Shift 를 누른 채 밖으로 드래그해 확대하세요.

06 [스포이트 툴]로 스타일 복제해 색상 적용하기

글자 색상을 디자인에 맞춰 바꿔 보겠습니다. [선택 툴]로 '사은품 증정' 글자를 선택하고 [스포이트 툴]을 사용해 군청색으로 바꿔 보세요. [스포이트 툴]을 사용하면 이렇게 색상을 쉽게 복제할 수 있답니다.

Lorem ipsum 설정 해제하기

[글자 툴 **T**]로 글자를 입력할 때 나타내는 임시 글자인 'Lorem ipsum'을 보고 싶지 않다면 [Edit → Preferences → Type]을 눌러 옵션 창을 열고 [Fill New Type Objects With Placeholder Text]를 체크 해제하면 됩니다.

복습 | 10분 만에 만들어야 한다!

'무료배송.ai' 파일을 열어 '무료배송' 스티커를 만들어 보세요!

준비 파일 04-1/무료배송.ai
완성 파일 04-1/무료배송_완성.ai
글꼴 배달의민족 주아체

축하 가랜드
만들기

준비 파일 **04-2/가랜드.ai** 완성 파일 **04-2/가랜드_완성.ai** 글꼴 **배달의민족 주아체**

오늘
배울
기능

하나, 글자 입력하기

둘, 글자 색상 바꾸기

글자를 윤곽선으로 만들기

• [글자 툴 **T**]
Create Outlines

• [스포이트 툴 **✐**]

글자 윤곽선으로 만들기

글자가 글자 상태일 때는 글꼴, 글자 크기, 글자 색상 등 디자인할 수 있는 부분이 정해져 있습니다. 하지만 글자를 윤곽선으로 만들면 훨씬 자유롭게 다양한 디자인을 할 수 있습니다.
방법은 간단합니다. 먼저 [글자 툴 **T**]로 글자를 입력합니다. 그런 다음 [선택 툴 **▶**]을 누르고 글자를 마우스 오른쪽 버튼으로 눌러 [Create Outlines] 메뉴를 클릭하면 됩니다. 이때 한 번 윤곽선으로 만들면 글자 내용을 수정할 수도, 다시 글자로 돌아갈 수도 없으니 주의해야 합니다. 글자를 윤곽선으로 만들기 전에 원본 글자를 따로 복사해 두거나 ⬤ 단축키: Shift + Ctrl + O
다른 이름으로 저장해 두는 것도 좋습니다.

[선택 툴 **▶**]로 글자를 선택해 보면 글자 상태일 때의 밑줄이 없어지고 글자 모양을 따라 패스로 변한 것을 확인할 수 있습니다.

글자 상태

윤곽선으로 만든 모습

윤곽선을 변형한 모습

하면 된다! ♪

글자 쓰고 윤곽선 만들어
도형으로 만들기

01 준비 파일 살펴보기

준비 파일 '가랜드.ai'를 열면 가랜드 도안이 보입니다. 글자를
입력하고 색을 바꿔 생일 축하 가랜드를 만들어 보겠습니다.

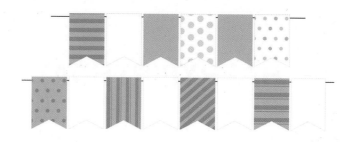

02 글자 쓰고 윤곽선 만들기

먼저 다음과 같이 가랜드 위에 얹을 글자를 입력하세요. 문구는 상황에 맞게 자유롭게 바꿔도
좋습니다.

03 글자를 윤곽선으로 만들어 보겠습니다. 글자를 선택한 후 마우스 오른쪽 버튼을 클릭하고 [Create Outlines]를 클릭하세요.

하면 된다!⟩

글자 이동하고
색 바꾸기

01 그룹 해제해 글자 이동하기

윤곽선으로 만든 글자를 클릭해 보면 하나의 객체로 잡힙니다. 윤곽선으로 만든 글자들은 그룹으로 묶이기 때문입니다. 글자를 하나씩 선택하기 편리하도록 그룹을 해제하세요.

02 한 글자, 한 글자를 선택해 가랜드 위에 배치해 보세요.

03 글자 색을 흰색으로 바꾸기

글자 색상을 가랜드에 어울리게 바꿔 볼까요? 다음과 같이 [선택 툴▶]로 하나 건너 하나씩
글자를 다중 선택해 [스포이트 툴✐]로 흰색으로 바꾸세요.

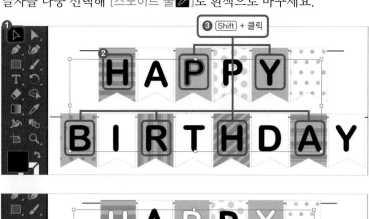

04 글자 색상을 분홍색으로 바꾸기

나머지 글자들도 [선택 툴 ▶]로 선택한 후 [스포이트 툴 ✔]로 진한 분홍색으로 바꾸세요.

05 생일 축하 가랜드가 완성됐습니다! 직접 프린트해 벽에 붙여 보세요.

글자를 윤곽선으로 만들었을 때 가능한 디자인

윤곽선으로 만든 글자는 도형으로 인식되기 때문에 글자 상태에서는 적용되지 않던 다양한 효과를 넣을 수 있고, 모양을 변형할 수도 있습니다. 글자 변형으로 가능한 디자인들을 살펴볼까요?

응용 1 | 기준점 변형

[직접 선택 툴▶]로 기준점을 이동해 글자 모양을 자유롭게 변형할 수 있습니다.

HAPPYBIRTHDAY

응용 2 | 그레이디언트 표현

패스로 변한 글자의 면 색에 그레이디언트를 적용할 수 있습니다.

HAPPYBIRTHDAY

응용 3 | 패턴 적용

패스로 변한 글자의 면 색에 패턴을 적용해 표현할 수 있습니다.

HAPPYBIRTHDAY

응용 4 | 면 분리

패스파인더를 이용해 면을 나누거나 조합해 색상을 적용할 수 있습니다.

HAPPYBIRTHDAY

응용 5 | 클리핑 마스크

클리핑 마스크 기능으로 글자 안쪽에만 원하는 이미지를 넣을 수 있습니다.

HAPPYBIRTHDAY

　　윤곽선만 보기

일러스트레이터에서 글자를 윤곽선으로 만들었는데, 만든 윤곽선을 확인하고 싶거나 여러 객체가 겹친 복잡한 상태에서 윤곽선을 확인해야 할 때가 있습니다. 이때 [View → Outline]을 선택하면 색이 입혀진 상태가 아닌, 윤곽선만 볼 수 있습　　💧 단축키: Ctrl + Y
니다.

작업하다가 단축키를 잘못 눌러 색이 없어지거나 윤곽선만 보일 때가 있는데요. 이때 당황하지 말고 [View → Preview]를 선택하거나 Ctrl + Y 를 누르면 바로 일반 모드로 바뀝니다.

복습 | 10분 만에 만들어야 한다!

배경색과 문구, 모양을 바꿔 나만의 가랜드를 만들어 보세요!

준비 파일 04-2/가랜드_미션.ai
완성 파일 04-2/가랜드_미션_완성.ai

소이 캔들 라벨
만들기

준비 파일 **없음** 완성 파일 **04-3/라벨_완성.ai** 글꼴 **본고딕(NotoSans-kr-Bold), Arial**

오늘
배울
기능

하나,
사각형 프레임 만들기

· Offset Path
· Corners

둘, 특수 문자 입력하기
글자 둥글게 구부리기

· [글자 툴 **T**], Glyphs 패널
· [Object → Envelope Distort →
Make with Warp]

셋,
재단선 넣기

· [Effect → Crop Marks]

01 새 파일 만들기

새 파일에서 라벨을 만들어 보겠습니다. [File → New]를 누른 후 [A4] 규격의 [가로] 방향 아트보드를 만드세요.

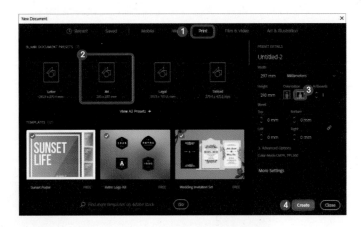

02 [사각형 툴■]로 라벨 바깥 모양 만들기

먼저 라벨의 프레임부터 만들어 보겠습니다. [사각형 툴■]로 검은색 선으로 이루어진 100mm × 100mm의 사각형을 그리세요.

03 안쪽 프레임 그리기 — Offset Path

프레임이 조금 심심하네요. 안쪽에 프레임을 하나 더 넣어 볼까요? 다음과 같이 [Object → Path → Offset Path]를 눌러 상하좌우로 −5mm가 들어간 사각형을 만드세요.

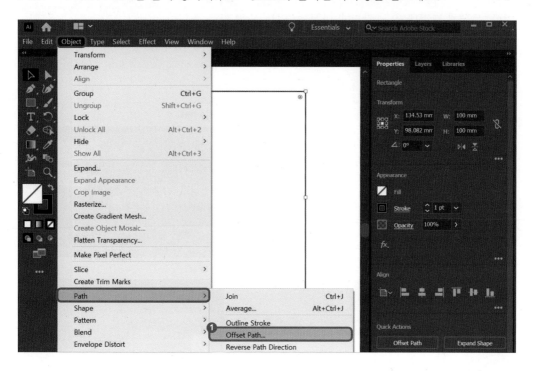

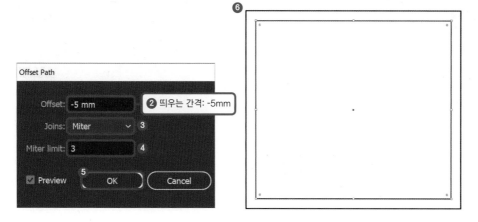

04 프레임 모서리 수정하기 — Corners

안쪽 프레임의 모서리에 장식을 넣어 볼까요? [선택 툴▶]로 안쪽 사각형을 선택하면 [라이브 코너 위젯◉]이 나타납니다. 이 위젯을 [직접 선택 툴▶]로 더블클릭하면 모서리를 둥글게 하거나, 둥글게 도려내거나, 각지게 만들 수 있는 옵션 창이 나타납니다. 다음과 같이 모서리를 수정해 보세요!

💧 라이브 코너는 CC 버전부터 생긴 기능입니다. 위젯을 클릭한 채 안팎으로 드래그하면 모서리의 모양이 둥글게 바뀝니다.

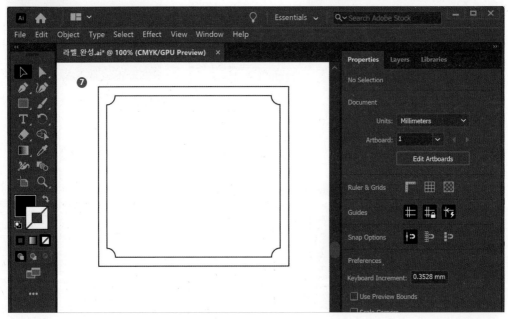

하면 된다!↲

글자 입력하고
레이아웃 조절하기

01 한글 글자 '천연 라벤더 소이캔들' 입력해 넣기

프레임 안에 글자를 입력해 보겠습니다. 다음과 같이 [글자
툴 T]로 원하는 이름의 글자를 입력해 보세요!

02 영문 글자 'Handmade', 'SOY CANDLE' 입력해 넣기

입력한 이름 위아래에 [글자 툴 T]로 영문 글자와 '220g', '7.7oz'를 입력하세요.

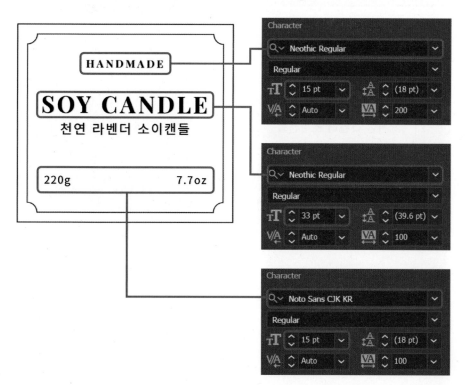

03 'Handmade'에 특수 문자 넣기

글리프 기능을 이용하여 특수 문자를 넣어 보겠습니다. [Type → Glyphs]를 선택하고
Glyphs 패널에서 [가운데점 ·]을 선택해 'Handmade' 글자의 앞뒤에 추가합니다.

04 'Handmade' 글자 둥글게 왜곡하기

글자 왜곡 기능을 이용하면 간편하게 글자에 효과를 줄 수 있습니다. [Object → Envelope Distort → Make with Warp]를 선택하고 옵션 창에서 글자 모양을 둥글게 왜곡합니다.

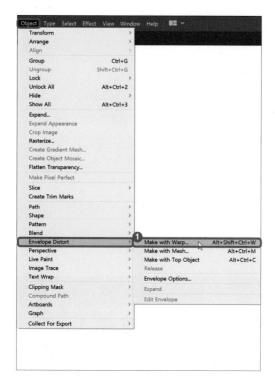

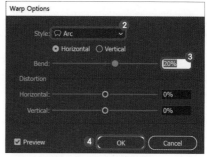

05 [선 툴 📐]로 선 그리고 복사하기

한글과 영문 글자 사이에 구분 선을 그려 주겠습니다. 다음과 같이 [2pt] 두께의 검은색 선을 하나 그리세요.

06 그린 선을 '220g', '7.7oz'의 아래에도 복사해 경계를 만드세요.

07 선 두께 조절하기

복사한 아래 선의 두께가 너무 두껍네요. 다음과 같이 [0.5pt]로 조절하세요.

08 가운데 정렬하기

전체적인 레이아웃을 정돈하기 위해 글자를 정렬하겠습니다. 'SOY CANDLE'과 '천연 라벤더 소이캔들' 두 글자를 선택하고 [Align To → Align to Key Object]를 누릅니다. 정렬할 기준인 'SOY CANDLE' 글자를 선택하고 가운데 정렬하세요.

💧 [Align to Key Object]는 선택한 영역에서 기준을 만들어 정렬하는 기능입니다.

💧 Alt 를 누른 채 객체를 클릭하면 기준 대상이 바뀝니다.

09 출력을 위한 재단선 설정하기

라벨을 실제로 출력하기 위한 준비로 재단선을 넣겠습니다. 바깥 사각형을 선택한 후 [Effect → Crop Marks]를 선택하면 재단선이 만들어집니다.

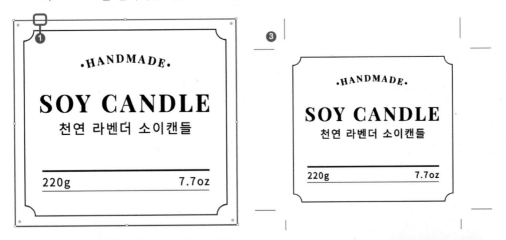

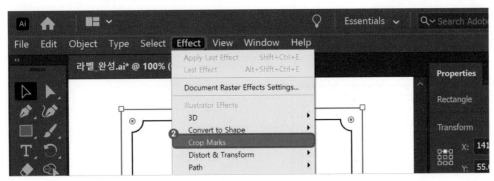

하면 된다!

재단선 숨기기

01 이번엔 재단선을 숨겨 볼까요? Properties 패널 중 Appearance 항목의 ▪▪▪을 클릭해 Appearance 패널을 엽니다.

02

[직접 선택 툴 ▶]로 재단선이 그려진 사각형을 선택하면, 바깥 사각형의 선에 넣은 모든 효과를 볼 수 있습니다. 다음과 같이 [눈 ◉] 아이콘을 클릭하면 재단선이 사라집니다.

재단선 자르는 방법

재단선은 인쇄 및 출력 후에 쉽게 자를 수 있도록 도와주는 선입니다. 외곽선을 따라 그대로 잘라 내도 되지만, 잘라 냈을 때 남은 선이 보이기 때문에 실제 인쇄 시에는 재단선을 표시한 후 이 선을 따라 잘라 냅니다.

🖤 재단선을 'trim mark' 또는 'crop mark'라고 합니다.

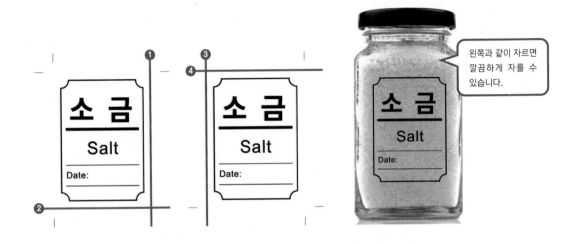

> 왼쪽과 같이 자르면 깔끔하게 자를 수 있습니다.

완성한 라벨로 스티커를 제작하는 방법

소량이라면 집에서도 쉽게 라벨로 스티커를 만들 수 있습니다. 먼저 근처 문구점에서 A4 크기의 필름지를 구입하세요. 주방에서 쓴다면 방수가 되는 필름지를 사용하면 좋겠죠? 준비됐다면 프린터에 필름지를 넣고 종이에 인쇄하듯 인쇄하면 됩니다. 이때 반짝거리는 면에 잉크가 묻어야 합니다. 잉크가 마르도록 기다렸다가 가위로 오리면 끝입니다.

출처: 한국폼텍(www.formtec.co.kr)

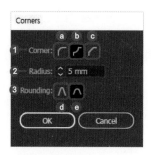

❶ **Corner:** 모서리 모양을 세 가지 중에서 선택합니다.

ⓐ **Round** : 모서리를 둥글
게 만듭니다.

ⓑ **Inverted Round** : 모
서리에서 둥근 부분을 상
하 또는 좌우 반전해 만듭
니다.

ⓒ **Chamfer** : 모서리의
각을 경사지게 깎습니다.

❷ **Radius:** 반지름 값을 입력해 설정합니다.

❸ **Rounding:** 곡선이 연결되는 모양을 설정합니다. 일반적으로 [Absolute]로 설정합니다.

  ⓓ **Relative** : 곡선 모양을 상대적으로 볼록하게 표현합니다.

  ⓔ **Absolute** : 곡선 모양을 절대적인 수치로 일정하게 표현합니다.

❶ **Offset:** 선택한 기준 선을 기준으로 주변으로 넓히거나 좁힐 범위를 입력합니다. 이때 마이너스(-) 값을 입력하면 기준 선보다 작아집니다.

❷ **Joins:** 모서리 부분의 꺾이는 형태를 설정합니다.

ⓐ **Miter:** 꺾이는 부분을 뾰족하게 만듭니다.

ⓑ **Round:** 꺾이는 부분을 둥글게 만듭니다.

ⓒ **Bevel:** 꺾이는 지점의 점과 점 사이를 이어 돌출되게 만듭니다.

❸ **Miter Limit:** Joins를 [Miter]로 설정했을 때 모양을 다르게 설정할 수 있는데, 이 값이 모서리 개수가 돼 각지는 정도를 조절할 수 있습니다. 보통 [2]로 설정하면 각이 지고, [3] 이상으로 설정하면 끝점이 자연스럽게 연결됩니다.

복습 | 10분 만에 만들어야 한다!

완성한 라벨을 수정해 천연 비누, 수제 쿠키 등 나만의 라벨을 만들어 보세요.

준비 파일 04-3/미션라벨.ai
완성 파일 04-3/미션라벨_완성.ai

·HANDMADE·

SOAP

천연 수제 비누

220g   7.7oz

·HANDMADE·

COOKIE

수제 쿠키

220g   CHOCOLATE

5일차

소장 욕구를 일으키는
굿즈 디자인

05-1 오늘 써먹는 디자인

브랜드를 나타내는
캐릭터 만들기

준비 파일 05-1/캐릭터_준비.ai 완성 파일 05-1/캐릭터_완성.ai

오늘 배울 기능	하나, 컵 홀더에 패턴 넣기	둘, 그레이디언트로 컵에 입체감 넣기	셋, 자유형 그레이디언트 세밀하게 조절하기
	· 클리핑 마스크	· [그레이디언트 툴 ▓]	· [스포이트 툴 ✎]

클리핑 마스크

클리핑 마스크(Clipping Mask)란 이미지를 틀에 맞춰 자르는 기능입니다. 클리핑 마스크를 사용하기 위해선 두 가지가 필요한데, 마스크로 넣을 이미지와 마스크 틀이 될 도형입니다. 이때 두 요소의 순서가 중요한데요. 쿠키 반죽 위에 쿠키 틀을 놓고 누르듯이, 마스크로 넣을 이미지 위에 틀이 될 도형을 올려 놓아야 합니다. 그리고 메뉴에서 [Object → Clipping Mask → Make]를 누르거나 단축키 [Ctrl] + [7]을 누르면 클리핑 마스크가 적용됩니다.

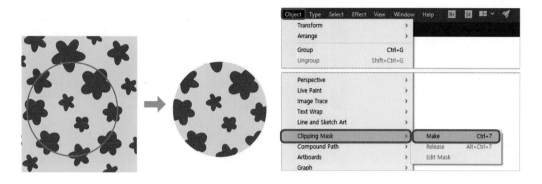

그레이디언트

그레이디언트(Gradient)는 여러 색상이 자연스럽게 어우러진 디자인 기법을 말합니다. 툴 패널의 [그레이디언트 툴 ▣]을 이용해 넣을 수 있는데 직선형, 방사형, 자유형 중에서 종류를 선택할 수 있습니다.

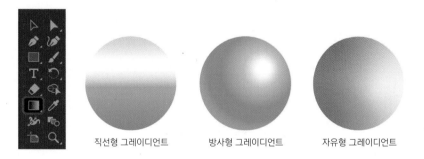

직선형 그레이디언트   방사형 그레이디언트   자유형 그레이디언트

그레이디언트를 적용하면 슬라이더 바와 동그라미 아이콘이 나타나는데 동그라미 아이콘을 더블클릭하면 색상을 바꿀 수 있고, 드래그하면 위치를 바꿀 수 있습니다. 슬라이더 바 또는 자유형 그레이디언트를 적용한 객체의 빈 곳을 클릭하면 색상을 추가할 수도 있어요.

드래그해 이동

하면 된다! ♪

클리핑 마스크로
컵 홀더에 알록달록
패턴 넣기

01 준비 파일 열고 살펴보기

준비 파일을 열면 파란색과 분홍색의 홀더가 있는 커피 컵이
있습니다. 먼저 클리핑 마스크 기능을 이용해 패턴을 커피 컵
의 홀더에 적용해 보겠습니다.

02 민트색 바탕의 패턴을 컵 홀더 뒤로 보내기

먼저 파란색 라인의 컵부터 클리핑 마스크를 적용해 보겠습니다. 민트색 패턴을 컵 홀더 위로
이동시키고 Ctrl + Shift + [를 눌러 민트색 패턴을 컵 홀더 뒤로 보내세요.

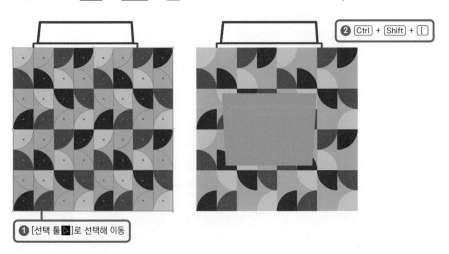

❷ Ctrl + Shift + [

❶ [선택 툴 ▶]로 선택해 이동

03 컵 홀더에 클리핑 마스크 적용하기

준비가 됐다면 패턴과 컵 홀더를 동시에 선택한 후 클리 핑 마스크를 적용하세요.

● 클리핑 마스크 적용 단축키: Ctrl + 7
● 클리핑 마스크 해제 단축키: Ctrl + Alt + 7

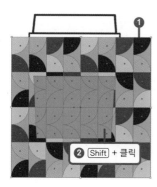

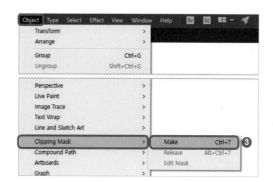

04
파란색 라인의 컵에 패턴이 적용돼 알록달록한 컵이 완성 됐습니다.

05 분홍색 컵에 노란색 바탕의 패턴 적용하기

이번에는 분홍색 라인의 컵 홀더에 노란색 바탕의 패턴을 클리핑 마스크로 적용해 보겠습니 다. 앞서 했던 것과 같은 방법으로 패턴을 컵 홀더 밑으로 가져옵니다.

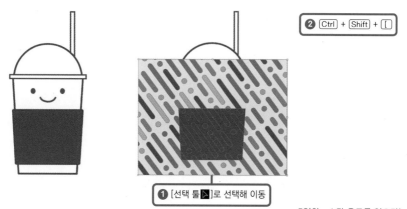

❷ Ctrl + Shift + [

❶ [선택 툴 ▶]로 선택해 이동

06

컵 홀더와 패턴을 선택한 후 이번엔 마우스 오른쪽 버튼을 누르고 [Make Clipping Mask]를 선택해 클리핑 마스크를 적용해 보세요!

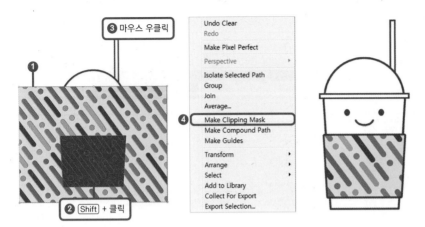

07 패턴 위치와 크기 조절하기

클리핑 마스크 기능을 사용하면 도형 속에 가려져서 보이지 않을 뿐, 들어간 패턴은 잘리지 않고 살아 있답니다. [선택 툴▷]로 패턴을 더블클릭하고 모서리를 드래그해 패턴의 크기를 살짝 줄여 보세요.

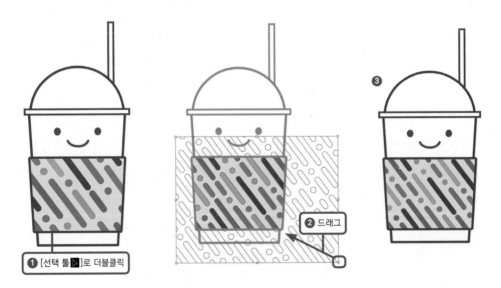

하면 된다!﹜

[그레이디언트 툴 ▣]로
깊이감 있는 컵 캐릭터
만들기

01 [그레이디언트 툴▣] 선택하기

그레이디언트 기능을 사용하면 단색으로 표현할 때보다 객체
가 입체적으로 보입니다. 이번에는 라인 컵에 깊이감 있는 그
레이디언트를 넣어 볼게요. [그레이디언트 툴▣]을 클릭한 후
파란 컵의 컵 부분을 선택하세요. 기본 설정의 그레이디언트
가 바로 들어갑니다.

02 직선형 그레이디언트로 입체감 있는 컵 그리기

화면 오른쪽의 기능 패널에 그레이디언트의 세 가지 종류, 직선형, 방사형, 자유형 아이콘이
나타납니다. [그레이디언트 툴▣]을 적용하면 기본 형태인 [직선형]으로 들어갑니다.

03 색상 모드 바꾸기

처음 [그레이디언트 툴■]을 적용하면 흑백(Grayscale)으로 나타납니다. 색상을 바꾸기 위해
선 먼저 색상 모드를 바꿔야 해요. 다음과 같이 [CMYK] 색상 모드로 변경하세요.

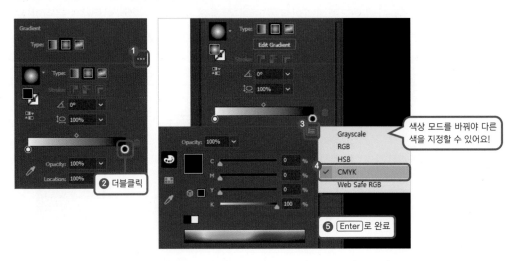

04 색상 바꾸기

이제 검은색 동그라미 아이콘을 더블클릭해 민트색으로 바꿔 보세요. 컵의 색이 민트색으로
바뀌었습니다.

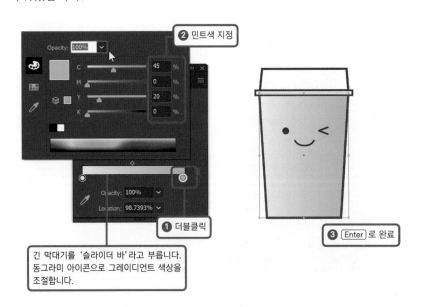

긴 막대기를 '슬라이더 바'라고 부릅니다.
동그라미 아이콘으로 그레이디언트 색상을
조절합니다.

05 슬라이더 바에 색상 추가하기

그레이디언트에 중간색을 추가해 볼까요? 먼저 왼쪽 흰색 동그라미 아이콘을 오른쪽으로 드
래그해 중앙으로 이동하세요. 슬라이더 바 위에 마우스 커서를 올리고 [+] 표시가 나타났을
때 클릭하면 동그라미 아이콘이 하나 더 추가됩니다. 추가한 동그라미 아이콘을 더블클릭해
좀 더 진한 민트색으로 설정해 보세요.

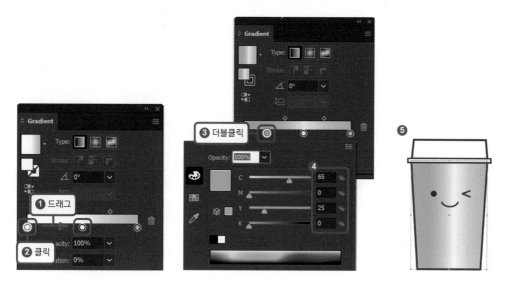

06 [스포이드 툴 ✐]로 같은 효과 적용하기

뚜껑과 뚜껑의 아랫부분을 선택한 후 [스포이트 툴 ✐]을 클릭하고 컵 부분을 클릭하면 같은
그레이디언트가 적용됩니다.

07 자유형 그레이디언트로 더 풍부한 색상의 컵 만들기

이번에는 분홍색 컵 안쪽을 선택하고 [자유형 █]으로 바꿔서 그레이디언트를 넣어 보세요. 조금 더 풍부한 색상을 구현할 수 있습니다.

08 색상 바꾸기

동그라미 아이콘을 더블클릭해 민트색으로 바꿔 보세요. 풍부한 표현을 위해 컵 안쪽을 클릭해 동그라미 아이콘을 추가하고 아래와 같이 색상을 조정해 보세요. 동그라미 아이콘을 드래그하면 위치가 이동합니다.

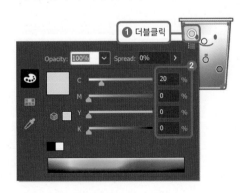
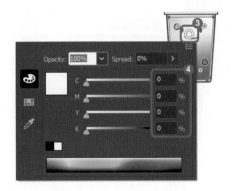

09 둥근 컵 뚜껑에 입체감 있는 방사형 그레이디언트 적용하기

컵 뚜껑에는 [방사형⬛]으로 바꾼 그레이디언트를 적용해 보세요.

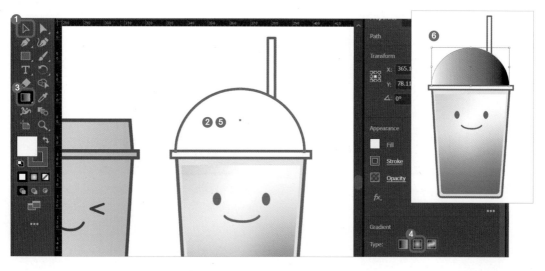

10 자유형 그레이디언트와 마찬가지로 동그라미 아이콘을 더블클릭해 색상을 설정합니다.

11 방사형 크기 조정하기

그레이디언트의 크기를 확대하여 조금 더 자연스러운 색상으로 조정합니다.

12 [스포이드 툴 🖊]로 같은 효과 적용하기

뚜껑 아랫부분은 [스포이드 툴 🖊]로 같은 효과를 간단하게 적용합니다.

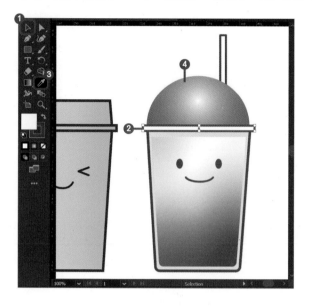

복습 | 10분 만에 만들어야 한다!

'패턴라벨.ai' 파일에 패턴과 라벨
테두리 사각형이 준비돼 있습니다.
클리핑 마스크를 적용해 라벨을 완
성해 보세요.

준비 파일 05-1/패턴라벨.ai
완성 파일 05-1/패턴라벨_완성.ai

손그림, 손글씨 느낌의
상품 태그 만들기

준비 파일 05-2/손그림_준비.ai, 하트_준비.jpg, 러브_준비.jpg 완성 파일 05-2/손그림_완성.ai 글꼴 Arial

오늘 배울 기능	하나, 손그림 가져오기	둘, 점선으로 태그 꾸미기
	패스로 바꾸고 색상 조절하기	
	·Image Trace(이미지 추적)	·Stroke 패널

이미지 추적 기능

이미지 추적 기능(Image Trace)을 사용하면 비트맵 이미지인 사진, 손그림, 손글씨도 패스로 만들 수 있습니다. 뿐만 아니라 스타일을 선택하면 이미지를 흑백, 스케치, 16가지 색상 등으로 바꿀 수 있습니다.

손그림, 손글씨로 만든 일러스트

비트맵 이미지를 선택한 후 메뉴에서 [Object → Image Trace → Make]를 누르면 이미지 추적 기능이 실행돼 벡터 이미지로 바뀝니다.

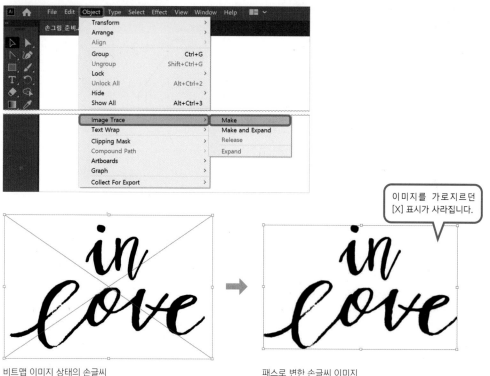

비트맵 이미지 상태의 손글씨

패스로 변한 손글씨 이미지

이미지를 가로지르던 [X] 표시가 사라집니다.

하면 된다!

손그림을
패스로 변환하기

01 준비 파일 열고 이미지 가져오기 — Place

[File → Open]을 선택하고 준비 파일 '손그림_준비.ai'를 열면 선물 태그를 만들 도안이 나타납니다. [File → Place]를 선택하고 '하트_준비.jpg'를 가져오세요.

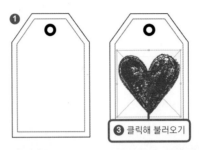

❸ 클릭해 불러오기

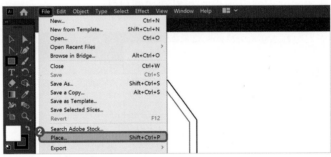

02 비트맵 이미지 파일을 패스로 만들기

불러온 하트 이미지는 비트맵 이미지라서 하트의 색상을 선택해 바꿀 수 없습니다. 이럴 때 이미지 추적 기능을 실행하면 자동으로 '패스'로 바뀝니다. 다음과 같이 이미지 추적 기능을 실행해 보세요.

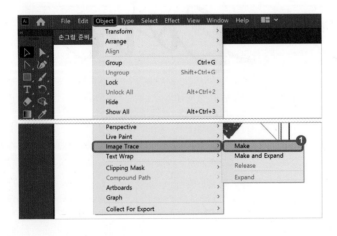

03

하트 색상이 검은색으로 바뀌어 버렸네요! 기존 색상을 살리기 위해 오른쪽 Properties 패널에서 다음과 같이 [3 Colors]로 설정하세요. 이때 Colors에 [2]를 입력하는 이유는 패스로 만들 색상이 분홍색과 흰색, 두 가지이기 때문입니다.

💧 [3 Colors]를 선택하는 이유는 세 가지 색상 이내에서 하트 이미지를 표현할 수있기 때문입니다.

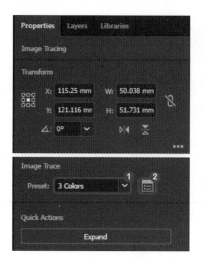

04

[Expand]를 누르면 비트맵 이미지가 패스로 변합니다.

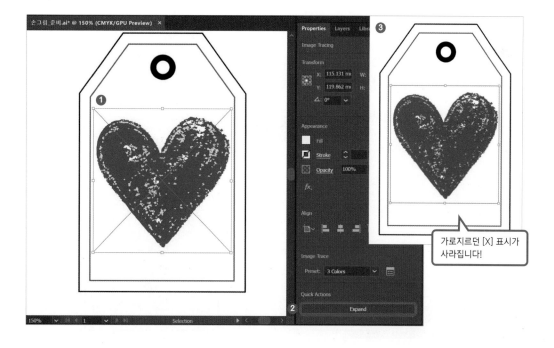

05 배경색 선택해 같은 색상 지우기 — Select Same Fill Colors

패스로 변경된 하트의 색상을 변경해 보겠습니다. 이때 바탕색인 흰색이 함께 변경되면 안 되므로 먼저 흰색 부분을 삭제해야 합니다. [선택 툴 ▶]로 하트 이미지를 더블클릭해 그룹에 들어가세요. 그리고 지워야 하는 흰색 부분을 클릭합니다.

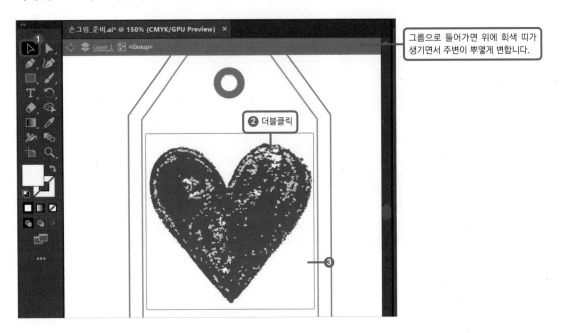

그룹으로 들어가면 위에 회색 띠가 생기면서 주변이 뿌옇게 변합니다.

06 [Select → Same → Fill Color]를 선택하세요. 하트 안쪽의 자잘한 흰색 부분까지 선택됩니다. Delete를 눌러 삭제하세요. 빈 곳을 더블클릭해 그룹에서 나옵니다.

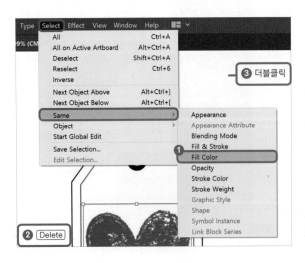

07 패스로 된 하트 색상 변경하기

이제 [선택 툴▶]로 하트를 선택하면 바탕색이 지워지고 남은 분홍색 하트만 선택됩니다. 원하는 색으로 변경하세요.

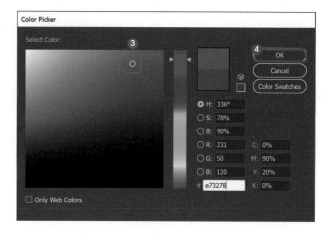

하면 된다!▸

손글씨를
패스로 변환하기

01 이미지 가져오기

자, 이번에는 이미지 추적 기능으로 손글씨를 패스로 만들어 보겠습니다! [File → Place]를 선택하고 준비된 손글씨 이미지 파일 '러브_준비.jpg'를 가져오세요.

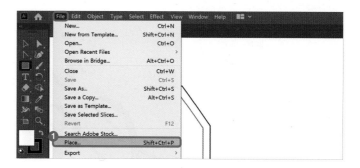

02 이미지 추적하기 — Image Trace 옵션 Blcak and White Logo

가져온 손글씨를 검은색과 흰색으로 바꾸기 위해 Image Trace 패널에서 [Black and White Logo] 옵션을 선택합니다. 글자가 세밀하게 표현돼야 하므로 경곗값에는 [185]를 입력하세요.

💧 경곗값을 높이면 손글씨가 갈라진 부분이 두꺼워지고 낮추면 얇아집니다.

03 아직 패널을 닫지 말고 [Advanced] 창을 열어 Options의 [Ignore White]에도 체크하세요. 이 옵션에 체크하면 흰색을 일일이 지울 필요 없이 검은색 부분만 패스로 만들어 줍니다.

04 [Expand] 버튼을 눌러 패스로 만들어 주세요.

05 [선택 툴 ▶]로 바운딩 박스를 드래그해 크기를 축소하세요. 그리고 하트 위로 드래그해 이동합니다.

❶ Shift + 드래그해 축소

❷ 드래그해 이동

하면 된다!♪

스티치 선 그리기 —
Stroke 패널에서
점선 그리기

01 [글자 툴 T]로 'Fall' 입력하기

손글씨 위에 영문 글자를 넣고 완성도를 높여 보겠습니다!
[글자 툴 T]로 'Fall'이라고 입력해 보세요.

02 Stroke 패널 설정하기

분홍색 선을 점선으로 꾸며 보겠습니다. [선택 툴 ▶]로 안쪽 분홍색 선을 클릭하세요. 그리고
Stroke 패널을 열어 다음과 같이 설정합니다. 이때 [Dashed Line]에 체크하면 점선으로 만들
수 있다는 것을 기억해 두세요.

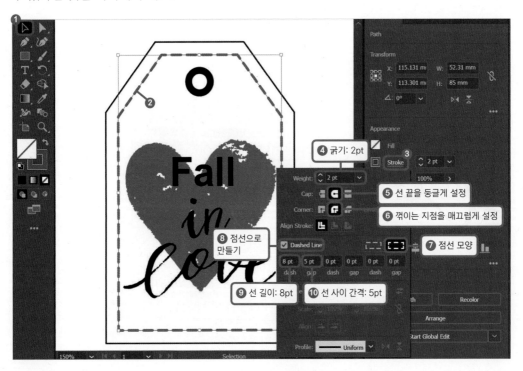

Image Trace 옵션

이미지 추적 기능은 색상 차이를 기준으로 패스를 자동으로 만드는 기능입니다. 이미지의 색상이나 옵션의 설정에 따라 결과가 매우 다르게 나타나죠. 옵션에 따라 결과가 어떻게 달라지는지 살펴보세요.

🖐️ 자주 설정하는 옵션에 ★ 표시를 해 뒀습니다.

원본 이미지

★ ❶ High Fidelity Photo(충실도가 높은 사진): 고품질 사진 이미지로 디테일하게 표현합니다.

❷ Low Fidelity Photo(충실도가 낮은 사진): 저품질 사진 이미지로 단순하게 표현합니다.

❸ 3 Colors: 색상을 3단계로 나눠 표현합니다.

★ ❹ 6 Colors: 색상을 6단계로 나눠 표현합니다.

❺ 16 Colors: 색상을 16단계로 나눠 표현합니다.

❻ Shades of Gray(회색 음영): 이미지를 흑백으로 구분해 표현합니다.

★ ❼ Black and White Logo (흑백 로고): 흑백으로 표현합니다.

❽ Sketched Art(스케치 아트): 만화와 같은 느낌으로 선을 강하게 표현합니다.

❾ Silhouettes(윤곽): 그림자처럼 한 가지 색상으로 단순하게 표현합니다.

❿ Line Art(라인 아트): 선으로 그린 듯이 단순하게 표현합니다.

⓫ Technical Drawing(기술 도면): 선으로 그린 듯이 간단하게 표현합니다.

기능 사전   Stroke 패널

❶ **Weight**: 선의 굵기를 설정합니다.

❷ **Cap**: 선의 끝점 모양을 설정합니다.

   ⓐ Butt Cap   ⓑ Round Cap   ⓒ Projecting Cap

❸ **Corner**: 선과 선을 이어 주는 모서리 모양을 설정합니다.

   ⓓ Miter Join   ⓔ Round Join   ⓕ Bevel Join

❹ **Align Stroke:** 선의 기준점을 가운데, 안쪽, 바깥쪽으로 설정합니다.

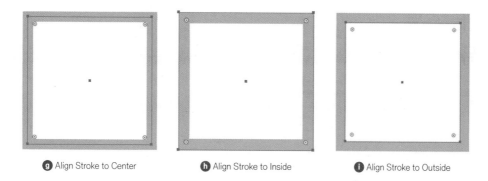

     ⓖ Align Stroke to Center   ⓗ Align Stroke to Inside   ⓘ Align Stroke to Outside

❺ **Dashed Line:** 체크하면 실선이 점선이 됩니다. 아래에는 점선의 길이와 간격을 설정합니다. dash에는 선의 길이, gap에는 선과 선 사이의 간격을 입력합니다.

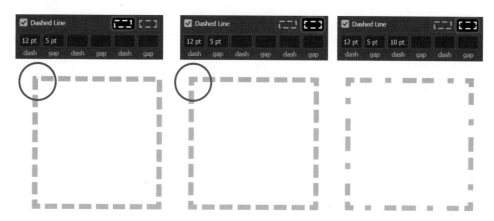

❻ ▦는 간격이 일정한 점선을 만들고 ▦는 모서리를 기준으로 점선을 만듭니다.

❼ **Arrowheads:** 선 끝의 모양을 다양한 화살표로 설정합니다.

❽ **Profile:** 선 모양을 다양하게 설정합니다.

복습 | 10분 만에 만들어야 한다!

완성한 하트 태그를 오른쪽과 같이 변형해 보세요.

준비 파일 05-2/미션태그.ai
완성 파일 05-2/미션태그_완성.ai.

축하 봉투
만들기

준비 파일 05-3/봉투_준비.ai **완성 파일** 05-3/봉투_완성.ai **글꼴** 나눔손글씨 펜

오늘 배울 기능	하나, 봉투 재단선 만들기 배경색 넉넉하게 넣기	둘, 체크무늬 패턴 만들기 패턴 적용하기
	· Offset Path, Pathfinder 패널	· [사각형 툴 ▣] · Align 패널, Swatches 패널

재단선과 배경 여백

재단해서 사용할 인쇄물을 만들 경우, 배경색을 재단선보다 더 넓게 여유 있는 크기로 넣어야 합니다. 만약 여분을 두지 않고 딱 맞게 제작했는데 재단선을 살짝 빗겨 자른다면 색이 없는 부분이 하얗게 보일 수 있기 때문입니다. 따라서 배경색을 넣을 때는 오차 범위까지 생각해 실제 작업 크기보다 2~3mm 크게 작업해야 합니다.

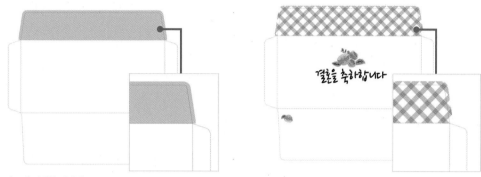

재단선보다 크게 작업한 배경색 부분   패턴을 넣어 완성한 모습

배경 여백을 크게 만들기 위해 두 가지 기능을 사용합니다. 하나는 Offset Path 기능이고, 다른 하나는 Pathfinder 패널입니다. 두 기능을 사용해 축하 봉투를 만들어 보겠습니다.

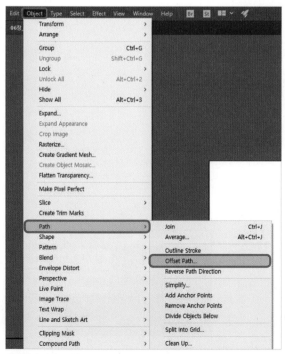

입력한 숫자만큼 선을 띄우는 Offset Path 기능

객체를 합치는 Pathfinder 패널

하면 된다!〉

도면 열고
작업 영역 만들기

01 준비 파일 '봉투_준비.ai'를 열면 준비해 둔 봉투 도면
과 꽃 일러스트가 나타납니다. 먼저 봉투 도면을 선택합니다.

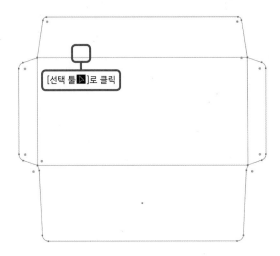

[선택 툴 ▶]로 클릭

02 재단선을 고려한 작업 영역을 만들겠습니다. 다음과 같이 Offset Path 기능을 사용해
도면 선을 3mm만큼 띄우세요.

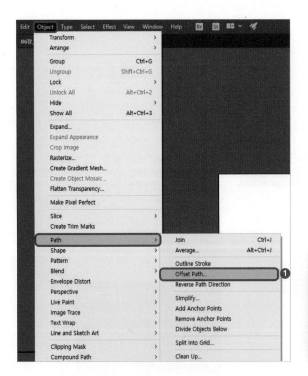

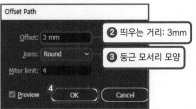

❷ 띄우는 거리: 3mm

❸ 둥근 모서리 모양

03 띄어진 패스를 합쳐 작업 영역 만들기

그런데 작업 영역으로 쓸 띄어진 패스가 조각나 있네요. [직접 선택 툴▶]로 3mm씩 늘어난 작업 영역을 모두 선택한 후 [Pathfinder → Unite █]로 조각난 작업 영역을 합치세요.

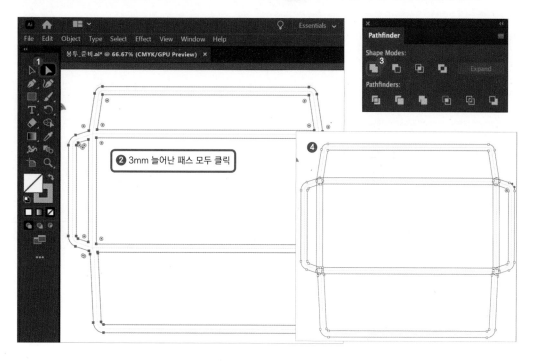

❷ 3mm 늘어난 패스 모두 클릭

04 작업 영역 잘라 내고 레이어 변경해 붙여 넣기

작업의 편의를 위해 도면과 재단선을 다른 레이어로 나누겠습니다. 바깥 선은 원본 도면 선과 그룹으로 묶여 있으므로 바깥 선을 더블클릭해 그룹 안에서 선택해야 합니다. 다음과 같이 바깥 선 영역을 잘라내세요.

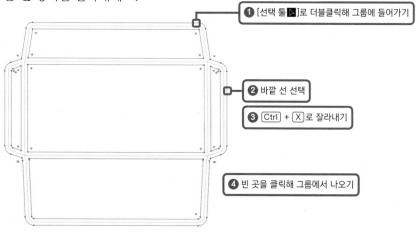

❶ [선택 툴▶]로 더블클릭해 그룹에 들어가기

❷ 바깥 선 선택

❸ Ctrl + X 로 잘라내기

❹ 빈 곳을 클릭해 그룹에서 나오기

05 잘라 낸 바깥 선 영역은 [작업] 레이어의 맨 앞에 붙여 넣으세요. 이렇게 하면 도면과 재단선이 다른 레이어로 분리됩니다.

원본 도면은 [도면] 레이이에 있습니다.

② Ctrl + F 로 붙여 넣기

③ 빈 곳을 클릭

① 클릭

06 필요 없는 면 지우고 레이어 잠그기

이제 바깥 선 중에서 필요 없는 면을 삭제해 볼까요? 오른쪽과 같은 상태가 될 때까지 [선택 툴▶]로 재단선과 관련 없는 면들을 더블클릭해 선택한 후 삭제하세요.

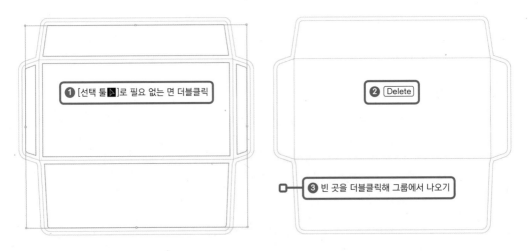

① [선택 툴▶]로 필요 없는 면 더블클릭

② Delete

③ 빈 곳을 더블클릭해 그룹에서 나오기

07
봉투의 도면은 움직이면 안 되므로 [도면] 레이어의
[자물쇠 🔒]를 눌러 잠그세요. 이후로는 [작업] 레이어에서 작
업하겠습니다.

08 봉투 덮개 만들기

봉투 덮개 부분부터 만들어 볼까요?
[사각형 툴 ■]로 오른쪽과 같이 사각
형을 그리세요. 이때 바깥 선까지 사
각형이 가득 차도록 넉넉하게 그려
주세요. 바깥 선이 사각형보다 앞으
로 나와야 합니다. 사각형을 클릭하
고 Ctrl + [를 눌러 뒤로 보내세요.

💧 패턴을 적용할 부분이기 때문에 면 색은 자유롭게
지정해도 됩니다.

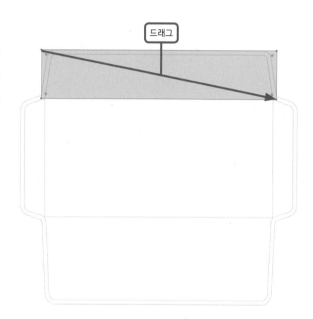

09
넉넉하게 그린 사각형을 다음과 같이 패스파인더로 작업 영역 선까지 잘라 주세요.

💧 아이콘을 한 번만 클릭해야 사각형이 사라지지
않습니다.

10 사각형을 선택하고 그룹을 해제합니다.

Ctrl + Shift + G로 그룹 해제

하면 된다! ⑉

체크무늬 패턴 만들기
— 패턴 만들고 등록하기

01 정사각형 만들기

봉투의 윗면은 체크무늬 패턴으로 장식해 보겠습니다. 먼저 패턴의 한 조각을 만들기 위해 아트보드 빈 곳에 10mm × 10mm의 연분홍색 사각형을 그리세요.

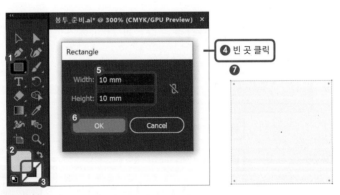

4 빈 곳 클릭

🔴 패턴은 반드시 정사각형 모양으로 만들어야 합니다.

02 [사각형 툴 ■]로 격자 그리기

이번엔 가로로 긴 진한 분홍색 직사각형을 그리고 분홍색 사각형 가운데에 배치합니다.

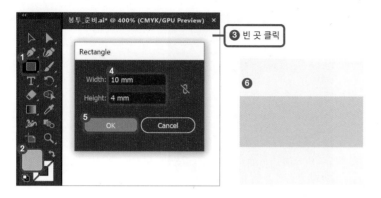

03 직사각형을 복사한 후 90° 회전시켜 세로로 긴 직사각형을 만듭니다.

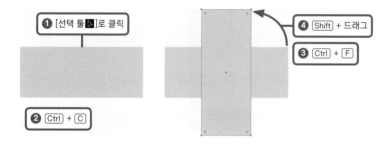

04 가운데 정렬하기

패턴으로 등록하려면 정사각형 안에 정확하게 들어가야 합니다. 만든 사각형들을 모두 선택한 후 Align 패널을 이용해 가운데로 정렬하세요.

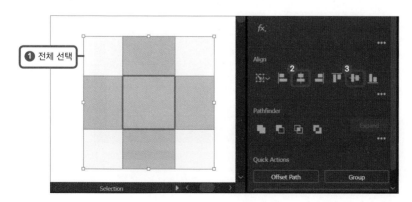

05 면 나눈 후 가운데 사각형 색상 바꾸기

직사각형이 교차돼 생긴 정사각형은 더 진한 색으로 바꿔 볼까요? 다음과 같이 면을 나누세요.

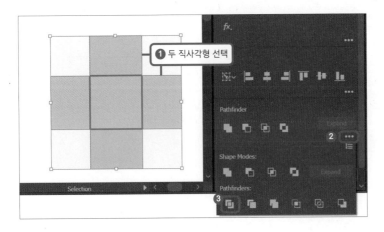

06 가운데 정사각형을 진한 분홍색으로 바꿉니다. 패턴 한 조각이 완성됐습니다!

 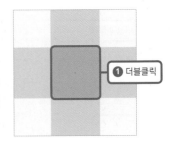

07 Swatches 패널로 패턴 등록하기

완성된 체크 조각을 패턴으로 사용하려면 Swatches 패널에 등록해야 합니다. [선택 툴 ▶]로 패턴을 선택한 후 Swatches 패널의 빈 곳으로 드래그해 추가하세요.

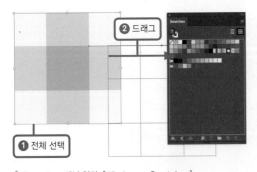 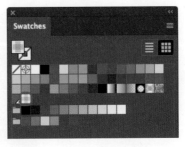

🌢 Swatches 패널 열기: [Window → Swatches]

08 봉투 덮개에 패턴 적용하기

체크 패턴을 봉투 덮개에 적용해 볼까요? [선택 툴 ▶]로 봉투 덮개를 선택한 후 방금 등록한
체크 패턴을 클릭해 면 색에 적용합니다.

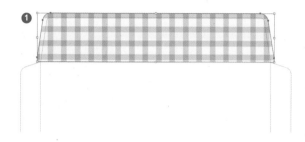
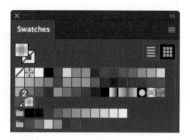

09 패턴 회전하기

패턴의 크기를 조절하거나 방향을 회전할 수 있습니다. [회전 툴 ↻]로 45˚ 회전시켜 보세요.

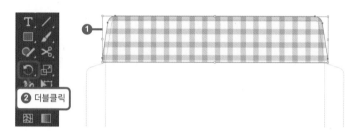
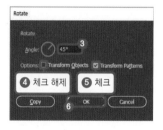

💧 [Transform Objects]는 객체, [Trans
form Patterns]는 패턴을 회전합니다.

하면 된다!♪

봉투에 들어갈
내용 입력하기

01 [글자 툴 T]로 문구 입력하기

봉투에 문구를 넣고 꽃 일러스트를 넣어 봉투를 꾸며 보겠습니다. 글자 모양을 설정하고 봉투 앞면에 넣고 싶은 문구를 입력하세요.

02 꽃 일러스트로 봉투 꾸미기

준비 파일에 있었던 꽃 세 송이를 문구 위에 올려 꾸며 보세요.

03 작은 꽃 한 송이도 뒷면이 될 왼쪽 아랫부분으로 가져옵니다. 이때 뒷면을 접으면 뒤집어지므로 꽃을 180˚ 회전시키세요.

04 내용 들어갈 선 긋기

꽃 일러스트 밑에는 [선 툴 ◪]로 받는 이와 주소를 적을 선을 만들어 보세요.

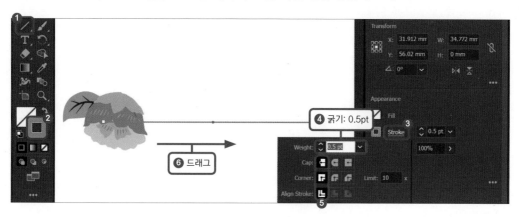

05 선 복사한 후 뒤로 보내기

그런데 꽃과 선이 겹치네요. ⌈Ctrl⌋ + ⌈Shift⌋ + ⌈[⌋를 눌러 선을 맨 뒤로 보냅니다. 그런 다음 선을 복사해 2줄 더 만듭니다.

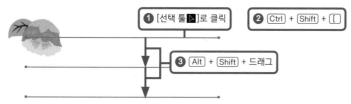

06 봉투가 완성됐습니다! 인쇄하고 접어 직접 사용해 보세요.

패턴을 수정하는 세 가지 방법

이미 등록한 패턴을 수정하고 싶나요? 간단한 방법으로 쉽게 수정할 수 있습니다. 패턴의 크기나 방향을 수정하고 색상을 변경하는 방법을 알아보겠습니다.

🌢 '지그재그.ai' 파일을 열어 직접 패턴을 수정해 보세요.

01 패턴 크기 수정하기

패턴의 크기를 수정할 때는 패턴을 선택한 채 [스케일 툴]을 더블클릭해 옵션 창에서 크기를 조절합니다. 이때 [Transform Objects]에 체크돼 있으면, 객체와 패턴의 크기가 모두 변경되므로 꼭 체크를 풀고 [Transform Patterns]만 체크해야 합니다!

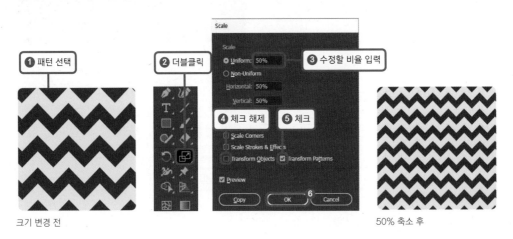

크기 변경 전   50% 축소 후

02 패턴 각도 수정하기

패턴의 방향을 수정할 때는 패턴을 선택한 채 [회전 툴]을 더블클릭해 옵션 창에서 각도를 설정합니다. 이때에도 꼭 [Transform Objects]의 체크를 풀고 [Transform Patterns]만 체크해야 합니다!

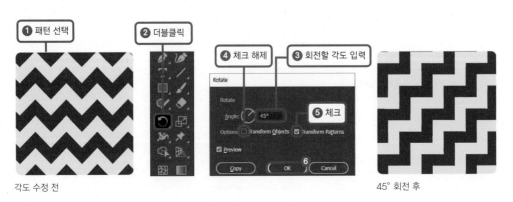

각도 수정 전   45° 회전 후

03 패턴색 변경하기

색을 변경할 때는 패턴을 선택한 상태에서 [Edit → Edit Colors → Recolor Artwork]를 클릭해 나타나는 옵션 창에서 [Assign]을 눌러 설정합니다. [New]에 있는 두 가지 색을 더블클릭해 색상을 변경할 수 있습니다.

색 수정 전

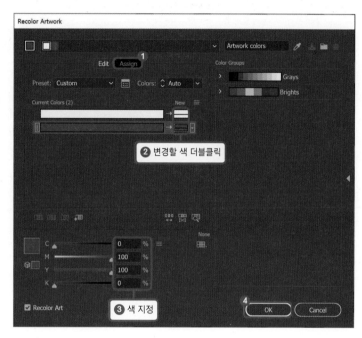

색 수정 후

복습 | 10분 만에 만들어야 한다!

패턴의 색상을 수정하고 글자를 변경해
나만의 감사 봉투를 만들어 보세요!

준비 파일 05-3/감사봉투.ai
완성 파일 05-3/감사봉투_완성.ai

6일차

고급스러우면서
신뢰감을 주는
브랜드 디자인

이니셜 로고
만들기

준비 파일 06-1/로고.ai 완성 파일 06-1/로고_완성.ai

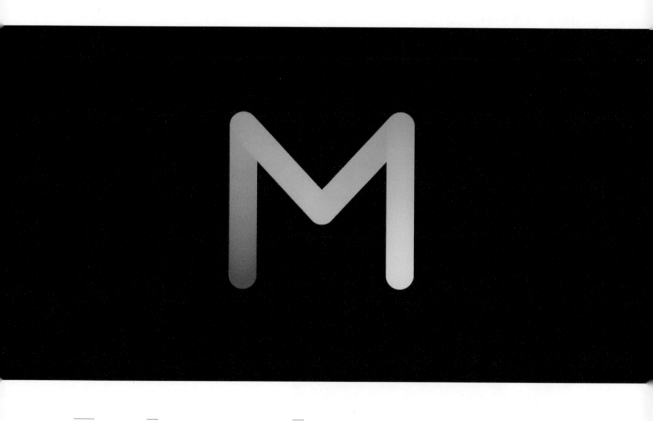

오늘 배울 기능	하나, 점과 점을 자연스럽게 잇기	둘, 이니셜 모양 다듬기
	· [블렌드 툴 🎨]	· [직접 선택 툴 ▶]

[그레이디언트 툴■]과 [블렌드 툴■]의 차이

[그레이디언트 툴■]과 [블렌드 툴■]은 둘 다 색상을 자연스럽게 연결해 주는 기능입니다. 하지만 적용 가능한 범위에 조금 차이가 있습니다. [그레이디언트 툴■]은 색상에만 적용할 수 있지만, [블렌드 툴■]은 색상뿐 아니라 도형과 패스에도 적용할 수 있습니다.

패스에 적용한 [블렌드 툴■]

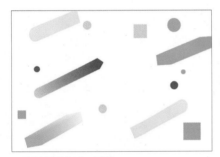 

도형에 적용한 [블렌드 툴■]

[블렌드 툴■]을 사용하는 방법은 간단합니다. 툴 패널의 [블렌드 툴■]을 누르고 연결할 두 객체를 클릭하면 됩니다. (Alt)를 누른 채 객체를 클릭하면 다음과 같이 옵션 창에서 설정을 변경할 수도 있습니다.

 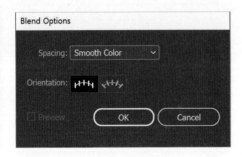

하면 된다! ♪

알록달록
이니셜 로고 만들기

01 준비 파일 열고 연결할 영역 정하기

준비 파일 '로고.ai'에 알록달록 작은 점들이 들어 있습니다. 이 점들을 연결해 이니셜 로고를 만들어 보겠습니다. 'M'자로 연결하기 위해 오른쪽에 5개의 점만 남겨 두고 삭제하세요.

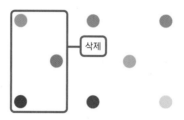

02 [블렌드 툴 ■]로 점과 점 사이 연결하기

5개의 점을 차례대로 이어 보겠습니다. [블렌드 툴 ■]을 클릭하고 왼쪽 아래에 있는 분홍색 점과 파란색 점을 이어서 클릭해 보세요. 점과 점 사이의 색상이 자연스럽게 연결됩니다.

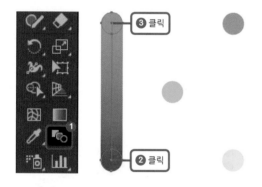

03 이어서 중앙점, 오른쪽 파란색 점, 노란색 점을 차례로 클릭하세요. 쉽게 'M' 이니셜이 완성됐습니다!

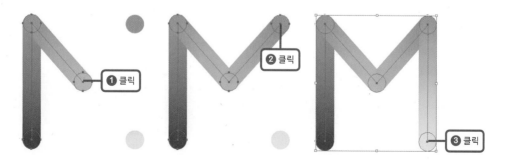

04 기준점 이동해 다듬기

[블렌드 툴]로 만든 객체들은 [직접 선택 툴]로 색상을 변경하거나, 기준점을 추가하거나, 모양을 정교하게 수정할 수 있습니다. [직접 선택 툴]로 가운데 점을 선택하고 아래로 내려 정교하게 수정해 보세요.

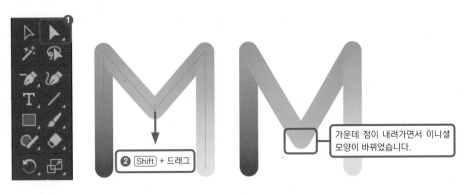

② Shift + 드래그

가운데 점이 내려가면서 이니셜 모양이 바뀌었습니다.

기능 사전

[블렌드 툴]

[블렌드 툴]을 누른 후 Alt 를 누른 채 객체를 클릭하면 블렌드 옵션 창이 열립니다. [블렌드 툴]의 종류는 총 5가지인데, 거리를 정하는 방식에 따라 3가지, 방향에 따라 2가지가 있습니다.

거리를 정하는 방식에 따른 3가지 종류
[Spacing]에서 무엇을 선택하느냐에 따라 다음과 같이 바뀝니다.

❶ Smooth Color(매끄러운 색상): 두 객체의 색상을 자연스럽게 연결해 매끄럽게 만듭니다.

❷ Specified Steps(지정된 단계): 옵션 창에 객체와 객체 사이의 단계를 수치로 입력하면 지정된 단계로 연결합니다.

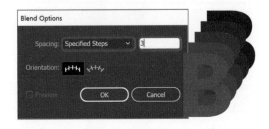

❸ Specified Distance(지정된 거리): 두 객체 사이의 거리를 수치로 입력하면 지정된 수치에 따라 연결합니다.

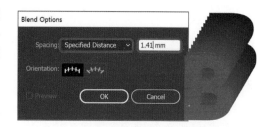

방향에 따른 2가지 종류
[Orientation]은 객체가 자연스럽게 이어지는 방향을 결정합니다.

❹ 페이지에 정렬: X축 혹은 Y축 방향으로 객체가 자연스럽게 이어집니다.

❺ 패스에 정렬: 객체 사이에 자동으로 생성된 패스의 수직 방향으로 객체가 자연스럽게 이어집니다. 이때 기준이 될 패스를 직접 그릴 수도 있습니다.

복습 | 10분 만에 만들어야 한다!

여러분의 이니셜로 로고를 만들어 보세요.

준비 파일 06-1/미션로고.ai
완성 파일 06-1/미션로고_완성.ai

명함 만들고
제작 준비하기

준비 파일 06-2/오와이오_로고.ai 완성 파일 06-2/명함_완성.ai 글꼴 본고딕(NotoSans-kr)

오늘 배울 기능	하나, 명함 프레임 만들기 배경색과 로고 넣기	둘, 안내선 안에 글자 넣기	셋, 재단선 넣기 글자를 윤곽선으로 만들기
	· [사각형 툴 ■] Offset Path	· [View → Guides → Make Guides]	· [Effect → Crop Marks] [Type → Create Outlines]

하면 된다!〉

명함 레이아웃 만들기
— 기본적인 명함 만들기

01 새 파일 만들기

인쇄용 규격으로 A4 크기의 가로 방향 새 파일을 만듭니다.

02 명함 크기 설정하기

먼저 [사각형 툴■]로 명함의 틀을 만듭니다. 명함의 표준 규격은 90mm × 50mm이므로 이 크기로 만듭니다.

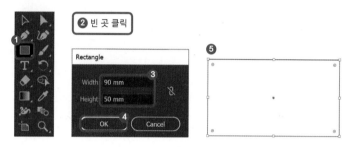

03 재단선 설정하기

재단선은 인쇄 시 잘리는 면을 감안해 초기 단계부터 만드는 것이 좋습니다. 바깥으로 2mm 떨어진 재단선을 만드세요.

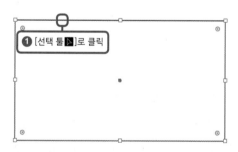

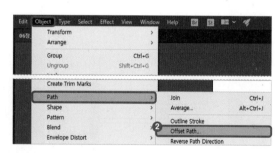

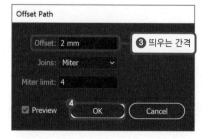

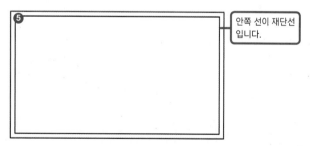

04 뒷면 복사하기

만들어진 앞면 전체를 복사해 뒷면도 만들어 주세요.

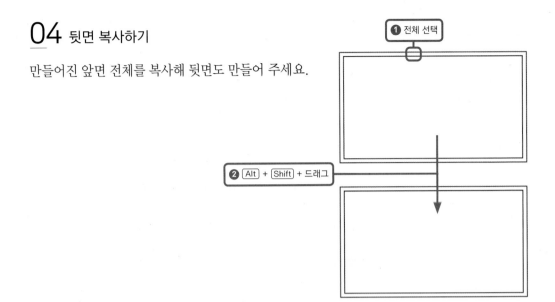

05 명함 앞면 색상 넣기

틀이 준비됐으니 명함의 앞면부터 만들어 보겠습니다. 명함 앞면의 배경색을 원하는 색으로
바꿔 주세요.

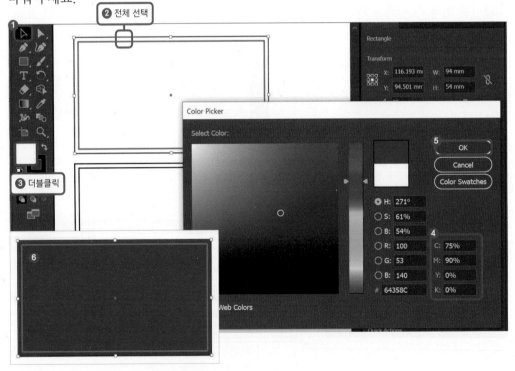

06 명함 앞면에 색상 넣고 로고 넣기

로고를 넣어 볼까요? [File → Open]으로 준비 파일 '오와이오_로고.ai'를 연 후 로고를 복사하고 작업 파일로 되돌아와 붙여 넣습니다.

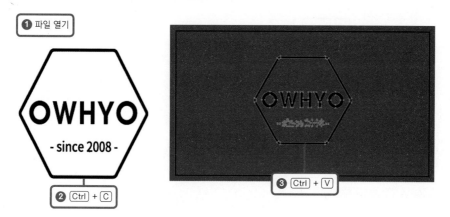

1 파일 열기

2 Ctrl + C

3 Ctrl + V

07 배경색이 진하므로 로고 색상이 흰색일 때 더 잘 보이겠네요. 로고 색을 흰색으로 바꿔 주세요.

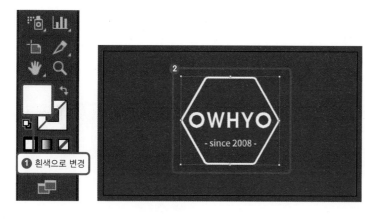

1 흰색으로 변경

08 가운데 정렬하기

로고는 명함의 정가운데에 있어야겠죠? Align 패널에서 가운데 정렬하세요. 이때 명함 사각형을 기준으로 정렬하기 위해 [Align To → Align to Key Object]로 명함의 사각형 틀을 기준으로 지정한 후에 정렬합니다.

09 뒷면 안내선 만들기

뒷면을 만들 차례입니다. 이름, 연락처 등을 입력하기 전에 화면에는 보이지만 실제로 인쇄되지 않는 안내선을 그려 기준을 잡겠습니다. 이번엔 다음과 같이 뒷면의 안쪽 선이 안쪽으로 7mm 들어간 선을 만드세요.

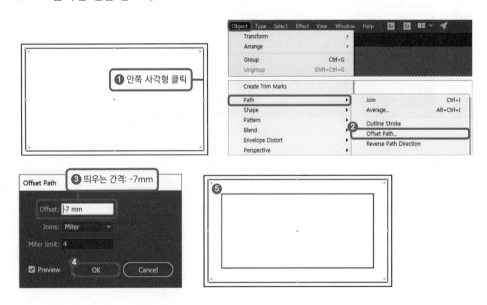

10

안내선은 디자인할 때 도와줄 뿐, 인쇄되면 안 되겠죠? 안쪽 사각형을 선택한 후 [View → Guides → Make Guides]를 눌러 안내선으로 만듭니다.

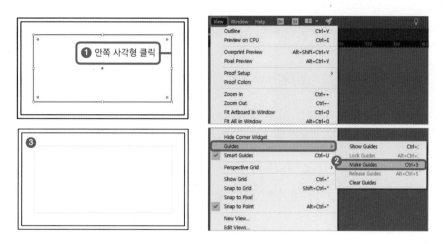

11 명함 뒷면에 정보 입력하기

이제 [글자 툴 T]로 안내선 안에 정보를 입력해 보세요. 이름, 연락처, 이메일 주소 등을 입력하면 됩니다.

12 기본적인 명함이 완성되었습니다.

된다! 포토샵+일러스트레이터

Bloger_오와이오
http://blog.naver.com/rlfcjstm
owhyo@owhyo.com
010.1234.5678

하면 된다!〉

네이버 QR코드
만들기

01 네이버 QR코드 접속

QR코드는 웹사이트나 블로그, 사진, 동영상, 지도 등의 링크를 간편하게 공유하는 수단입니다. 명함 뒤쪽에 넣을 QR코드를 만들어 보겠습니다. http://qr.naver.com에 접속한 후 [나만의 QR코드 만들기]를 클릭하세요.

🔴 네이버 아이디로 로그인해야 만들 수 있습니다.

🔴 QR코드를 명함에 넣고 싶지 않다면 바로 433쪽으로 넘어가도 됩니다.

02 기본 정보 입력하기

코드 제목을 입력하고 색상을 선택한 후 QR코드 밑에 로고나 이미지를 삽입할지 여부를 결정하고 다음 단계로 넘어갑니다.

03 QR코드 생성하기

QR코드에 사진이나 동영상 등 원하는 정보를 담거나 바로 웹사이트로 이동할 수 있습니다. 홈페이지나 블로그로 바로 이동하기 위해 [링크로 바로 이동]을 선택한 후 링크 주소를 입력하고 [작성완료]를 누릅니다.

04 QR코드 저장하기

만든 QR코드를 이미지 파일로 저장하거나 웹주소로 내보낼 수 있습니다. 명함에 넣을 이미지 파일로 저장하기 위해 [코드 저장] 버튼을 누르고 확장자를 [EPS]로 선택합니다. 크기는 필요한 크기에 맞도록 선택하고 [저장] 버튼을 누릅니다.

⬤ EPS 파일은 인쇄에 적합한 파일 형식입니다.
자세한 내용은 283쪽을 참고하세요.

05 저장된 QR코드 열고 명함 뒷면에 가져오기

일러스트레이터로 되돌아옵니다. [File → Open]으로 QR코드 EPS 파일을 여세요. [선택 툴]로 QR코드를 복사한 후 명함 뒷면에 붙여 넣으세요.

하면 된다!〉

명함 제작 준비하기
— 재단선 넣고 글자
윤곽선 만들기

01 재단선 넣기

인쇄소로 넘길 준비를 해 봅시다. 여백 안쪽에 실제로 잘려야 하는 선을 기준으로 재단선을 넣어야 합니다. 명함 앞면과 뒷면의 안쪽 사각형을 동시에 선택한 후 [Effect → Crop Marks]를 클릭해 재단선을 만드세요.

02

안쪽 사각형인 검은색 선은 인쇄되지 않아야겠죠? 오른쪽과 같이 선 색을 [비활성화]해 없애 주세요.

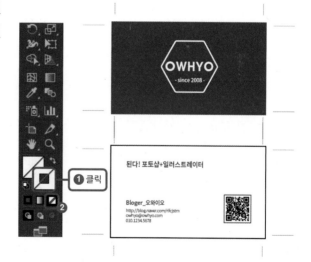

03 글자 윤곽선 만들기

이번엔 글자를 손봐야 합니다. 다른 컴퓨터에서 파일을 열었을 때 글꼴이 없다면 변형될 수 있으므로 반드시 글자를 윤곽선으로 만들어야 합니다. 전체를 선택하고 윤곽선으로 만들어 주세요.

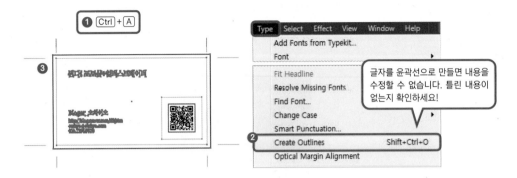

04

Ctrl + Y 를 눌러 윤곽선 보기 기능으로 윤곽선이 잘 만들어졌는지 확인합니다.

05 다른 이름으로 저장하기

한 번 결과물로 저장한 후에는 내용을 다시 수정하기 어렵습니다. 따라서 모든 작업을 마친 후에는 꼭 [File → Save As]로 다른 이름으로 저장하고 관리해야 합니다.

이때 버전은 인쇄소 버전과 같거나 낮은 버전으로 바꿔 저장합니다. CC와 같은 상위 버전에서 작업한 파일을 CS6와 같은 하위 버전에서 열면 파일이 열리지 않거나 손상될 수 있기 때문입니다.

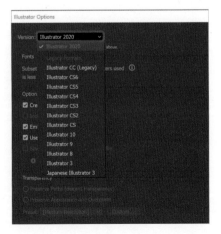

7일차

글자로 승부를 거는
홍보물 디자인

상품 스티커·라벨
만들기

준비 파일 07-1/도장.ai 완성 파일 07-1/도장_완성.ai 글꼴 본고딕(NotoSans-kr)

오늘 배울 기능	하나, 둥글게 글자 쓰기 글자 위아래 뒤집기	둘, 세로 글자 쓰기	셋, 별 모양 안에 글자 쓰기
	· [패스 글자 툴 ✐] · [Type → Type on a Path → Type on a Path Options]	· [세로 글자 툴 ↓T]	· [영역 글자 툴 ⬚T]

[글자 툴 T] 속 숨은 기능들

[글자 툴 T]을 길게 누르면 오른쪽과 같이 숨은 기능이 나타납니다. 단순히 글자만 쓰는 게 아니라 패스를 따라 가로로 혹은 세로로 쓸 수 있고, 영역 안을 글자로 채울 수도 있습니다. 이렇게 숨은 기능들 중 몇 가지만 알아도 더 풍부한 글자 디자인을 할 수 있습니다.

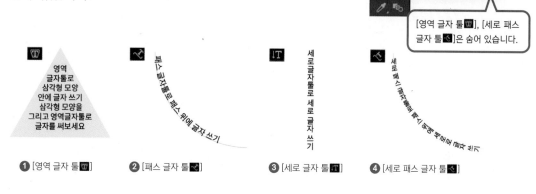

[영역 글자 툴 T], [세로 패스 글자 툴] 은 숨어 있습니다.

영역
글자툴로
삼각형 모양
안에 글자 쓰기
삼각형 모양을
그리고 영역글자툴로
글자를 써보세요

패스글자툴로 패스 위에 글자 쓰기

세로글자툴로 세로 글자 쓰기

❶ [영역 글자 툴 T]   ❷ [패스 글자 툴]   ❸ [세로 글자 툴 T]   ❹ [세로 패스 글자 툴]

하면 된다! ↷

동그란 패스 따라
글자 쓰기
― [패스 글자 툴]

01 패스 복사하고 맨 앞으로 붙여 넣기

준비 파일 '도장.ai'를 열면 동그란 도장이 있습니다. 바깥쪽 원을 따라 둥글게 글자를 넣어 보겠습니다. 먼저 글자가 따라 갈 패스를 만들기 위해 안쪽 동그란 패스를 복사해 맨 위에 붙여 넣으세요.

💧 Ctrl + F 로 붙여 넣으면 겹친 객체들 중 맨 앞으로 붙여집니다.

💧 Ctrl + V 로 붙여 넣으면 엉뚱한 곳에 복사되어 한 번 더 옮겨야 하므로 번거롭습니다.

❶ Ctrl + C

❷ Ctrl + F

02 글자가 원에서 조금 떨어진 위치에서 흐르는 것이 좋겠네요. 복사한 패스를 오른쪽과 같이 중앙을 기준으로 확대하세요.

이 선을 따라 글자를 쓸 것입니다.

❶ 안쪽 원 클릭

❷ Alt + Shift + 드래그해 확대

03 패스 따라 글자 복사해 넣기

도장 오른쪽에 준비해 둔 감사 문구를 복사하세요. 그런 다음 [패스 글자 툴 ➤]을 클릭합니다.

❷ 길게 클릭

Type Tool (T)

Type on a Path Tool

Vertical Type Tool

❶ Ctrl + C

1만 팔로워! 감사합니다
FOR YOUR SUPPORT

04 바깥쪽 동그란 패스를 클릭하고 Ctrl + V 를 눌러 복사한 글자를 붙여 넣습니다.

❷ Ctrl + V

05 패스 회전해 글자를 중앙으로 이동하기

글자가 위쪽에 있는 것이 좋겠네요. [선택 툴▶]로 글자를 클릭하면 글자의 시작과 끝을 나타
내는 긴 막대 2개가 보입니다. 막대를 드래그해 글자를 회전시키세요.

06 글자 패스 복사한 후 문구 붙여 넣기

아래쪽에도 문구를 추가하겠습니다. 방금 만든 글자를 복사하고 맨 위에 붙여 넣으세요. 복사
된 문구를 시계 방향으로 회전해 위치를 조절합니다.

07 오른쪽 'FOR YOUR SUPPORT' 문구를 복사해 도장 아래에 붙여 넣습니다.

08 글자 뒤집기

그런데 아래쪽 문구는 뒤집어져 있어 읽기 힘드네요. 다음과 같이 아래에 있는 글자를 뒤집어
보세요.

09 뒤집은 글자 패스를 오른쪽 방향으로 돌려 중앙으로 위치를 조절하면 완성입니다!

혹시 문구가 '1만 팔로워! 감사
합니다'와 겹치더라도 당황하
지 마세요! 회전시키면 됩니다.

하면 된다!♪

세로 방향으로 글자 쓰기
— [세로 글자 툴 T.]

01 가로 글자 복사하기

준비 파일에 초록색 리본과 '고맙습니다' 문구가 있습니다. 이 문구를 리본 안에 세로 글자로 넣어 보겠습니다. 글자를 [선택 툴 ▷]로 선택하고 복사하세요.

02 [세로 글자 툴 T.] 선택하기

[세로 글자 툴 T.]을 선택한 후 복사한 문구를 붙여 넣으세요.

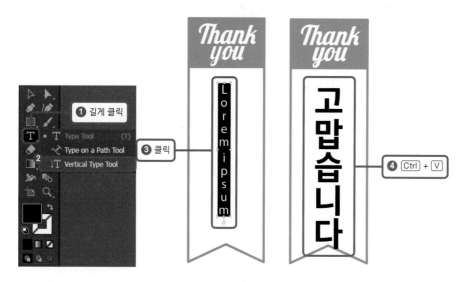

03 색상 바꾸고 정렬하기

배경색에 맞춰 글자색도 초록색이면 좋겠네요. [스포이트 툴 ✏️]로 색을 맞추고 보기 좋게 정렬해 보세요.

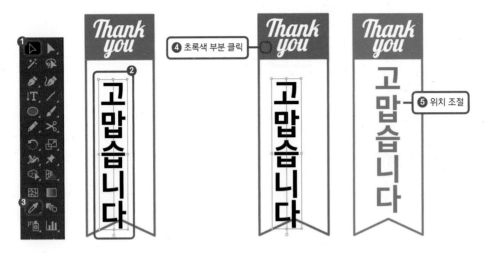

하면 된다!♪

별 모양 안에 글자 쓰기
— [영역 글자 툴 🆃]

01 별 모양 복사해 영역 만들기

마지막으로 별 모양의 틀 안에 긴 문장을 넣어 볼까요? [패스 글자 툴 ✒️]처럼 [영역 글자 툴 🆃]도 틀이 필요합니다. 별 모양의 도형을 복사해 맨 앞에 붙여 넣으세요.

02 [영역 글자 툴⬛] 불러내기

CC 2019 버전부터는 [영역 글자 툴⬛]이 툴 패널에서 보이지 않습니다. 다음과 같이 [영역 글자 툴⬛]을 찾아서 툴 패널에 넣으세요.

03 문장 복사해 넣기

긴 문장을 복사한 후 [영역 글자 툴⬛], 별 모양 패스 순으로 클릭하세요. 복사한 문장을 붙여 넣으면 별 모양 안에 글이 들어옵니다.

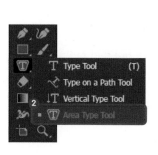

04 문장 확인하고 끊어 주기

어색해 보이는 문장을 다듬어 볼까요? 'FOR YOUR' 다음에 마우스 커서를 올려놓고 Enter
를 눌러 문장을 정리하면 완성입니다.

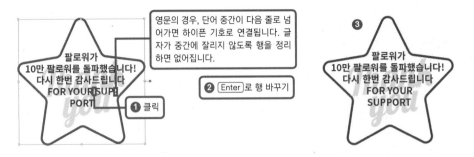

영문의 경우, 단어 중간이 다음 줄로 넘어가면 하이픈 기호로 연결됩니다. 글자가 중간에 잘리지 않도록 행을 정리하면 없어집니다.

2 Enter 로 행 바꾸기

1 클릭

Type on a Path Options

패스 위에 글자를 쓸 때는 기준에 따라 뒤집거나 간격을 조절해야 하는 경우가 있는데, 이
창에서 조절합니다.

[Preview]를 클릭한 상태로 설정하면 옵션마다 어떻게 변하는지 살펴볼 수 있습니다.

❶ Rainbow: 글자가 무지개 모양처럼 정렬됩니다.

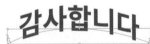

❷ Skew: 패스 선을 따라 비스듬히 정렬됩니다.

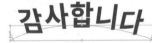

❸ 3D Ribbon: 리본을 묶은 듯이 정렬됩니다.

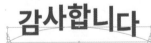

❹ Stair Step: 패스 선을 따라 계단처럼 정렬됩니다.

❺ Gravity: 패스 가운데를 중심으로 정렬됩니다.

강조 문구에 딱!
3D 문자 만들기

준비 파일 **없음** 완성 파일 07-2/3D_완성.ai 글꼴 배달의민족 도현체

오늘 배울 기능	하나, 글자 입력하기	둘, 3D 효과 넣기
	색상 적용하기	각도와 두께, 그림자 조절하기
	· [글자 툴 **T**]	· [Effect → 3D → Extrude & Bevel] Appearance 패널

하면 된다!↱

입체적인 문구 만들기 ―
3D 효과 적용하기

01 새 파일 만들기

[File → New]를 선택해 [A4] 규격의 [가로] 방향 아트보드를
만듭니다.

02 문자 쓰고 외곽선 만들기

[글자 툴 T]로 문구를 적어 보세요. 글꼴은 원하는 것을 선택
해도 되지만, 입체 문자로 만들 계획이니 두꺼운 글꼴을 선택
하는 게 좋습니다.

03 색상 적용하기

첫 줄 글자는 분홍색, 두 번째 줄 글자는 하늘색으로 바꿔 주세요. 물론 원하는 색으로 지정해
도 됩니다.

04 3D 돌출 효과 적용하기

이제 글자에 입체 효과를 넣어 볼까요? 문구를 전체 선택한 후 [Effect → 3D → Extrude & Bevel]을 선택하세요.

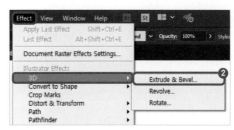

💧 CC 2022 버전부터 3D 효과가 조금 바뀌었습니다. 이전 버전의 기능으로 사용하고 싶다면 [Effect → 3D and Materials → 3D(Classic) → Extrude & Bevel]을 누르세요.

05 이렇게 클릭 한 번만으로도 3D 효과를 줄 수 있습니다. 다음과 같이 각도와 돌출되는 두께를 조절해 보세요. 빛과 그림자는 [More Options]를 클릭해야 조절할 수 있습니다.

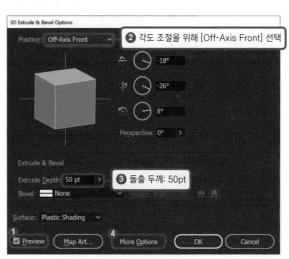

06 그림자와 빛의 값 조절하기

다음과 같이 3D 문자의 명도를 더 밝게 조절하면 완성입니다!

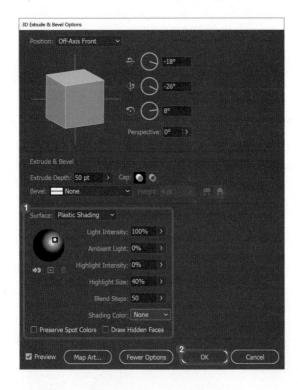

● ● ●
기능 사전   3D 효과 설정 변경하기

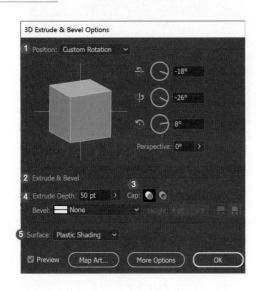

❶ **Position:** 입체 각도를 변경할 수 있습니다.

❷ **Extrude Depth:** 돌출되는 두께를 설정할 수 있습니다.

❸ **Cap:** 뚜껑을 덮을지 열지를 설정합니다.

❹ **Bevel:** 경사 모서리의 종류를 설정할 수 있습니다.

❺ **Surface:** 질감을 설정하고 그에 따른 세부 하이라이터와 빛의 명도, 그림자 등 세부적인 수정을 합니다.

입체 효과를 수정하고 싶나요? 오른쪽 Properties 패널에서
[3D Extrude & Bevel]을 클릭하면 설정 창이 다시 나타납
니다.

복습 | 10분 만에 만들어야 한다!

앞에서 배운 내용을 복습하면서 영
화 축제 포스터를 만들어 보세요!

준비 파일 07-2/영화포스터.ai
완성 파일 07-2/영화포스터완성.ai

일러스트레이터
디자인 능력자
인증 시험

축하합니다!
일러스트레이터의 기본기부터
실무 프로젝트까지 무사히 마치셨습니다.
마지막으로 '디자인 능력자 인증 시험'으로
여러분의 실력을 확인해 보세요!

· 시험 시간: 90분

· 문제를 풀다가 막히면 힌트를 읽어 보세요.

· 결과물은 자유롭게 변형해도 됩니다.

일러스트레이터 디자인 능력자 인증 시험

문제 1_ 다음 힌트를 참고해 간단한 아이콘을 만드세요. [난이도 ★☆☆]

• 준비 파일 **없음** • 완성 파일 **일러 시험/해답1.ai**

힌트
1. [원형 툴◉]로 원을 그리세요.
2. [Alt]를 누른 채 드래그하여 복사하세요.
3. 복사한 원의 6시 방향의 기준점을 지우세요.
4. [Ctrl]+[J]를 눌러 닫힌 패스로 만드세요.

힌트
1. [사각형 툴▣]로 직사각형을 그리세요.
2. [펜 툴✎]로 봉투 덮개 부분을 그리세요.
3. [선 툴⁄]로 왼쪽 모서리에서 덮개까지 연결해 주세요.
4. [반전 툴✖]로 선을 반전하여 복사해 주세요.

힌트
1. [둥근 사각형 툴▣]로 둥근 직사각형을 그리세요.
2. [펜 툴✎]로 삼각형을 그리세요.
3. Pathfinder 패널로 사각형과 삼각형을 합치세요.
4. [원형 툴◉]로 작은 원을 그리고 [Alt]를 누른 채 드래그해 복사하세요.

문제 2_ 다음 힌트를 참고해 스티커를 만드세요. 난이도 ★★☆

• 준비 파일 **없음** • 완성 파일 일러 시험/해답2.ai

힌트
1. [원형 툴 ◉]로 60mm 크기의 원을 그리세요.
2. [글자 툴 T]로 'Everything'을 입력하세요.
3. [Offset Path]로 재단선을 만드세요.

힌트
1. Glyphs 패널로 하트 기호를 넣어 보세요.
2. 하트 기호의 윤곽선을 따서 도형으로 만드세요.
3. [글자 툴 T]로 'LOVE'를 입력하세요.
4. [Offset Path]로 재단선을 만드세요.

힌트
1. [글자 툴 T]로 'HappyDay'를 입력하세요.
2. [Text Warp]로 형태를 변경합니다.
3. [Object → Expand]로 도형화합니다.
4. [Offset Path]로 두께를 주고 Pathfinder 패널로 합쳐 주세요.
5. [Offset Path]로 재단선을 만드세요.

문제 3_ 다음 힌트를 참고해 명함을 만드세요. 난이도 ★★★

• 준비 파일 일러 시험/명함.ai

힌트
1. 준비 파일의 명함 앞면을 복사해 뒷면을 만듭니다.
2. 앞면엔 로고와 링크 주소를 입력합니다.
3. 뒷면엔 아이콘과 함께 정보를 입력합니다.
   [글꼴: 나눔바른고딕 / 글자 색: C: 00, M: 00, Y: 00, K: 80]

• 완성 파일 일러 시험/해답3.ai

문제 4_ 다음 힌트를 참고해 포스터를 만드세요. 난이도 ★★★

• 준비 파일 일러 시험/포스터.ai

• 완성 파일 일러 시험/해답4.ai

힌트

1. 준비 파일을 열고 [블렌드 툴 █]로 원을 순서대로 연결합니다.
   [블렌드 옵션 → Smooth Color]

2. 'S A L E' 문구를 각각 선택하여 Alt 를 누른 채 왼쪽으로 드
   래그해 복사합니다.

3. 각 글자를 선택한 후 [블렌드 옵션 → Specified Steps]의 값
   에 [6]을 적용합니다.

4. 배경 사각형을 복사하여 Ctrl + F 로 맨 앞으로 붙여 넣은 후
   [블렌드 툴 █]로 이은 색상을 함께 선택하여 클리핑 마스크를
   적용합니다.

5. 포스터의 배경색을 [C: 100, M: 85, Y: 00, K: 00]으로 설정
   합니다.

6. 'S A L E' 문구를 가져와 포스터 위에 배치하여 완성합니다.

준비 운동

포토샵
기본기 편

포토샵
실무 편

일러스트레이터
기본기 편

#초대장

일러스트레이터
실무 편

#인테리어 포스터

포토샵 &
일러스트레이터 편

포토샵 일러스트레이터 편

디자인 실무, 여기까지 알면 프로처럼 보인다

01-1

포토샵 & 일러스트레이터
함께 쓰는 방법

함께 쓰면 능률이 오르는 포토샵과 일러스트레이터

지금까지 포토샵, 일러스트레이터에서 작업하면 좋은 예제들로 두 프로그램을 배워 봤습니다. 각각의 프로그램을 사용해도 훌륭한 결과물을 얻을 수 있지만, 두 프로그램을 연동해 사용하면 더 효율적으로 작업할 수 있습니다.

예를 들어 포토샵에서 이미지를 보정한 후 일러스트레이터에서 불러와 글자나 로고를 얹힐 수 있고, 일러스트레이터에서 아이콘을 만든 후 포토샵으로 불러와 웹페이지를 만들 수 있습니다.

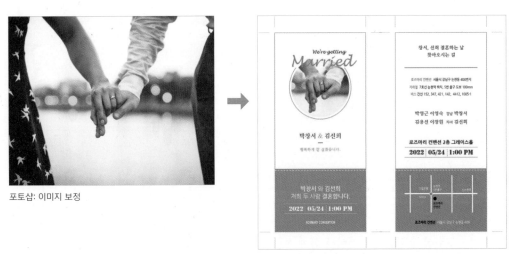

포토샵: 이미지 보정

일러스트레이터: 글자 입력, 인쇄 준비

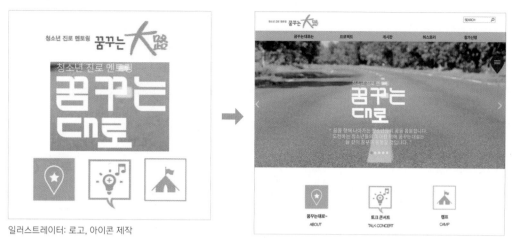

일러스트레이터: 로고, 아이콘 제작

(출처) 저자의 웹사이트 작업. KB국민은행 청소년 진로
멘토링 꿈꾸는 대로 사이트(www.kbdream.co.kr)

포토샵: 전체적인 웹사이트 이미지 제작

한눈에 정리하는 포토샵 & 일러스트레이터 차이점

본격적으로 두 프로그램을 연동해 사용하기에 앞서 두 프로그램의 차이점과 특성을 다시 짚
어 보겠습니다. 모두 읽기 번거롭다면 초록색 글씨만 읽고 넘어가세요!

	포토샵	일러스트레이터
결과물	픽셀(pixel)이라는 작은 사각형 점들이 모여 이뤄진 비트맵(Bitmap) 이미지	수학적인 방식의 선과 곡선으로 이뤄진 벡터(Vector) 이미지
표현	자연스럽고 사실적인 이미지 표현이 가능합니다. 픽셀의 수가 화질을 결정하는데 픽셀의 수가 많을수록 이미지가 선명해집니다. 확대, 축소 시 이미지가 깨져 보이는 계단 현상이 나타납니다.	선명도를 유지하면서 이미지를 자유롭게 수정하거나 이동시킬 수 있습니다. 확대, 축소해도 이미지가 깨지지 않고 해상도에 제약이 없어 수정하기 쉽지만, 사진과 같은 자연스러운 이미지 표현에는 한계가 있습니다.
	1200% 확대 이미지	1200% 확대 이미지
저장 파일 형태	PSD, PNG, BMP, JPEG 등	AI, EPS, SVG, PDF 등
용도	사진과 같은 섬세한 이미지 표현에 적합하며 디지털페인팅, 사진 보정 등에 사용합니다.	인쇄, 출력용 작업에 적합하며 로고, 리플릿, 캐릭터 디자인 등과 같은 도식화된 이미지를 만드는 데 사용합니다.

인테리어 포스터 만들기

준비 파일 01-2/flower.jpg, 인테리어 포스터_준비.ai   완성 파일 01-2/인테리어 포스터_완성.ai   글꼴 본고딕(NotoSans-kr)

TODAY IS A GOOD DAY

오늘 배울 기능	하나, 포토샵에서 사진 보정하기	둘, 일러스트레이터에서 이미지 포함시키기	셋, 아트보드로 A3 크기로 포스터 만들기
	·Layers 패널 → 조정 레이어	·Links 패널 → Embed	·[아트보드 툴 🔲], [스케일 툴 🔳]

하면 된다!⸢

이미지
선명하게 보정하기

01 준비 파일 열고 레이어 복사하기

포토샵에서 준비 파일 'flower.jpg'를 엽니다. 이미지를 보정하기에 앞서 원본 이미지를 남겨 두기 위해 [Background] 레이어를 복사합니다.

02 Unsharp Mask로 이미지 선명하게 하기

이미지를 선명하게 하기 위해 [Filter → Sharpen → Unsharp Mask]를 선택하고 다음과 같이 적용 강도와 범위를 설정하세요.

하면 된다!↱

Curves 조정 레이어로
밝게 보정하기

01 조정 레이어 추가하기

이미지를 좀 더 밝게 보정해 보겠습니다. 그런데 앞에서 배웠던 [Image → Adjustments] 메뉴로 이미지를 보정하면 나중에 보정 정도를 수정할 수 없습니다.

나중에도 수정할 수 있으려면 어떻게 해야 할까요? 보정 기능을 레이어로 추가하면 됩니다. 다음과 같이 Layers 패널에서 조정 레이어로 Curves를 추가하세요.

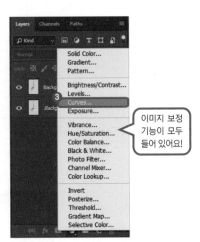

02 팝업 창이 나타나면 그래프의 밝은 영역을 위로 드래그해 밝게 조절하세요.

03 저장하기

포토샵에서 필요한 이미지 보정 작업을 모두 마쳤습니다. [File → Save As]를 선택하고 'flower.psd'로 저장하세요. PSD 파일로 저장해 일러스트레이터에서 링크로 연결해 두면 언제든 포토샵에서 이미지를 열어 수정할 수 있습니다.

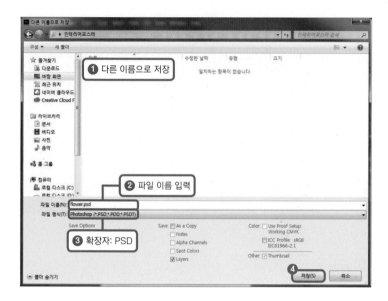

하면 된다!⑂

일러스트레이터 열고
이미지 파일 가져오기

01 일러스트레이터에서 준비 파일 열기

포토샵에서 작업한 이미지 파일을 일러스트레이터로 가져와 작업을 이어가겠습니다. 먼저 일러스트레이터에서 준비 파일 '인테리어 포스터_준비.ai'를 여세요.

02 이미지 파일 가져오기

분홍색 사각형 영역에 포토샵에서 보정한 이미지를 넣겠습니다. [File → Place]를 선택하고 포토샵에서 보정한 'flower.psd'를 가져오세요.

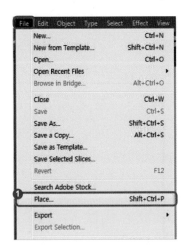
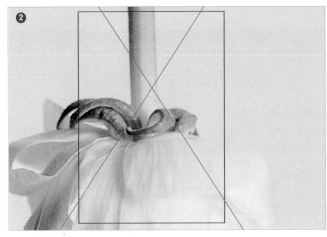

03 이미지 크기 줄이고 반전하기

이미지가 포스터 레이아웃보다 크고 거꾸로 돼 있네요! 이미지의 끝부분이 보일 때까지 화면을 축소하고 이미지 크기를 줄입니다.

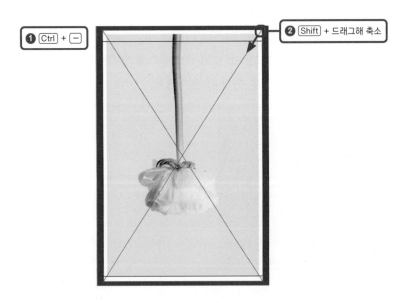

04 [반전 툴 ⬔]을 더블클릭해 수평 방향으로 이미지를 반전합니다.

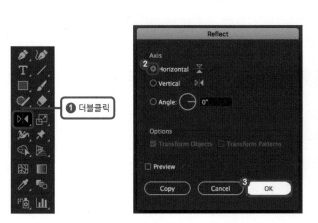

05 클리핑 마스크 적용하기

이미지를 사각형 안에 넣겠습니다. 이미지를 클릭해 맨 뒤로 보낸 후 이미지와 사각형을 동시에 선택하고 Ctrl + 7 을 눌러 클리핑 마스크를 적용하세요.

06 이미지 포함시키기

이미지 파일 수정을 마치면 반드시 이미지를 일러스트레이터 파일에 포함시켜야 합니다. 그렇지 않으면 다른 컴퓨터에서 일러스트레이터 파일을 열었을 때 이미지가 누락됩니다. Links 패널에서 [Embed Image]를 실행하세요. 🔵 Links 패널 열기: [Window → Links]

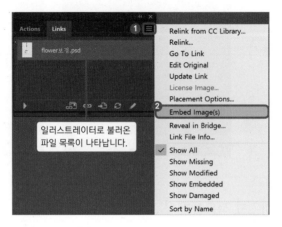

일러스트레이터로 불러온 파일 목록이 나타납니다.

07 팝업 창이 나타나면 다음과 같이 선택하세요. 이미지가 일러스트레이터 파일에 포함돼 이미지를 가로지르던 파란색 [X] 표시가 사라집니다.

이미지를 포토샵의 레이어 별로 포함시킵니다.

이미지를 하나의 레이어로 합쳐 포함시킵니다.

이미지가 일러스트레이터 파일에 포함되었다는 뜻입니다.

하면 된다! ┆

문구 넣고
레이아웃 정리하기

01 [글자 툴T]로 'TODAY IS A GOOD DAY' 입력하기

이미지를 넣었으니 아래쪽에 어울리는 문구를 넣어 보겠습니다. 다음과 같이 이미지 밑에 글자를 입력해 보세요. 글자 입력을 마치려면 [선택 툴▶]을 눌러야 합니다.

02 글자 위아래에 선 장식 넣기

이번엔 글자 위아래에 선을 넣어 볼까요? 굵기 등을 설정해 [선 툴✏]로 선을 넣으세요.

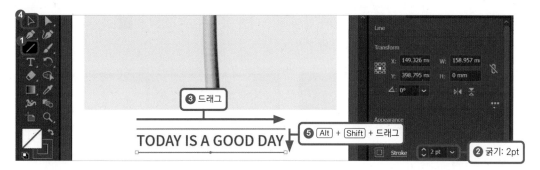

03 중앙 정렬하기

글자와 선을 포스터의 중앙으로 정렬해 보겠습니다. [선택 툴▶]로 글자와 선을 선택한 후 Align 패널에서 가운데로 정렬하세요. 이때 아트보드를 기준으로 정렬해야 정확히 아트보드의 중앙으로 정렬됩니다.

04 A3 크기의 인테리어 포스터가 완성됐습니다.

하면 된다!〉

[아트보드 툴 ]로
포스터 복사하기

01 [아트보드 툴 📄]로 아트보드 복사하기

완성된 포스터를 A4 규격의 포스터로 바꿔 보겠습니다. [아트
보드 툴 📄]을 클릭하면 포스터의 아트보드가 선택됩니다. 다
음과 같이 포스터를 복사한 후 [선택 툴 ▶]을 눌러 작업을 마
치세요.

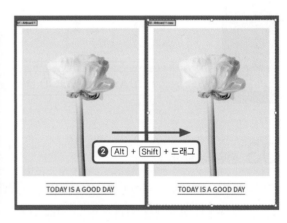

02 포스터 축소하기

복사한 포스터 전체를 선택한 후 [스케일 툴 ▣]을 사용해 복사된 포스터를 70% 크기로 축소
하세요.

03 아트보드 축소하기

포스터 내용은 줄어들었는데 아트보드 크기만 크네요. 이번엔 아트보드를 축소하겠습니다.
[아트보드 툴 ▣]을 더블클릭하면 아트보드 옵션 창이 나타납니다. 크기를 [A4]로 변경하세요.
[선택 툴 ▶]을 눌러 작업을 마치면 완성입니다.

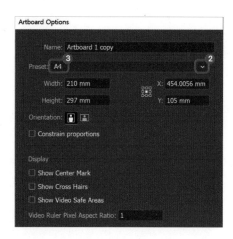

A3 크기 포스터

A4 크기 포스터

04 A3와 A4 중에서 원하는 크기로 직접 인쇄해 보세요!

●●●●
기능 사전

컨트롤 패널에서 [Embed] 선택하기

컨트롤 패널에서도 [Embed] 기능을 사용할 수 있습니다. 이미지를 선택한 후 컨트롤 패널
에서 [Embed]를 누르면 이미지가 일러스트레이터 파일에 포함됩니다.

Links 패널에는 일러스트레이터로 불러온 이미지 혹은 PSD 파일들이 나타납니다. Links 패널에 나타난 파일을 포토샵에서 열어 이미지를 수정할 수도 있습니다. 단, 이미지를 포함시키는 [Embed] 기능을 사용한 후에는 이미지를 수정할 수 없습니다. 따라서 이미지를 포함시키기 전에 수정이 필요한지 반드시 살펴봐야 합니다.

❶ Links 패널에서 [연필 ✎] 아이콘을 클릭하면 포토샵이 실행되면서 이미지를 수정할 수 있습니다.

❷ 포토샵에서 이미지를 수정한 후 저장하면, 일러스트레이터에서 자동으로 연동돼 오른쪽과 같은 창이 나타납니다. [Yes] 버튼을 누르면 수정한 이미지가 반영됩니다.

❸ 만약 수정한 이미지가 반영돼 있지 않으면 [업데이트 ↻] 아이콘을 누르세요.

툴 패널에서 [아트보드 툴 🗗]을 더블클릭하면 아트보드 옵션 창이 나타납니다. 이 창에서 아트보드의 이름과 규격 등 세부 정보를 설정할 수 있습니다.

❶ Name: 아트보드의 이름을 입력하거나 수정할 수 있습니다.
❷ Preset: 인쇄, 웹, 모바일, 비디오 등 표준 규격으로 설정할 수 있습니다.
❸ 아트보드의 가로, 세로 폭 및 좌표를 확인하고 수정할 수 있습니다.
❹ Delete: 아트보드를 삭제합니다.
❺ OK: 설정을 적용합니다.

아트보드 추가하기 / 이미지 파일로 저장하기

동일한 크기로 아트보드 추가하기

동일한 크기의 다른 시안을 만들어 비교해 보고 싶을 때 아트보드를 사용하면 한눈에 비교하기 편리합니다. 동일한 크기의 아트보드를 추가하는 방법은 다음과 같습니다.

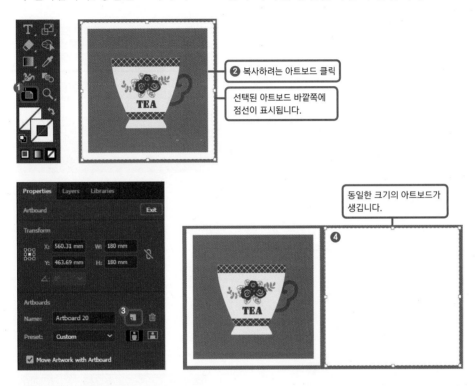

❷ 복사하려는 아트보드 클릭

선택된 아트보드 바깥쪽에 점선이 표시됩니다.

동일한 크기의 아트보드가 생깁니다.

아트보드 삭제하기

[아트보드 툴 🔳]로 삭제하려는 아트보드를 선택하고, [삭제 🗑] 아이콘을 클릭하면 삭제됩니다.

❷ 삭제하려는 아트보드 클릭

작업 영역 그대로 아트보드 만들기

현실에서는 도화지의 바깥쪽에 그림을 그릴 수 없지만, 일러스트레이터에서는 아트보드의 바깥쪽에서도 작업할 수 있습니다. 만약 아트보드 없이 작업한 후 그 크기로 아트보드를 만들고 싶다면 다음과 같이 클릭하면 됩니다.

❷ 아트보드 없이 그린 배경 클릭

아트보드가 생성되면서 바깥쪽에 점선이 나타납니다.

이미지 파일로 저장하기

작업을 마쳤으면 저장해야겠죠? 아트보드에 작업한 파일을 각각 JPG 파일로 저장하려면 다음과 같이 하면 됩니다. 이때 반드시 [Use Artboards]에 체크해야만 각각의 이미지가 아트보드별로 저장됩니다. 만약 체크하지 않고 저장하면 모든 작업물이 하나의 이미지 파일로 저장됩니다.

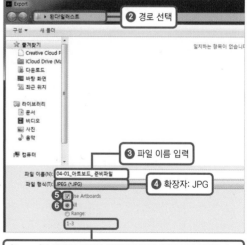

[Range]를 클릭해 범위를 설정하면 아트보드를 골라 저장할 수 있습니다. 이때의 숫자는 Artboards 패널에서 설정합니다.

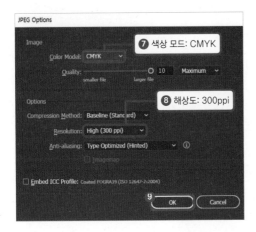

아트보드 순서 변경하기

저장된 이미지 파일 이름을 보니 순서가 정해져 있네요! 이 순서는 Artboards 패널에서 지정할 수 있답니다. 이 번호를 기억해 두면 전체 아트보드뿐 아니라 몇몇 아트보드만 골라 이미지 파일로 만들 수도 있지요. Artboards 패널에서는 순서뿐 ◆ Artboards 패널 열기: [Window → Artboards] 아니라 이름도 바꿀 수 있습니다.

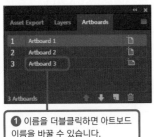

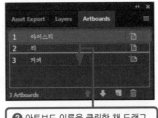

❶ 이름을 더블클릭하면 아트보드 이름을 바꿀 수 있습니다.

❷ 아트보드 이름을 클릭한 채 드래그 하면 순서도 바꿀 수 있습니다.

작은 초대장
만들기

준비 파일 01-3/wedding.jpg, wedding.txt, 청첩장_준비.ai 완성 파일 01-3/청첩장_완성.ai
글꼴 나눔고딕, 나눔명조, 나눔바른펜, Lucida Handwriting, Stencil Std Bold

오늘 배울 기능	하나, 포토샵에서 사진 보정하기	둘, 일러스트레이터에서 글자 넣고 꾸미기	셋, 인쇄 준비하기
	· 조정 레이어, 클리핑 마스크	· [가위 툴✂], [선 툴✏] · Stroke 패널	· 재단선, 글자 윤곽선 만들기

하면 된다!

Hue/Saturation
레이어 추가해
흑백 사진 만들기

01 파일 열기/레이어 복사하기

초대장에 사용할 이미지를 보정하기 위해 포토샵에서 'wedding.jpg'를 불러옵니다. 원본 레이어를 복사해 두세요.

드래그

02 Curves 레이어 추가하기

원본 이미지를 유지하면서 보정하기 위해 Layers 패널에서 조정 레이어로 Curves를 추가합니다. 그래프를 위로 드래그해 이미지를 밝게 보정하세요.

❸ 드래그

조정 레이어가 생겼습니다.

03 Hue/Saturation 레이어 추가하기

흑백 사진으로 바꾸는 것 역시 조정 레이어를 이용하겠습니다. 흑백으로 바꾸기 위해 다음과 같이 채도는 [-100], 부드러운 느낌을 주기 위해 명도는 [+4]로 조절하세요.

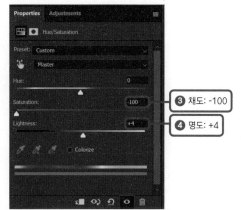

❸ 채도: -100

❹ 명도: +4

04 [Hue/Saturation 1] 레이어가 생성됐습니다. [Hue/Saturation 1] 레이어의 섬네일을 클릭하면 Hue/Saturation 의 수치를 언제든지 수정할 수 있습니다.

클릭

하면 된다!

조정 레이어에
클리핑 마스크
적용하기

01 조정 레이어는 모든 하위 레이어에 영향을 미칩니다.
따라서 레이어가 많은 작업을 할 때는 해당 레이어에만 영향
이 미치도록 클리핑 마스크를 적용해야 합니다. [Curves 1]
의 섬네일을 클릭해 Curves 창이 열리면 클리핑 마스크를 적
용하세요.

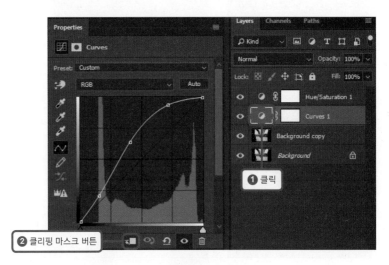

02 [Hue/Saturation 1] 레이어에도 동일한 방법으로 클리핑 마스크를 적용하세요.

🔵 현재 실습에서는 별다른 차이를 느끼지 못할 것입니다. 하지만 여러 이미지를 사용하는 경우를 대비해 클리핑 마스크를 넣는
습관을 들이는 게 좋습니다.

03 포토샵에서의 작업을 마쳤으니 [File → Save As]를 선택하고 'wedding보정.psd'로
저장하세요.

기능 사전 클리핑 마스크를 적용하지 않으면?

조정 레이어를 적용한 경우, 조정 레이어 아래에 있는 모든 하위 레이어에도 동일한 효과가 적용됩니다. 다음 예시에서 맨 위의 조정 레이어에 흑백 효과를 줬더니 그 아래에 있는 세 이미지가 모두 흑백으로 바뀌었습니다. 하나의 레이어에만 흑백 효과를 주려면 어떻게 해야 할까요?

조정 레이어에 클리핑 마스크를 넣지 않았습니다.

아래 모든 레이어가 흑백으로 바뀌었습니다.

클리핑 마스크를 적용하면 조정 레이어의 바로 아래에 있는 하위 레이어에만 영향을 미칩니다.

조정 레이어에 클리핑 마스크를 넣었습니다.

클리핑 마스크 버튼

조정 레이어의 바로 아래에 있는 왼쪽 그림에만 흑백 효과가 적용됐습니다!

이렇게 여러 이미지를 조합해 사용하는 경우를 대비해 처음부터 클리핑 마스크를 넣는 습관을 들이는 게 좋습니다.

01 일러스트레이터 준비 파일 열고 살펴보기

일러스트레이터에서 작업을 이어 가겠습니다. 준비 파일 '청첩장_준비.ai'를 열면 기본적인 초대장 양식이 그려져 있습니다.

02 초대장 양식 복사하기

초대장 양식을 복사해 뒷면을 만들어 주세요.

 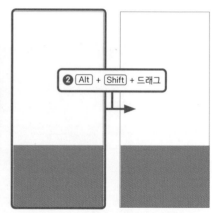

03 이미지 들어갈 정원 그리기

앞면에는 원 안에 포토샵에서 보정한 이미지를 넣겠습니다. 먼저 앞면 중앙에 [원형 툴 ◯]로 정원을 그려 주세요.

 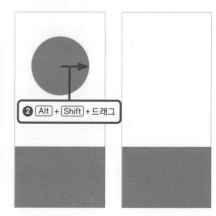

04 이미지 파일 가져오기

[File → Place]를 선택하고 포토샵에서 보정한 이미지 파일 'wedding보정.psd'를 가져옵니다. 그런 다음 원 안에 두 사람이 잡은 손이 들어갈 것을 상상하면서 이미지 크기를 적당히 줄입니다.

05 클리핑 마스크 적용하기

사진을 맨 뒤로 보내고 두 사람이 잡은 손 위치에 원이 위치하도록 조절하세요.

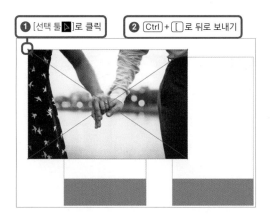
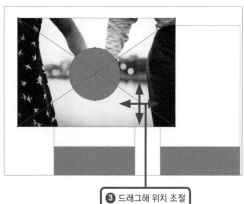

06   위치를 잡았다면 원과 사진을 동시에 선택한 후 Ctrl + 7 을 눌러 클리핑 마스크를 적용합니다.

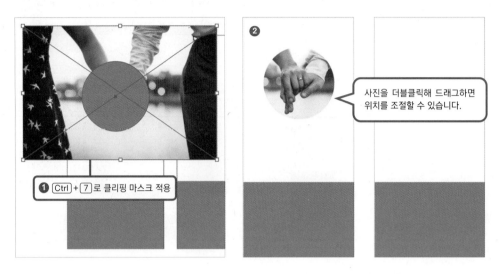

사진을 더블클릭해 드래그하면 위치를 조절할 수 있습니다.

❶ Ctrl + 7 로 클리핑 마스크 적용

하면 된다!

[선 툴🖊]로 약도 그리기

01   [선 툴🖊]로 약도 그리기

이번엔 뒷면으로 넘어가 약도를 그려 보겠습니다. 뒷면의 분홍색 배경 위에 [선 툴🖊]로 흰색 선을 그리세요.

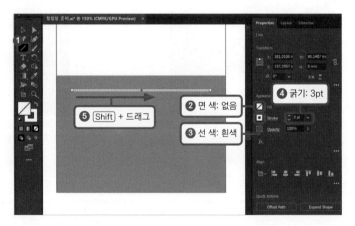

❺ Shift + 드래그

❷ 면 색: 없음

❸ 선 색: 흰색

❹ 굵기: 3pt

02 세로 선 그리고 연속 복사하기

[선 툴▧]로 교차하는 세로 선을 그리세요. 그런 다음 Ctrl + Shift + M 을 눌러 Move 패널을 열고 다음과 같이 25mm 간격으로 복사합니다.

03 Ctrl + D 를 두 번 눌러 연속 복사해 약도를 그리세요.

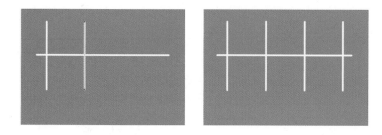

01 정보가 입력된 메모장 열기

초대장에 들어갈 정보들을 입력할 차례입니다. 간단한 문구라면 직접 입력하면 되지만, 긴 문구나 여러 정보를 입력해야할 때는 메모장에 미리 작성해 두고 복사해 쓰는 게 좋습니다. 메모장에서 준비 파일 'weddingtext.txt'를 여세요. 글자를한 줄씩 차례대로 복사해 일러스트레이터 파일로 붙여 넣으세요!

다른 문구들도 복사해
넣으세요!

02 글꼴 및 색상 적용하기

문구들을 모두 가져와 배치했다면 Character 패널에서 다음 정보를 참고해 글꼴, 글자 크기 등을 조절하세요.

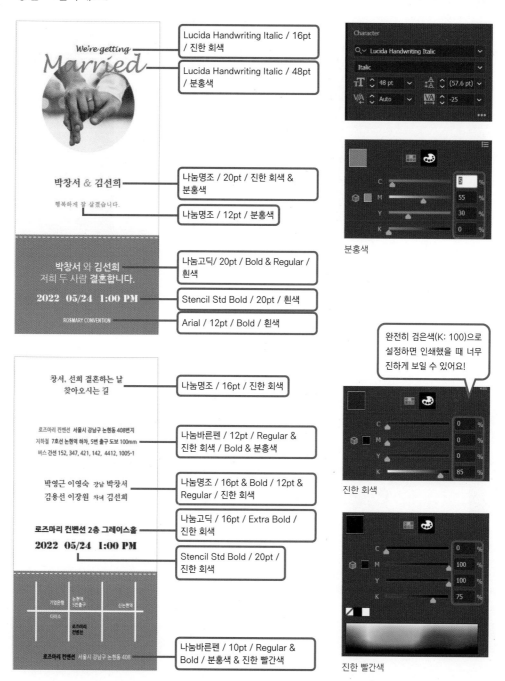

Lucida Handwriting Italic / 16pt / 진한 회색

Lucida Handwriting Italic / 48pt / 분홍색

나눔명조 / 20pt / 진한 회색 & 분홍색

나눔명조 / 12pt / 분홍색

나눔고딕/ 20pt / Bold & Regular / 흰색

Stencil Std Bold / 20pt / 흰색

Arial / 12pt / Bold / 흰색

분홍색

나눔명조 / 16pt / 진한 회색

나눔바른펜 / 12pt / Regular & 진한 회색 / Bold & 분홍색

나눔명조 / 16pt & Bold / 12pt & Regular / 진한 회색

나눔고딕 / 16pt / Extra Bold / 진한 회색

Stencil Std Bold / 20pt / 진한 회색

완전히 검은색(K: 100)으로 설정하면 인쇄했을 때 너무 진하게 보일 수 있어요!

진한 회색

나눔바른펜 / 10pt / Regular & Bold / 분홍색 & 진한 빨간색

진한 빨간색

하면 된다!⟩

디테일 조절해
초대장 완성하기

01 [원형 툴 ⬤]로 이미지 테두리에 동그란 선 그리기

글자와 정보가 알맞게 들어갔으면 세밀하게 디자인해 초대장을 완성해 보겠습니다. 먼저 이미지 주위에 [원형 툴 ⬤]로 분홍색 선으로 이뤄진 원을 그리세요.

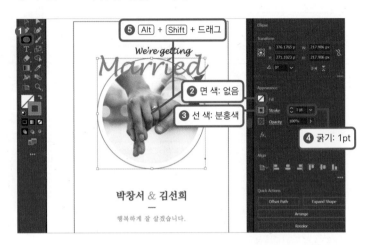

02 [가위 툴 ✂]로 선 자르기

그런데 글자와 원이 겹치네요. 문구가 잘 보이도록 선을 자르겠습니다. [가위 툴 ✂]로 분홍색 선에서 자를 부분을 차례대로 클릭하세요.

03 선이 분리되면 잘린 선을 지웁니다.

04 짧은 선 그리기

이번엔 이름과 문구 사이에 [선 툴 ✏]로 짧게 구분 선을 그리세요.

05 절취선 그리기

초대장을 티켓처럼 사용하기 위해 흰색 점선으로 절취선을 그리세요.

06 숫자 부분도 허전하니 장식 선을 그려 줄까요? 숫자 위아래에 [0.75pt] 두께의 흰색 수평선을 그리고, 숫자 사이의 수직선은 점선으로 그려 보세요.

07 다음을 참고해 뒷면에도 선과 절취선을 그리세요

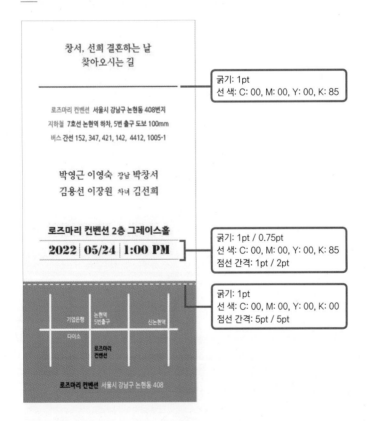

굵기: 1pt
선 색: C: 00, M: 00, Y: 00, K: 85

굵기: 1pt / 0.75pt
선 색: C: 00, M: 00, Y: 00, K: 85
점선 간격: 1pt / 2pt

굵기: 1pt
선 색: C: 00, M: 00, Y: 00, K: 00
점선 간격: 5pt / 5pt

08 마지막으로 [원형 툴 ⬤]로 약도에 위치를 표시하면 완성입니다.

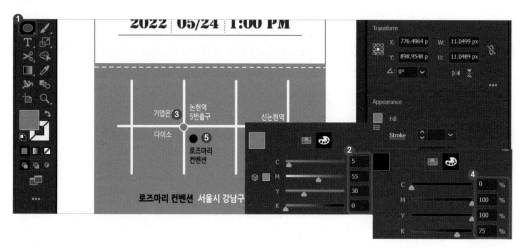

하면 된다!↘

초대장
인쇄 준비하기

01 재단선 넣기

깔끔한 인쇄를 위해선 재단선이 필요합니다. 재단선을 넣어
볼까요? 바깥쪽 사각형을 선택한 후 [Object → Create Trim
Marks]를 클릭합니다.

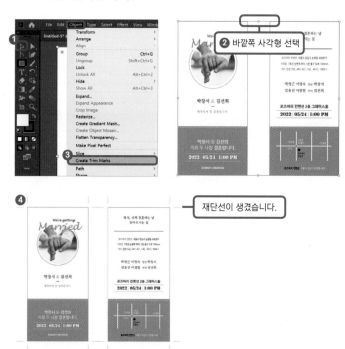

❷ 바깥쪽 사각형 선택

재단선이 생겼습니다.

02 분홍 바탕색 영역을 여유 있게 만들기

디자인 마지막 단계에서는 재단선을 따라 잘랐을 때 배경색 영역이 끝까지 보이도록 크기를 여유 있게 조절해야 합니다. 여유분은 3mm면 적당합니다. 분홍색 영역을 선택한 후 기능 패널에서 크기를 조절하세요. 위쪽 중앙을 기준으로 왼쪽 3mm, 오른쪽 3mm, 아래쪽 3mm가 넓어져야 하므로 다음과 같이 설정합니다.

03 뒷면도 같은 방법으로 여유분을 만듭니다.

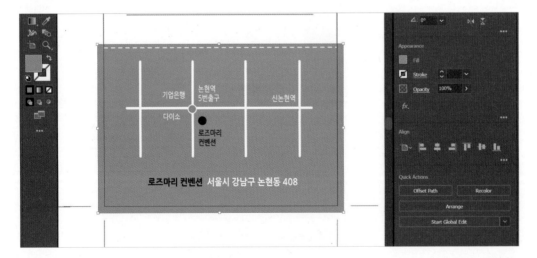

04 윤곽선 만들기

더 이상 수정할 곳이 없다면, 마지막으로 글자를 윤곽선으로 만들어야 합니다. 전체를 선택한 후 다음과 같이 글자를 윤곽선을 만듭니다.

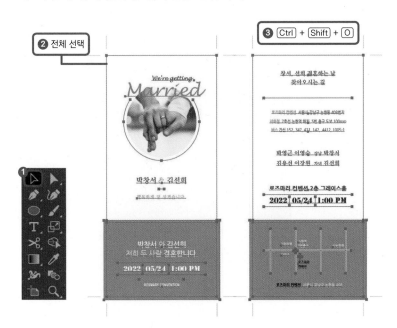

❷ 전체 선택

❸ Ctrl + Shift + O

💧 글자를 윤곽선으로 만들기 전에 다른 이름의 AI 파일로 저장해 두면 나중에 글자 수정이 생겼을 때 대처하기 편합니다.

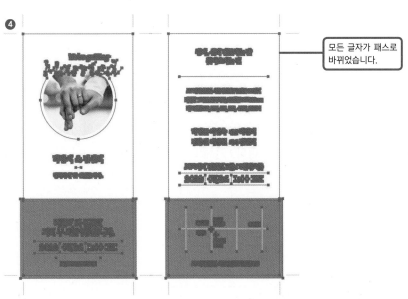

❹

모든 글자가 패스로 바뀌었습니다.

05 다른 이름으로 저장하기

[File → Save As]를 클릭해 다른 이름으로 저장합니다. 이때 버전은 인쇄소에서 사용하는 버전과 같거나 낮게 저장해야 합니다. 만약 더 높은 버전으로 저장하면 파일이 열리지 않거나 일부가 변형될 수 있기 때문입니다.

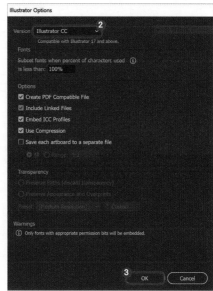

최종 파일 관리하는 방법

파일을 저장할 때 정답은 없습니다. 다만, 다음과 같이 두세 가지 파일을 함께 보관하고 관리하는 게 좋습니다. 먼저 AI 파일은 글자를 윤곽선으로 만들기 전과 후, 두 가지 파일로 저장합니다. 윤곽선으로 만들기 전 파일은 나중에 내용을 수정할 경우를 대비한 파일이고, 윤곽선으로 만든 후 파일은 인쇄소에 전달하는 파일입니다. 인쇄소에 전달할 때는 혹시나 글꼴이 깨지지 않았는지, 이미지 링크가 유실되지 않았는지 확인하는 용도로 JPEG 파일도 함께 주면 좋습니다.

💧 인쇄소마다 필요한 파일이 다를 수 있습니다. 어떤 파일이 필요한지 문의한 후 준비하세요.

01-4

인쇄 넘기기 전
체크리스트

01 색상 모드 확인하기

먼저 CMYK 모드로 작업돼 있는지 색상 모드를 확인하세요. 만약 RGB 모드인 채로 인쇄하면 이미지를 CMYK 모드로 바꾸는 과정에서 색상 오차가 많이 발생합니다. 따라서 실제 인쇄물과 화면에서 보는 색상의 차이를 줄이려면 반드시 처음부터 CMYK 모드로 작업해야 합니다.

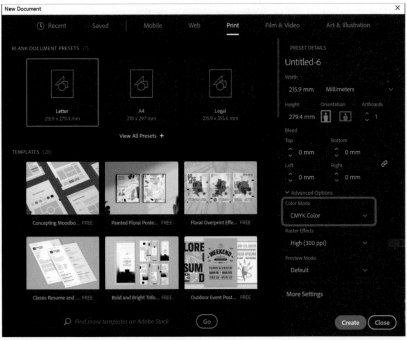

새 파일 만드는 창

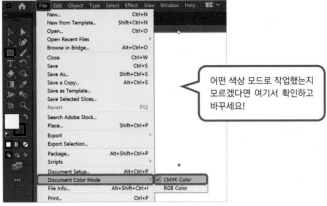

어떤 색상 모드로 작업했는지 모르겠다면 여기서 확인하고 바꾸세요!

색상 모드 수정하는 방법

02 글자를 윤곽선으로 만들기

두 번째로 모든 글자를 이미지화해 윤곽선(Create Outlines)으로 만들어야 합니다. 만약 글자를 이미지화하지 않으면 작업하는 컴퓨터에 해당 글꼴이 없을 때 엉뚱한 글꼴이 대신 들어가는 상황이 발생할 수 있습니다. 글자를 하나하나 클릭해 다음과 같이 이미지화하세요.

글자 외곽선을 따라 패스가 만들어집니다.

글자를 윤곽선으로 만든 모습

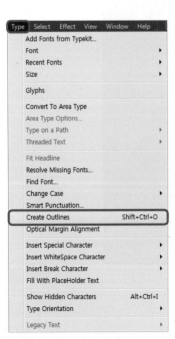

글자를 윤곽선으로 만드는 방법

윤곽선으로 만들지 않았을 때 엉뚱한 글꼴로 대체된 모습

03 효과를 이미지화하기

글자와 마찬가지로 객체에 효과(Effect), 필터(Filter), 투명도(Opacity), 페더(Feather), 그레이디언트(Gradient) 등과 같은 효과를 사용했다면 이미지화해 비트맵 이미지로 변환해야 합니다. 디자이너의 컴퓨터와 인쇄소의 컴퓨터가 달라서 화면에서 보이는 모습이 실제 인쇄물과 다를 수 있기 때문입니다. 이런 오차를 줄이기 위해 포토샵에서 레이어를 병합하거나 일러스트레이터에서 이미지화하는 작업을 반드시 거쳐야 합니다.

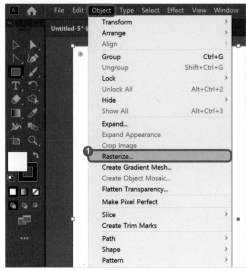

일러스트레이터에서 효과를 이미지화하는 방법

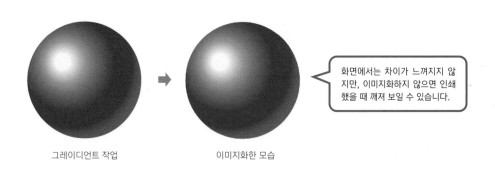

그레이디언트 작업 ➡ 이미지화한 모습

> 화면에서는 차이가 느껴지지 않지만, 이미지화하지 않으면 인쇄했을 때 깨져 보일 수 있습니다.

04 이미지의 링크 확인하기 / 이미지 포함시키기

PSD나 JPEG 등의 파일을 일러스트레이터에서 불러와 작업한 경우에도 조심해야 합니다. 이미지 파일을 링크로 연결한 상태로 작업했는데 이미지 파일과 원본 파일(AI)을 폴더 상태 그대로 인쇄소에 전달하지 않으면 이미지 파일의 모습이 사라지기 때문입니다.

이를 방지하기 위해서는 원본 파일과 이미지 파일을 같은 링크 그대로 인쇄소에 함께 전달하거나 일러스트레이터 파일 안에 이미지를 포함(Embed)시켜 전달해야 합니다.

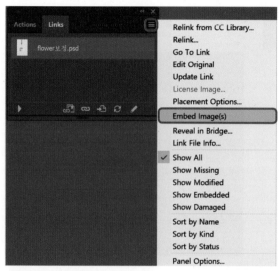

이미지를 포함시키는 방법

이미지 포함 전

이미지 포함 후

> 이미지를 포함시키면 이렇게 [X] 표시가 사라집니다. 선택했을 때 [X] 표시가 나타나는 이미지가 있는지 살펴보세요!

05 저장할 버전 체크

일러스트레이터는 상위 버전에서 저장한 파일을 하위 버전에서 열었을 때 오류가 발생하거나 파일이 열리지 않는 경우가 종종 있습니다. 인쇄소에 문의해 인쇄소 컴퓨터의 일러스트레이터 버전을 확인한 후 그보다 낮은 버전으로 저장해 전달 해야 합니다.

💧 같은 CC 버전끼리는 CC 2020이든 CC 2019 든 잘 연동됩니다.

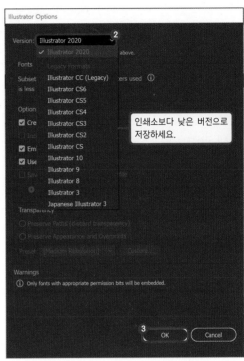

01-5

즐겨찾기 필수!
추천 사이트 모음

인쇄 관련 사이트

다음에 소개하는 업체에서 소량 제작부터 대량 제작까지 주문할 수 있습니다. 각 사이트 메뉴에서 포스터, 책자, 실사 출력, 디지털 명함, 스티커, 패키지 등 원하는 결과물을 선택해 보세요. 누구나 쉽고 간편하게 제작할 수 있습니다.

01 레드 프린팅 www.redprinting.co.kr

02 인터프로 인디고 www.interproindigo.com

03 성원애드피아 www.swadpia.co.kr

웹 관련 사이트

01 카페24 www.cafe24.com

쇼핑몰 구축부터 해외 마케팅, 호스팅 인프라까지 제공하는 글로벌 전자 상거래 사이트입니다. 홈페이지나 쇼핑몰을 만들고 싶다면 카페24를 이용해 보세요.

02 디비컷 www.dbcut.com

웹디자이너들이 국내외 사이트를 소개하고 평가하는 커뮤니티입니다. 잘 디자인된 사이트들이 분야별로 정리돼 있어 사이트를 디자인할 때 참고하면 좋습니다.

영감을 얻을 수 있는 사이트

01 핀터레스트 www.pinterest.co.kr

온갖 분야의 디자인 자료들이 올라와 있습니다. 키워드를 검색하면 관련 이미지들이 나타나 자료를 수집할 때 아주 유용합니다. 마음에 드는 이미지는 핀을 눌러 따로 저장해 둘 수도 있습니다.

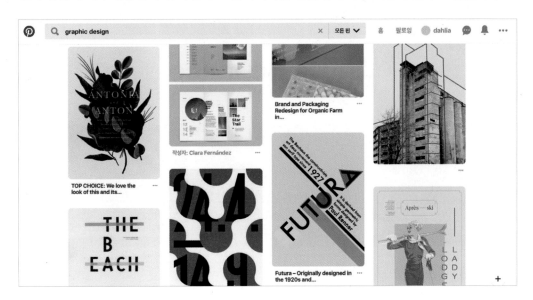

02 드리블 dribbble.com

전 세계의 디자이너들이 자신이 만든 작품을 소개하는 커뮤니티입니다. 디자이너의 이름을 클릭하면 해당하는 디자이너가 올린 작품들을 볼 수 있습니다.

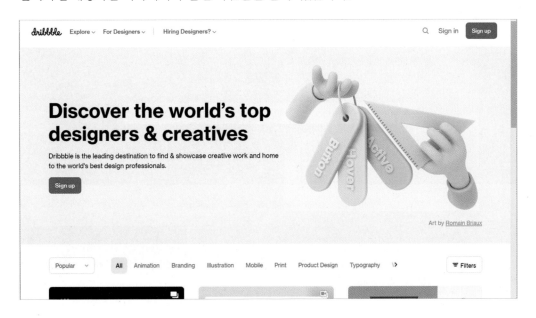

03 비핸스 www.behance.net

어도비 크리에이티브 클라우드로 저장한 작품을 전시하고 검색할 수 있는 사이트입니다. 여러분이 사용하는 프로그램으로 다른 사람들은 어떤 작품을 만드는지 살펴보세요.

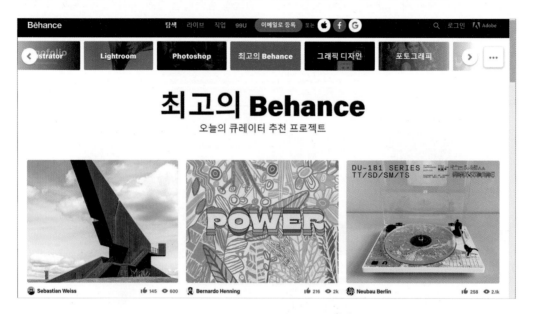

디자인 소스 및 다운로드 사이트

01 픽사베이 pixabay.com

사진, 일러스트, 벡터 그래픽, 비디오 등을 무료로 제공하는 사이트입니다.

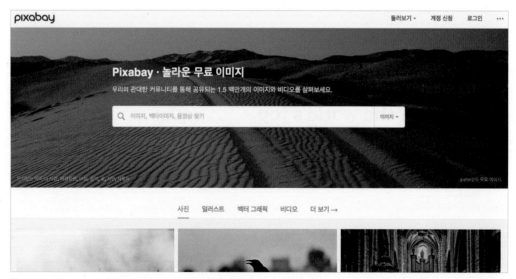

💧 더 많은 무료 이미지 사이트들이 궁금하다면 121쪽을 참고하세요.

02 셔터스톡 www.shutterstock.com/ko

전 세계의 사진, 일러스트, 동영상 등 창의적인 디자인 소스를 유료로 판매하는 사이트입니다.

03 템플릿 메이커 www.templatemaker.nl

간단한 수치를 입력하면 봉투, 패키지 박스 등 각종 지기 구조 평면도를 만들어 주는 무료 사이트입니다. 이 사이트를 이용하면 도면을 편리하게 만들 수 있습니다.

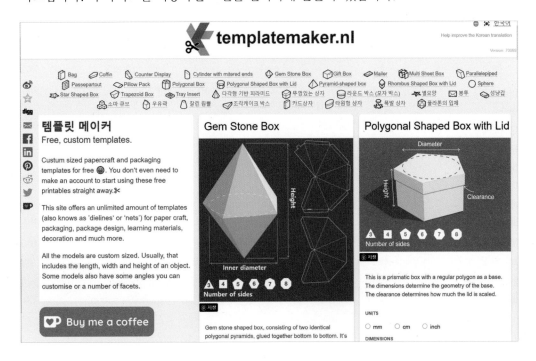

찾아보기

나만의 캐릭터 만들기부터 **일러스트 드로잉**까지!
초등학생부터 대학생, 직장인까지 모두 도전해 보세요

나도 한번 해볼까?

된다!
귀염뽀짝 이모티콘 만들기

나는 내가 만든 이모티콘으로 카톡한다!
카톡, 라인, 네이버에 승인받는 영업 비밀 공개!

정지혜 지음 | 328쪽 | 15,000원

아이패드 드로잉 & 페인팅
with 프로크리에이트

디즈니, 블리자드, 넷플릭스에서 활약하는
프로 작가 8명의 기법을 모두 담았다!

3dtotal Publishing 지음 | 김혜연 옮김 | 216쪽 | 20,000원

디자이너, 마케터, 콘텐츠 제작자라면 꼭 봐야 할 입문서!

각 분야 전문가의 노하우를 담았다

된다!
일러스트레이터 — 오늘 바로 되는 입문서

현직 금손 디자이너가 필수로 사용하는
기능과 실무 노하우 대공개!

모나미, 김정아 지음 | 344쪽 | 18,000원

된다!
유튜브 · SNS · 콘텐츠
저작권 문제 해결

25년간 저작권을 다뤄온
판사 출신 변호사의 실무 답변 108가지

오승종 지음 | 448쪽 | 18,000원